汉译世界学术名著丛书

文 化 与 历 史

——文明比较研究导论

〔美〕菲利普·巴格比 著

夏克 李天纲 陈江岚 译

商务印书馆
The Commercial Press
创于1897

Philip Bagby

CULTURE AND HISTORY

Prolegomena to the Comparative Study of Civilizations

Published by the University of California Press, 1958

根据加利福尼亚大学出版社 1958 年版翻译

汉译世界学术名著丛书
出 版 说 明

我馆历来重视移译世界各国学术名著。从 20 世纪 50 年代起，更致力于翻译出版马克思主义诞生以前的古典学术著作，同时适当介绍当代具有定评的各派代表作品。我们确信只有用人类创造的全部知识财富来丰富自己的头脑，才能够建成现代化的社会主义社会。这些书籍所蕴藏的思想财富和学术价值，为学人所熟悉，毋需赘述。这些译本过去以单行本印行，难见系统，汇编为丛书，才能相得益彰，蔚为大观，既便于研读查考，又利于文化积累。为此，我们从 1981 年着手分辑刊行，至 2022 年已先后分二十辑印行名著 900 种。现继续编印第二十一辑，到 2023 年出版至 950 种。今后在积累单本著作的基础上仍将陆续以名著版印行。希望海内外读书界、著译界给我们批评、建议，帮助我们把这套丛书出得更好。

商务印书馆编辑部

2022 年 10 月

中译本代序

朱维铮

　　题为"文化与历史——文明比较研究导论"的这部著作，如作者巴格比在导言内所申说的，写作意向在于依靠文化人类学的成果，改进对历史的理解，"即以精确的定义和合乎逻辑的论证，建构出关于文化形态和文化演变的普遍性理论的概念背景，并表明历史规则（或者历史的'因果关系'）的问题，可以用这些术语系统地阐明，也可能这样被解决"。

　　通观全书以后，我却感到，作者未免赋予自己一个过大的任务。问题不在于篇幅。在中外学术史上，一本小书，一篇论文，容纳的信息量和产生的学术影响，可能远胜于洋洋数十万言的所谓"大部头书"，这类例证并不罕见。何况本书篇幅不算太小，中译文便有 16 万字。问题在于作者涉足的领域虽广，考察的问题虽多，对于若干基本概念或常用术语的分析尤其用力，但读后却没有感到对历史的理解有突破性的改进，如作者许诺的那样。

　　本书包括导言在内，共有九章。导言从历史哲学的含义写起，回顾了历史哲学在西方的演化过程，着重陈述作者的努力方向和写作意向。二、三章分别讨论"历史"一词的含义发展，史学著作的编纂思想。四至六章分析了西方学者关于"文化"的概念、类型和各种具体解释等方面的不同见解。七至九章讨论"文明"，包括西方学者关于异型文明特性的争论，关于古老的和近代的九种文明相互关系的见解，以及作者关于西方文明的看法。

可以看到，全书的结构，在西方史学理论著作中间，属于习见的一类。例如，劈头便讨论历史哲学，而后转向讨论历史学的性质、对象和编纂方法诸问题，就使人想到柯林武德的名著《历史的观念》也正是从这里开始的。当然，平凡的结构可以包含不平凡的内容。但从全书的内容来看，固然不乏作者个人的特见，却以介绍西方学者过去和现在的有关文化的各种见解为主。即使作者个人的特见，倘若联系到他的前人的看法，也就显得未必独特。例如，作者自述他的一般哲学观念大致接受发端于洛克、休谟的英国经验主义，但除此而外，他反对史学家把目光集中于少数的个人身上，他批评以往的历史哲学总是好作道德判断，他强调客观性应是文化与文明研究的追求目标，都令人想起黑格尔《历史哲学》中早有此等见解。同时，当他用指责的口气偶或提到马克思学说的时候，只会说这是专讲"阶级斗争"或者假定经济决定历史，正好表明他对马克思学说非但少知，而且心怀偏见。偏见固然也可以是特见，却如斯宾诺莎所说，"偏见比无知离开真理更远"。

那么，巴格比的这部著作，为什么又值得一读呢？理由不是别的，就是因为它比较平凡。难道平凡能够成为向读者推荐的理由吗？正是如此。

就像读者有层次一样，书籍也有层次。区别层次，无论对于读者或作者，都绝无褒贬抑扬的意思。比如说，专家或教授的知识层次可谓高矣，但鲁迅就批评过，"专门家的话多悖，博识家的话多浅"。这一批评，听起来怪不舒服，却道出了事实。历史学家想了解相对论，往往得求助于写给中学生看的普及读物。而物理学家也往往会把《三国演义》当作真实历史。这无损于他们的专家声誉，却说明知识层次的分野是相对的，只在有限的范围内才是正确的。恩格斯对于自然科学各个领域的哲学问题都有研究，却自称对于自然科学不过是"半通"，这绝非寻常所说的"谦虚"，而是实事求是。爱因斯坦绝非不关心政治的物理学家，特别是在他受纳粹迫害而流亡美国之后，但他在反法西斯战争胜利后拒绝出任总统一类公职，这也无非由于他有自知之明，懂得政治非己所长的缘故。所以，假如我们老老实实地承认，自己除了分工所在和研究有素的专门领域之外，对世界上的众多事物大多处于半通乃至无知的状态，那就大可不必拒绝读一点平凡的论著。

《文化与历史——文明比较研究导论》，从学术上看固然比较平凡，却很值得一读。为什么呢？就内容看作者，他显然属于那种博识家，对于文化和文化史研究的各个领域，都做过巡礼，学问的广度有余，深度似嫌不足，也就是令专门家感到他比较"浅"。然而，恰好是广博而浅显，使本书成为读者了解西方文化学概况的一部中介性读物。

中介性读物不等于通俗性读物。本书的内容，对于因语言隔阂等问题而对西方文化学的历史与现状都感到陌生的读者，包括出于关注和专事研究中国传统文化的各个层次的读者来说，都不算通俗。怎么见得呢？因为作者的学问深度不如广度，所以他以为自己涉足的领域，在别人也都是未开垦的或半开垦的处女地，于是每个问题都不辞辛苦地从头说起。但本书又是写给美国大学生这一层次的读者看的，因而作者尽管事事都从头说起，但说时都简单明白，决不冗烦地从人到书到论点逐一罗列，如我们常见的那种"外行不要看，内行不想看"的所谓启蒙读物具有的通病。这当然给非西方文化背景的读者带来困难。但对于有比较文化兴趣而又受文化背景制约的一般学者来说，这部广博而浅显、简约而系统的著作，不正是可由以了解西方学者关于文化与文明的主要看法的媒介么？

文化学也不等于文化史。如前所说，本书属于西方文化学概况的中介性读物。关于文化史，无论是中国的、世界的，或者异型文化比较的，在我国学术界都已开展研究。中国文化史研究且已取得引人注目的若干成果。但关于文化学，即理论地研究文化的历史与现状的学科，在我国虽然很早已有学者涉猎，却中断已久，它的恢复也较文化史研究的恢复慢了两拍，还处在重新起步阶段。比如说，什么是文化？什么是文明？怎样看待文化与文明的相互关系？诸如此类的基本问题，多年来我国学术界一直存在歧见，也有过争论，但倘说都把没有清晰定义当作都能接受的暂时解决方案，也许离事实不远。问题是随着文化史研究趋向深化，文化学研究的迫切性也日渐明显。就以习见的状况来说，文化与观念形态常被认作同义语，这符合客观实际么？假定这一看法可以成立，那么怎样解释以物化形态流传的文化遗存呢？怎样考察没有文字记载或者文字记载所不及的种种邃古文化形态呢？这都是文化学问题，却都缺乏令人满意的理论研究。既然如此，异域学者的研究，无论见解正确与否，便都可供我们参考，至少可使我们了解他们的文化学研究的取向、方法、成就与不足，拿来作为自己开展研究的借鉴。巴格比的《文化与历史》，比较系统地介绍了20世纪70年代以前西方文化学研究的概貌，比较细致地分析了各种基本概念的矛盾见解，无疑可以有助于我们进一步探索。

本书作者特别注重术语分析。为了界定那些常用术语的内涵和外延，作者纵引历史，横比异说，运用形式逻辑的方法论证得如此详尽，以致给人以反复申说的感觉。但我感到，不管作者界定的结果如何可议，他那种追求精确的定义的态度却值得赞赏。对照我们有些论著，说到"文化"，定义式的断语不少，却习惯于采取"就是"式，例如"文化就是观念形态""文明史就是阶级斗争史"之类。然而，下定义，做结论，应该顾及历史和逻辑的一致性，这是马克思主义方法的起码要求。假如连形式逻辑也不讲，在两个概念之间来个"就是"，便算完事，怎能令人接受这样的定义或结论呢？在这一点上，我以为本书的术语分析部分，也值得一看。

关于异型文明的比较部分，也许更值得一看。这倒不是因为作者进行比较的文明类型有九种之多，而是因为作者注意不同类型的可比性。我一直以为，所谓"跨文化研究"，倘若不注意可比性，就是说不注意用一种事实对照另一种事实，不注意用作比较的事实属于何种发展形态，各种形态有无内在联系，而只是拿某种观念作为不变尺度去裁量变化着的历史，那么所谓比较必定不可信。在这方面，我认为本书也有一种启迪作用。

本书译者夏克、李天纲、陈江岚同志，都是研究中国近代思想文化史的青年学者。他们还在攻读硕士学位的时候，便重视比较文化问题。有感于一般文化学著作的缺乏，他们选择了美国加州大学出版的这部著作，合作译出，供国内学者和读者讨论文化或文化史作为参考。作为中译本的第一个读者，我感到三位译者做了一件切实而有益的工作。承译者好意，命我为中译本写篇卷首语，于是便写下初读一遍后的几点简单想法。

1986 年 12 月

献给

A. L. 克鲁伯——最卓越的匠人

目　录

致　谢

　　我特别感谢 A. L. 克鲁伯教授，不仅因为他在奠定文化科学的基础上所做的大量工作，还因为他给了我个人的鼓励，以及他的榜样所带来的灵感。C. F. C. 霍克斯教授和 W. H. 沃尔什教授非常友好地阅读了我的初稿，并提出了许多有益的意见和建议。我还从与许多朋友和熟人的交谈、讨论和争论中受益匪浅，其中我只能提到以赛亚·伯林爵士。最后但同样重要的是，我必须感谢约翰·韦伯夫人自始至终，耐心细致地审阅了全部手稿。

第一章 导言

"历史哲学"是这样一个名词，它习惯性地被用来意指那些总体性的、不那么清晰的、有关历史事件的模式和意义的深思。历史学家、哲学家，甚至神学家都会偶尔沉迷于对这种模式和意义的思考中。就像这个词本身所显示的那样，它是人类思想的一个分支，然而尚未脱胎于哲学母体。它还没有成为具备自己的概念和规则的独立科学或理性学科。如同一百年前的心理学，或者亚里士多德以前的物理学一样，它基本上还是哲学的组成部分，进行思辨的而不是经验的研究，完全依赖形而上学的预先假定，而不是对事实的观察。

"历史哲学"这个词，有时也被用来意指那种对历史知识的性质和历史解释的方法的研究。[①] 这种用法很像"科学哲学"这个词的表达法，也许这正是出于模仿。它包含了从专业上可以叫作历史方法论和历史逻辑的含义。但是，这是一个相当现代的发展，我们在此不必涉及。为此，我们把这个词限定在比较古老的，即关于历史事件的总体性思辨这样一种更为狭小的意义中。比如，有关历史的形而上学就是一个例子。

---

① 这个区别，见 W. H. 沃尔什《历史哲学导论》，伦敦，1951年，第13—15页。

通常的情形是，历史哲学家们总是首先去关心罪恶这个问题。
2 在他们的概括中，道德判断的性质多于有关历史事件内在联系的
单纯陈述。他们过早地急于去回答人类在这个星球上的位置和命
运这样一个紧迫问题。他们不是去寻求历史规则的经验证据，而
是试图立刻证明"善"必将取胜，人类的幸福未来就在前方。当
然，对于什么东西构成了"善"，大家的趣味并不相同。对奥古斯
丁①来说，"善"就是"上帝之城"的逐渐实现；对于马克思来说，
它意味着普通劳动群众的福利；按照吉本②的看法，文明终将战胜
宗教和野蛮；而汤因比③则认为，文明自身就是罪恶，它注定要被
某种新的综合性宗教消灭。近年来，"理性""民主"和"社会正
义"作为命定要拯救人类的历史力量的角色，一直是受偏爱的候
选者。

然而，从经验的观点看，这些观念只不过是哲人们自己的希
望和恐惧的投影而已。对其不必比对待关于救世主骑着白马走出
西方世界的古老传说更严肃些。这些预言现在作为抽象的而不是
拟人化的术语，只有助于混淆一个事实，即这些预言根植于充满
希望色彩的思考。无疑，在我们感到绝望的时候，这些预言能起
到安慰和鼓励的有益作用。神话似乎是社会生活结构的一个基本
部分。但是，不能允许神话成为对历史做出一种更加理性化的理

---

①　奥古斯丁（St.Augustine，354—430年）：天主教哲学家。著有《忏悔录》
《上帝之城》等。——译者

②　吉本（Edward Gibbon，1737—1794年）：英国著名历史学家。著有多卷本
《罗马帝国衰亡史》。——译者

③　汤因比（Arnold Joseph Toynbee，1889—1975年）：英国著名历史学家。著
有《历史研究》《世界与西方》《人类与大地母亲》等。——译者

解的障碍。这种理性化理解的效用无须加以论证。

最近几十年里，历史学家已经采纳了一种他们所谓"悲剧性"的历史观念。这种历史观念不仅假定"善"最终未必能取得胜利，而且假定由于人类本性和能力的内在限制，"善"根本不可能被充分认识。对于自由派历史学家那种过分自负的乐观主义，对于他们那种用"理性"和"民主"注定取胜以及在与反动势力的长久斗争中进步必定获胜的思维方法，并由此来看待事物的倾向，这种"悲剧性"历史观是一种有效的纠正。但是，这种历史观仍然是一种道德观念，它仍以善恶来解释历史。

稍做些反省就足以得出结论：我们自己的偏爱——纵然是以 3 道德判断的形式表达的——对于理解无论何种事物来说，是蹩脚的向导。自然科学家喜欢引用 17 世纪德国天文学家开普勒①的例子。开普勒连续作了 18 次努力，企图证明行星以圆形轨道环绕太阳旋转。他相信柏拉图的权威，认为圆形是运动的最完美形式，所以上帝在创造太阳系时，必然为行星安排了这种最合用的轨道。事实上，上帝似乎并没有受人类这种对圆形的偏爱的引导。只有抛弃这个基本假设，开普勒才有可能发现行星是以椭圆轨道运行的。这个事实，已经被后来所有的观察证实了。如果自然科学中的道德判断还没有显示出它的荒谬性，我们就会把开普勒的观点叫作有关太阳系的"悲剧性"观点。

但是，人们经常争辩说，尽管在自然科学中道德判断会导致错误，然而在对人类事务的研究中，它总是不可避免的。据认为，

---

① 开普勒（Johannes Kepler，1571—1630 年）：德国天文学家。在哥白尼学说的基础上，发现了行星运动的规律。——译者

人类是被目的激励着的，他们按自由意志行事，他们的每个行动都被其偏好、喜爱和憎恶左右着。在后面的章节中，我们将探讨自由意志学说以及价值观在历史上所起的作用。但是，从与人打交道的日常经验中，可以明显地看出，道德判断在人文领域里也同样可能导致错误。如果一个人想要理解和预见他人的行为，他不会考虑自己的偏爱，相反，一般说来，他会设法从那个人的观点去察看事情，会设法去赞赏和同情他的喜爱和憎恶，而不是把自己的观念投射在对象身上。只有当需要某种行动时，他才会发现评判他人的行为是必需的。而且，如果他首先以尽可能冷静和理智的方式去理解他人的行为，他的行动才会更加有效。

由此看来，历史学必定也是如此。除非我们首先抛开一切道德上的考虑，否则，我们永远不可能理解历史。我们不应当去寻求真理的证据，不应当去为基督教、佛教、民主制度，或者其他任何也许恰巧迎合我们自己和人类的愿望的信念体系去寻求最终胜利的证据。无疑，完美的客观性是不可能达到的，但它永远应当是我们的追求目标。我们应该尽可能完全地意识到我们自己的偏见，以便在认识中消除它，并帮助别人做到这一点。这并不是说，我们应当培养那种对待历史现象的冷漠态度。如果我们是冷漠的，我们就绝不应当去研究历史。我们宁可采取一种普遍关切的态度，即某种乐趣。生物学家在各种各样的生命形式中，化学家则在他们能够从基本元素中合成的、千变万化的复合物中寻见了这种乐趣。也许，我们所能发现的最好典范，是艺术或文学批评家。他们只求从作品自身内容来理解它，从不试图证明某种特殊的形式或风格必然优于另一种，或者戏剧必然优于小说，古典主义优于浪漫主义。最优秀的历史学家自然总是力行这种灵活的公正性，这就是他们抵制哲学家企图把他们的道德体系强加于历史的原因之一。在兰克①那里，这种普遍关切采取了在事件面前的一种近乎神秘的、谦卑的形式。他感到，每一个时代都同上帝直接相连，都应当就它们的本来面目进行判断。

在 19 世纪，自然科学的显赫声誉使得一些历史学家用"历史科学"这个名词来表示那种更为合理的方法，他们构想出这些方法是为了弄清历史事件的真相。例如，细心地核对文件，清除前代历史学家和编年史家的偏见。这种对弄清历史事件真相之方法的兴趣，可以追溯到莱布尼茨②、莫比林，乃至伊拉斯谟③和意大利人文主义者。但是，只是在 20 世纪，它才变得成熟起来，并被称作"科学"。然而，"历史科学"这个词语是非常不恰当的，因为从"科学"一词的任何一种通常意义上说，那些方法都不构成一种科学。科学并不关注于确立单独事件的事实，而是关注于要 5 建构有关这事件的模式化内在联系的一般命题。的确，化学家总是对某个特定实验过程中在试管里发生的事件感兴趣，但唯有当这些事件作为化学规律的例证或否证时，才是如此。他用来弄清事实的观察、测量技巧，并没有被夸张地称作"科学"或"科学方法"。正像"科学"意指一组普遍性命题或规律一样，"科学方

---

① 兰克（Leopold von Ranke, 1795—1886 年）：德国著名历史学家。在西方有"近代史学之父"的称号，曾任普鲁士史官。著有《世界通史》《教皇史》《英国史》等。——译者

② 莱布尼茨（Leibniz, 1646—1716 年）：德国哲学家、逻辑学家、数学家。著有《单子论》《自然与圣宠的原理》等。——译者

③ 伊拉斯谟（Erasmus, 1466—1536 年）：生于鹿特丹，文艺复兴时期的人文主义思想家。著有《愚人颂》等。——译者

法"意指获取这些命题的方法。历史学家弄清单独事实的方法，用"历史学方法"这个词颇能指明。这种方法通常是非常合理的，但不是科学的。

在实践进程中，历史学家不时地建构普遍性命题，这种命题通常带着试验的性质。但是，与科学家不同，他们绝不试图通过研究所有可得到的例证以证实这些命题。这些例证可能证实这些命题，也可能不。他们至多引用一些似乎可以证实他们那些概括的例证，这是仿效了常识性推理的松散规则，而不是更为严格、更为可靠的科学规则。此外，正如我们所看见的那样，假设而未经证明的普遍性命题，隐含在所有关于历史事件的原因或起源的讨论中，甚至隐含在描述这些事件的术语中。因此，"历史方法"也包含设立这样一些假设，它们关系到某种见证和某种证据的可信性，它们是普遍性的，而不是特殊性的命题。但是，这些假设中的任何一条都从未被充分证实。总的来说，它们没有构成已确立知识的有组织系统，而"历史科学"这个词只能适用于这种知识系统。

确实，某些学者提出了相当精巧的概念体系。这就使我们想起他们的名字：斯宾塞①、马克思和斯宾格勒②。他们相信，历史应当按照这种体系被阐释。然而，这些体系都没有能以牛顿力学，或者（让我们这样说）像弗洛伊德③的某些理论赢得广泛认可的方式，获取普遍承认。不存在正在成长的学说，不存在已经确立了

6

---

① 斯宾塞（Herbert Spencer, 1820—1903年）：英国社会学家、哲学家。著有《综合哲学体系》《社会学原理》等。——译者

② 斯宾格勒（Oswald Spengler, 1880—1936年）：德国哲学家。著有《西方的没落》等。——译者

③ 弗洛伊德（Sigmund Freud, 1856—1939年）：奥地利心理学家，精神分析学派的创始人。——译者

的立场，也没有进展可言，我们甚至没有一个一致认可的"历史"的定义。斯宾塞和斯宾格勒如果有什么追随者，那也极少；马克思主义已经变为仅仅是一个政治派别的旗帜了。我们没有看到什么人试图实验或者证实他自己的命题，而且，马克思关于经济关系决定所有其他历史现象的基本假定可以被证明是错误的。一个英国人或美国人想要理解历史，他就必须在柯林武德[①]的不可控制的直觉和汤因比的宗教幻想之间做出选择。

　　于是，因为历史学家继续使用他们所习惯了的那种松散的推理而责备他们，是不公平的。毕竟他们所受的全部训练，一直是专注于个别事实，并做出合意的、鼓舞人心的、在事实意义上具有精确性的连贯描述。他们看到过许多创立历史"规律"的勇敢努力，但是，所有这些"规律"全都在历史事实的汹涌起伏的海洋中沉没了。

　　那么，一种对历史现象的更加系统、更加合理的理解是完全不可能的吗？历史海洋的波动太巨大、太多样化，以至于它不能从属于某种规则吗？许多历史学家是这样认为的。一些哲学家，像克罗齐[②]和柯林武德则假定，只有某种"非科学的"，或者充其量是半理性的思维方式，某种直觉，才适合于理解历史事件。我们将在后文中考查他们的观点。然而，我们没有必要去驳斥他们的观点，并认清这是一个单靠争辩不可能解决的问题。犹如我们企图单凭先定的推理来确定在其他星球上是否存在生命，显然，

---

　　① 柯林武德（Robin George Collingwood, 1889—1943 年）：英国考古学家、历史学家、哲学家。著有《宗教与哲学》《历史的观念》等。——译者

　　② 克罗齐（Benedello Croce, 1866—1952 年）：意大利哲学家、历史学家和文艺批评家。著有《历史学的理论和实际》《精神哲学》《历史唯物主义与卡尔·马克思的经济学》等。——译者

在寻遍宇宙的每一个角落，筛尽亿万海洋的所有水滴之前，我们绝不可能确定其他地方没有生命，但这项工作明显是不可能的。对历史学来说也是如此。在我们试验并不无限多的、或许同历史现象一致的可能规则之前，我们无法确定一种更加合理的理解是7 可能的。几十个乃至几百个哲学家和历史学家寻找可普遍接受的模式的失败，除了说明理解历史是困难的以外，无论怎样，都不能证明任何东西。

　　碰巧，一个幸运的历史结合，目前似乎使得在相当程度上改进对历史的理解成为可能。在对简单社会的研究中，人类学家已经发展了一整套概念和方法。这些概念和方法做些提炼和修正，就可以被用于研究那些更加复杂的社会，这些社会的发展构成了我们称之为历史的东西。这些概念和方法，我们将在以后的章节尽力考查。我们的目的是：建构一种清晰、连贯和易懂的概念体系，很多（乃至大部分）历史事实可以按这个体系被阐释，普遍性命题也能按其来建构、来验证。也许还不能说这就是创立历史科学的努力。自然科学能提供某种标准——达到的高度确定性和数学上的精确性，而历史学的研究者仿效这种标准的努力却是徒劳的。我们无法衡量过去，即使可以做到这一点，精确的衡量似乎也无助于我们的理解。我们不能拿人类社会做实验，尽管我们当然可以观察社会在各种环境中是怎样表现的。我们寻求建构的不是数学规律，而是更合理、更体系化的理解。在条件允许的范围内，这种理解将接近于自然科学的合理性。是否把它叫作科学，实在只是一个定义的问题。在悠久历史的大部分时间内，"科学"这个词被用来意指有组织的理性知识系统。只是在物理学兴起之后，这个词才获得了另外的数学精确性的含义。我们在这里要继续使用的，是那个较旧的含义。但是，无论我们如何称呼这种研究，清晰性和精确性仍然必须是它的目标，并且还要坚守逻辑法则，不管是演绎法则还是归纳法则。

这样，我们转而求之于人类学来帮助我们理解历史。在最近五十年中，至少在英语世界，这门科学趋向于分为两个学科：文 8 化人类学和社会人类学。主要活跃于美国的文化人类学家的研究，集中于文化观念。换句话说，大致上集中于在原始社会中发现的集体生活方式、行为的一致性和规则性、技术和价值观。另一方面，英国社会人类学家的主要兴趣则在于这种社会的连接方式，在于个人、集团和组织机构之间模式化的内在联系。他们的学科可以叫作简单社会的社会学。在这两组学者之间，一直存在着非常不必要的互相指责，美国人发现英国人狭窄、不开阔，英国人则认为美国人模糊、不明确。也许，这种观念上的差别应当归之于民族气质的不同，虽然注意到这一点是会令人惊奇的：英国人类学的创立者泰勒主要对文化有兴趣，而他的美国同代人摩尔根则反而有着更多的社会学倾向，这恰巧同当今的状况相反。

这两种观念并不互相排斥，正如我们所要看到的，当要规定一些基本概念时，社会结构可以被看作是文化的一个方面。不过，在这些章节里，则倾向于更多地依赖文化人类学家的工作。这样做有几条理由：

首先，他们已经表明，比起英国，他们对进程，即文化的动态有着更多的兴趣，而英国社会人类学家的研究则主要带有静态性质，他们更多地关心现存的社会结构，而不是它在时间中的发展。然而，恰恰是在多少世纪中人类生活的发展和变化，是历史研究者的主要兴趣所在。

　　其次，由于文化人类学家关心的是生活方式，他们较为可能满足于对恰好得到的文件和生产物品的研究。而且，他们作研究并不依赖对社会结构的直接观察，这种观察对社会学和社会人类学来说是基本的，而当我们研究过去时，它却是不可能的。正因为这个理由，那些可以被看作从人类学家中衍生出的特殊的、关心过去时代的考古学家，通常讨论的是文化而不是社会。在那些坟墓和废墟中，他们发现了诸如罐子、武器、装饰等被叫作"物质文化"的物品。这些物品是人类行为的直接结果。从这些物品中推论出制作它们所用的技术，甚至它们所表现的价值观，那是一件相对简单的事情，但要推论出组成社会结构的人与人之间模式的关系，则要困难得多。[①]

　　然而，利用文化人类学家所做工作的最好理由是，文化的观念已经在历史学家和历史哲学家中广为流传。通常，这个观念建构得并不严密，往往伪装成其他名称出现。诸如"思潮""习惯""习俗""价值观""民族性格""地方色彩""精神"，有时甚至是"人民"。不过，这些词语的中心意思似乎都与"文化"，或者与文化的某一方面的意义相同。一个半世纪以来，出现了许许多多文化史。它们的价值当然各不相同，然而都合乎文化人类学家所创立的那种分析法。现在的历史哲学家们倾向于把"文化"

――――――――――

　　① 这个观点由 M. A. 史密斯（M. A. Smith）很好地确立了。见其"考古学中推理的限度"（The Limitations of Inference in Archaeology），《考古学通讯》（*Archaeological Newsletter*），第 6 卷，第 1 期，1955 年，第 3—7 页。

或者一个相关的概念作为他们的主导原则，从而提出种种理论假设；这种假设可以受到超出其创导者认为合适的，或者可能给予更加严密精确的检验。

这里，我所引用的忽略社会人类学家工作的理由，用于说明忽略社会学家的工作时，同样有说服力。他们的研究本质上是静态的，依赖直接观察、倾向于忽略团体生活的许多重要方面。此外，他们这门科学从理论上说涉及所有社会的结构和职能，而实际上，他们的研究几乎完全限于欧洲社会，或者欧洲血统的社会。因此整个地说，他们的概念和方法不是为普遍的运用而设计的。然而，颇为遗憾的是，从某种意义上说，更广泛的运用也并不能够构成社会学家和社会人类学家试图理解历史的工作。无疑，比起文化人类学家，他们对概念定义得更好，他们的研究更清晰，他们的主题通常更加明确地模式化了。有足够的证据说明，在历史学中，我们利用了他们的概念，诸如"阶级""政治结构"。但是，正如已经说过，并将在以后论证的那样，这些概念可以被看作文化的某些方面，尽管模糊一些，但"文化"概念比"社会结构"这个概念能包含更多的内容。因此，它可以为那种使复杂而难解的历史进程变得明晰易懂的初步努力，提供一个更好的基础。

我将要做的事情，也许最好被描述为这样一种努力，即以精确的定义和合乎逻辑的论证，建构出关于文化形态和文化演变的普遍理论的概念背景，并表明历史规则（或者历史的"因果关系"）的问题，可以用这些术语系统地阐明，也可能这样被解决。在下面的章节中，不可避免地有许多关于词义的冗长讨论。我们面临的问题主要是语言学上的问题。就有关的、我的一般哲学观念而言，几乎是必然的。我大致上接受了来源于洛克[①]和休谟[②]的英国经验主义。这不是因为我确信它蕴含着宇宙和人类知识来源的终极真理，而是因为经验已经表明，它提供了最可靠的，的确也是唯一可靠的方法，以获取其确切的被广泛承认的命题。经验方法为任何对历史的确定作系统化的理解提供了唯一可能的基础。唯心的、直觉的观点易于导致模糊的、不稳固的系统阐释。这种系统阐释仅仅在缺乏更好的解释时才有价值。在方法的特殊问题上，我当然不得不主要依赖归纳逻辑的规则，因为它们已经按照自然科学的经验被发展了。

11

　　我们应当寻找周围能改善对历史理解所需要的工具。这初看起来似乎有点令人惊奇。但是，这种巧合就像其他许多事件一样，远非历史的偶然事件。近代人类学和近代历史哲学两者都源于浪漫运动，特别是源于18世纪早期主要浪漫派哲学家的一个发现：即其他社会和其他时代受制于一整套不同的、在某些方面也许较之他们自己更好的价值观念。浪漫运动普遍地，也是正确地被认为是对18世纪盛行的理性主义的一个反动。两百年前，一些欧洲大城市的居民已经开始看到，都市生活太不自然，太受限制。它的礼俗和多样性，它对理智和知觉的强调，对他们来说，似乎毁灭了人类天性中一些珍贵的东西。不管他们像卢梭[③]那样转向"高

----

①　洛克（John Locke，1632—1704年）：英国哲学家。著有《人类理智论》《论宽容》等。——译者

②　休谟（David Hume，1711—1776年）：英国哲学家。著有《人性论》等。——译者

③　卢梭（Jean Jacques Rousseau，1712—1778年）：法国启蒙思想家。著有《社会契约论》《论人类不平等的起源》等。——译者

贵的原始状态"，像麦克福森那样转向凯尔特族神话中的英雄，还
是像赫尔德① 转向欧洲农夫，他们寻求的是一种比起巴黎、伦敦和
柏林上层阶级的生活来更为简朴、更富有情感，也更令人满意的
生活方式。当然，浪漫主义也许还有着其他更加重要的方面。它
培育了个人主义，赞同想象和激情以反对理智和秩序；它的基本
原则之一，是对异国情调的高度赞赏。

　　思想运动一般是不会突然出现的，如果勤勉探索，我们无疑
会发现这种观念早期的踪迹。撇开非欧洲的，或者希罗多德这种
古代的例子不谈，我们发现，作为近代多种思潮先锋的蒙田不断
地强调不同时间、不同地点的习俗之间的相关性。在这一问题上，
他说："我觉得我几乎未曾遇见过能与我们的方法相比的方法。"②
这个论断可以容易地在许多力图批判种族中心主义的现代人类学
家中得到反响。在 16、17 世纪，探险家和传教士们所留下的报告，　12
为读者提供了许多奇异风俗的记录。这些早期人种学资料很多是
凭印象的、极不精确的。不过，有些传教士作了细致而详尽的研
究，其客观性对于现代受过训练的人种学家也是可信的。令人难
以理解的是，早在 1724 年，耶稣会士约瑟夫·拉斐特神父 ③ 在加
拿大住了五年后，发现了许多后辈人类学家的假设和结论。他认

---

　　①　赫尔德（Johann Gottfried von Herder, 1744—1803 年）：德国文艺理论家、
哲学家，狂飙运动的理论领袖。著有《上帝》《论语言的起源》等。——译者
　　②　蒙田：《随笔》（Essais），第 3 卷，第 9 章。
　　（蒙田［Montaigne, 1533—1592 年］：文艺复兴时期法国著名人文主义者，怀
疑论思想家。——译者）
　　③　耶稣会神父拉斐特（Lafitau de la Compagnie de Jésus）：《同初民时代风俗相
比较的美洲野蛮人的风俗》（Moeurs des sauvages amériquains comparées aux moeurs
des premiers temps），巴黎，1724 年。

为，当代野蛮人再现了早期历史和史前时代的习俗，文明人并没有超越他们展现的美德，而且还可以从他们那里学到许多东西；野蛮人的语言具有完全不同于拉丁语和希腊语的结构上的特殊优美性；他还认为，到处都可以发现宗教，其多样性体现了原先单纯的一神教的败坏。当然，这些信念中的一部分现在已经被抛弃了。但在 19 世纪，它们都很流行。令人惊奇之处在于那么早就被人表述了出来。很可能会找到更早一些的例证，因为这些信念毕竟是部分来源于事实本身，部分则来源于欧洲传统的共同背景，它们不可能是专属于某一个人的。然而，没有任何证据表明，拉斐特神父大大影响了他的同代人和后代人。时机尚未成熟。

1725 年，即拉斐特的著作问世后一年。詹巴蒂斯塔·维柯[①]，一个未受良好教育的那不勒斯雇佣文人，发表了他所著的《新科学》。这本书混乱地、不合文法地预示了 19 世纪历史学思想的诸多方面。他在书中论证说，荷马描绘的社会习俗和制度表现了一整套观念和价值（一种"诗意的逻辑"），由他第一个称之为"史诗"，而这些观念和价值与其说像伯里克利[②]时代的希腊，或其自己所处时代的欧洲的价值，倒不如说更像中世纪欧洲的价值。从这种基本直觉中，他推导出一种理论：文明的发展有规则地经过三个时

13　期，"神性时期""英雄时期""人性时期"。然而，他的杰作很少

---

① 维柯（Giambattista Vico, 1668—1744 年）：意大利著名思想家，主要著作为《关于各民族的共同性的新科学的一些原则》（即《新科学》）。他认为人类的历史也和自然界一样，从属于不变的、永恒的规律。——译者

② 伯里克利（Pericles，约公元前 495—前 429 年）：古雅典民主派政治家。——译者

有人阅读，直到百年后米什莱①发现了这本书，并把它译成法语。

维柯在本世纪的主要阐述者克罗齐力图把他树为主要的哲学家，甚至最典型的意大利民族哲学家，并且把他解释为克罗齐自己那种唯心主义的历史循环论的前驱。不过，维柯的思想，就像他的语法一样混乱，在他的著作中，发现唯心主义、经验主义，甚至实用主义的种种不调和因素是完全可能的。从我们的观点看，他之所以引起人们的兴趣，主要是作为不同时代和不同民族之间系统的文化差异的欧洲最早阐述者，作为看到这些系统差异可以按规则的发展次序来排列的第一个欧洲人。（我审慎地说"第一个欧洲人"，是因为有许多中国人的例子和至少一个穆斯林的例子：伊本·赫勒敦。）这样，维柯的"新科学"非常近似地预示了我们试图在这里展开的东西。

伏尔泰②对英国的访问，可以被看作对异国生活方式的兴趣爱好整个进程中的第二个界标。1731年，伏尔泰首次在剧本《布鲁图斯》的序言中，表达了他对莎士比亚那种带有野性的活力的喜爱；1734年，《英国人信札》（即《哲学通信》）问世，他在这部作品中赞扬了英国人的优点。然而他赞赏英国人的主要之处，是他们的明智和英国那种使君主政体和教会服从国家利益，至少服从贵族和绅士利益的方式，这种生活方式满足了他自己理性主义的、反君主制和反教权的情感。英国所以令人赞美，不是因为她不同

---

① 米什莱（Jules Michelet, 1798—1874年）：法国浪漫主义历史学家，曾任国家档案馆历史部主任。著有《法国史》《法国革命史》等。——译者

② 伏尔泰（Voltaire, 1694—1778年）：法国哲学家、启蒙思想家。青年时代曾在英国生活。著有《哲学通信》等，介绍英国思想。——译者

于法国，而是因为她可能是法国的未来。也正是伏尔泰，首次在历史著作中引进了民间习俗和制度的描述。这种描述在后一个世纪里发展成了文化史。在1756年问世的《论各民族的精神与风俗》（即《风俗论》）一书中，他为此提供了一个合理的说明。如同我们将要看见的，les moeurs et l'esprit，即"风俗"和"精神"构成了现在叫作"文化"的东西。

14　　　就这样，伏尔泰预示了浪漫派历史学家，正像他以自己对地方色彩的使用，预示了浪漫派剧作家和小说家。但是，他绝对不是一个真正的浪漫派，他一直保持着对理性主义理想的信念，他甚至为自己在莎士比亚流行于法国一事中所起的作用感到后悔。[1]是卢梭第一次明确地断言了别种生活方式的优越性。卢梭告诉人们，某一天，在去看望万塞讷（Vincennes）监狱中的朋友狄德罗[2]的路上，他从《法兰西信使报》上获悉，第戎学院以"科学和艺术是否起了改善风俗的作用"[3]为题设立了征文奖金。结束旅程之前，卢梭在马车上写成了应征文章的一部分。文章于1750年发表，它不仅为作者赢得了奖金，而且使他立刻成名。文章中，卢梭坚持认为，原始生活的简单性使得文明人不能达到的天真和美德成为可能。这种情感，这种文明人对于原始简单性的荒谬渴望，直到今天一直有意无意地为所有人种学研究提供某种动力。我们发现，在当代人类学家严肃而专门化的作品中，散存着一些微小

---

[1]　伏尔泰：《致法兰西科学院书》（*Lettre à l'Académie française*），1776年8月25日。

[2]　狄德罗（Diderot，1713—1784年）：法国启蒙思想家。1749年正被囚禁中。——译者

[3]　卢梭：致马勒舍尔布的信，1762年1月12日。

的迹象，表明许多人仍然相信，在某些方面，原始风俗比他们自己的习俗要好，他们还希望，凭借科学，最终能提供出改善自己所处世界的手段。[①] 正像拉斐特神父所说的那样，"你可以在任何地方学到对你有用的东西" [②]。

伏尔泰可以被称为文化史之父，而卢梭在某种意义上是人类学之父，尽管他自己从来没有着手研究过一个原始部落。正像所期望的那样，类似的趣味大约同时在欧洲其他国家产生了。在英国，我们可以把1761年看作意义重大的日子。正是在这一年，麦克福森的《奥西昂》出版了，并立即获得成功。本书浸透着凯尔特式的深情，具有盖尔语译本的诗歌的温柔和激奋，犹如某些新的风味，向18世纪那些对流行风格早已腻烦的读者提供了受欢迎的刺激品。就像米格伦（Meegeren）的赝品在稍后的日子里那样，那些作品与当时关于过去的概念是如此紧密一致，以致人们拒绝相信，它们是不真实的。赫尔德争辩说，如果它们是虚假的，那是一种"神圣的欺骗"。伴随着诸如在《奥西昂》之后四年问世的佩西主教的《古代英国诗歌的遗风》这类著作，对异国情调的爱好在英国不断地发展着。然而，新观念是在德国首次实现系统化的。在1767年问世的赫尔德的第一本重要著作《德国新文学的断编残简》中，他表述了这样的观念：每一个国家，每一个民族都有独特的性格，这在它们所有习俗和制度、艺术和文学作品中是十分明显的，而且这种性格有它自身的内在价值。在他的杰作

15

---

① 譬如，玛格丽特·米德（Margaret Mead）的《来自南方的海洋》（*From the South Seas*），纽约，1939年。

② 拉斐特：《同初民时代风俗相比较的美洲野蛮人的风俗》，第4页。

《人类历史哲学的观念》中，赫尔德对历史做了一番系统的考察，试图把民族特性这个概念同对人类的理性不断进步的信念结合起来。在这本著作中，"历史哲学"和"文化"两个词汇，开始以接近现代的意义被使用。然而，很明显的是，并非赫尔德，而是一个叫 J.R. 福斯特的人在 1781 年首次使用了"Völkerkunde"（民族科学）这个词，它至今依然是"人种"的德语名词，或者作为有别于自然人类学的文化、社会人类学。

　　看一看赫尔德对自己动机的解释是有启发意义的。他写道："对崇高事物的情感是我灵魂的导引。时间距离是多么强烈地作用于我呵！有什么东西比时间距离更多地触动我呢？因而我热爱古迹的阴影和遥远的过去。"关于对异国情调的趣味和从现时遁入理想化过去的这种愿望，我们不可能有比这更加坦率的表白了。

　　无疑，正是因为急于表现与法国在文化和政治上的优越之处相反的民族特性，德国人才带着最大的热情坚持上述观念。政治16 上的民族主义也是浪漫运动的一个组成部分。正是在德国（低一些程度上也在俄国），历史哲学主要是在 19 世纪茁壮成长起来的。直至 1914 年，"文化"一直是德国的呐喊。但是，对异国情调的生活方式的更为广泛的趣味是一场泛欧罗巴运动。从玛丽·安东瓦妮特 ① 的田园娱乐到表现火星生活和未开化西部世界的当代电影，这场运动伴随着城市的成长而生长、而繁荣。这无疑是对城市的一种反动。贝克福德（Beckford）的哥特式堡垒和海耶达尔（Heyerdahl）的漂过太平洋的木排，同样是一种对吸引人们、更加

---

　　① 　玛丽·安东瓦妮特（Marie Antoinette）：法国王后，路易十六的妻子。——译者

令人满意而又全然不同的生活方式的寻求。在艺术和文学中，在服装样式和思想方式中，在每年的节日和周游世界的航行中，无论我们的目光落在哪里，我们都可看见逃避当代都市生活之限制和压抑的努力的迹象。这种努力现在已经遍及全球。

汤因比在他著名的论著中，已经把导向过去的复古主义和导向未来的未来主义，识别为他所谓"灵魂分裂"的不同方面。[①]但是，这种两分法把历史进程简单化了。我们除了可以在时间中，也可以在空间中置换位置来寻求拯救。毋宁是去墨西哥或者南方的海洋，而不是去美第奇的佛罗伦萨或伯里克利的希腊。我们甚至可以在我们自己社会的不同阶层的生活中寻求逃避，可以去模仿农民、电影明星或者匪徒的生活方式。

不过，我在此涉及的是对历史学和人类学作这种探索的后果。我不可能追溯发展进程的每一细节。在19世纪最初几十年，随着浪漫主义运动的成功，这种新观点开始真正占据了主导地位。德国产生了一大批历史哲学家，其中黑格尔最为著名。在他看来，世界精神在历史行程中以各种形式表现了自己，而普鲁士国家是其顶点。与此同时，在德国和法国，历史著作的实际写作愈来愈多地带上了文化色调，"习俗"和"精神"成了职业历史学家合理的，甚至是必要的探讨主题。我们可以把德国的尼布尔[②]和法国的梯叶里[③]

[①]　汤因比：《历史研究》（*A Study of History*），伦敦，1934—1954年，第5卷，第383页以及以后。

[②]　尼布尔（Barthold George Niebuhr, 1776—1831年）：德国历史学家。著有《罗马史》三卷，最早确认了罗马氏族制度的存在。——译者

[③]　梯叶里（J. N. A. Thierry, 1795—1856年）：法国历史学家，倡导实证主义历史研究法。——译者

17 看作早期的突出例子。当然，这些文化的历史最初是穿插在传统的叙事式历史著作中的。它们一般带有一种表象的、直觉的性质。但在同时，历史研究的技巧改进了，历史学精确性的标准提高了。

直到19世纪后半期，我们才开始把文化史当作一项独立的工作。这方面，艺术史家布克哈特[①]和拉斯金[②]起了重要作用。他们试图阐明和解释文艺复兴和中世纪以来的绘画和雕刻作品。这些作品在18世纪一直被认为纯粹是粗糙的和原始的。在他们再现过去的努力中，有一种并非空无所用的好奇心驱使着他们。正像布克哈特所承认的，他被"一种对黄金时代、对事物之和谐的巨大渴望"吞噬了。自那以后，文化史著作，包括艺术史和思想史、习俗史和"道德史"、宗教史和经济史，以不断增加的数量从出版社奔涌而出。到今天，差不多半数的传统历史记载被专用于描述文化和社会的背景。许多历史学著作则专门探讨这个背景。同时，一些新天地向历史学打开了：中国和印度、阿拉伯国家和东罗马帝国；考古学家们还揭开了另一些天地，像埃及和巴比伦、亚述、赫梯和克里特岛。相反，那些历史哲学则衰落了。19世纪企图按照几条普遍性原则解释历史，诸如戈比诺（Gobineau）的"种族"，巴克尔[③]的"环境"，或者马克思及其追随者们的"阶级斗争"。这些原则现在都已被存放在垃圾箱里或图书馆的书架上（当

---

① 布克哈特（Jakob Burckhardt, 1818—1897年）：瑞士历史学家、艺术史家。著有《君士坦丁大帝时代》《意大利文艺复兴时期的文化》等。——译者

② 拉斯金（John Ruskin, 1819—1900年）：英国政论家，艺术批评家。著有《近代画家》《威尼斯的石头》《芝麻与百合》等。——译者

③ 巴克尔（Henry Thomas Buckle, 1821—1862年）：英国历史学家。著有《英国文明史》一书，认为气候、土地、食物等自然环境是文明发达的决定性因素。——译者

然，除了俄国人。他们在这方面的趣味同在其他事情上一样，似乎还没有超出维多利亚时代）。至于说那些试图概括整个文化发展的学者，斯宾格勒被认为是带有偶然价值的直觉的怪杰；吕克特（Rückert）和丹尼列夫斯基（Danilersky）的作品甚至从未被译成英语和法语；汤因比则被非常恰当地认为是模糊的、不精确的、带有预言性质，以致难以让历史学家们严肃地对待的人物。今天的历史学家避免作宽泛的概括，但在文化史和社会史的写作中，他们可以很好地准备那种将使得这种概括成为可能的资料。 18

人类学的发展要稍微慢一些。有关原始部落的记述不断地积累着，有时被大大地浪漫化了。因为那些作者都是业余爱好者，而不是专家。也许又是一个德国人，古斯塔夫·克莱姆 1843 年在他的《文化通史》中，首次提出了对原始生活的系统研究。他采纳了赫尔德关于当代原始人可以再现人类发展早期阶段的意见，主张建立人类学博物馆，保存来自世界各地的原始产品，以说明文化发展的不同阶段。这个设想至今仍然被诸如牛津皮特-里弗斯博物馆这样较老的人类学博物馆所遵循。如同克莱姆，确实也如同赫尔德一样，19 世纪后半期的人类学家——比如泰勒[1]和摩尔根[2]——的主要兴趣在于说明一个必然的发展进程，即类似于生物学中直向演化的某种东西，已引导原始人通过种种阶段而达到文明。到 19 世纪末，一场反动开始了。英国和法国的异端学

---

[1] 泰勒（Edward Burnett Tylor, 1832—1917 年）：著名英国民族志学家，文化史和民族学进化论学派的创始人。——译者

[2] 摩尔根（Lewis Henry Morgan, 1818—1881 年）：美国民族志学家、考古学家、原始社会史学家。著有《古代社会》等。——译者

派争辩说，发展不是直线型的，文化进步起源于一个或几个中心，然后向外传播。为了解决这场争端，德裔美国人弗朗茨·博厄斯[1]，近代美国人类学鼻祖，坚持要对现在的和过去的单个部落作精确的、深入细致的研究。于是，在20世纪前三四十年间的美国，"历史的重建"成了一种口号。

重要的是要注意到这个发展有两个方面。一方面是对精确的经验研究的必要性的强调，我们可以认为其开端是博厄斯在世纪之交对北太平洋的探险；另一方面是对单个部落的兴趣。越来越多的美国人类学家感觉到了每一部落在文化上的独特性质，因而逐渐忘记了人类学的初始目标：建立社会发展的普遍性原则。今天，美国的流行兴趣在于个别的文化单位，特别在于这些文化单位的心理方面，这一研究线索与鲁思·本尼迪克特[2]的名字有着特殊联系。不过，人们仍处处呈现出恢复对文化和社会变动规则兴趣的迹象。

与此同时，在大西洋彼岸，发生了一场相当类似的进展。同样，对于精确性的新的关切，随着剑桥探险队出征托雷斯海峡而出现了。探险队参加者有哈登（Haddon）、里弗斯（Rivers）和塞利格曼（Seligman），它差不多与博厄斯的首次野外旅行同时进行。这个时候，在法国，哲学家和社会学家涂尔干[3]开始对原始部

---

① 弗朗茨·博厄斯（Franz Boas, 1858—1942年）：1883年他第一次探险后，一直在爱斯基摩人和印第安人中从事人类学研究，1899年起任哥伦比亚大学人类学教授。——译者

② 鲁思·本尼迪克特（Ruth Benedict, 1887—1948年）：美国人类学家。著有《文化类型》《种族：科学与政治》《菊与刀》等。——译者

③ 涂尔干（Emile Durkheim, 1858—1917年）：法国社会学家，倡导集体表象论。著有《社会学方法论》《社会分工论》等。——译者

落发生了兴趣。不过，他更多的是关切单个社会的组织和结构所展示的普遍性原则，而较少关切它们的历史发展。近代英国社会人类学正是从他那里，通过马林诺夫斯基^①和拉德克利夫-布朗衍生出来的。^②

在描述原始部落时对精确性的寻求，是同历史学方法的日益复杂相应的人类学方面的发展。在两方面的事例中，学者们都试图给起初是浪漫派哲学家直觉的东西一个合理的经验基础。浪漫派对理性的反动已尽力展现了经验的一个方面。现在，理性主义者企图夺回它，把它同化于理性主义的世界图像中。以非常相似的方式，浪漫派对反常心理状态的兴趣促进了近代动态心理学的建立；另一方面，除了向人类学索取的那些东西，近代社会学的先辈几乎完全是理性主义者或者实证主义者。

应当注意到，人类学家已经比历史学家更进了一步，他们不仅试图使研究精确化，而且要使它科学化，以建构一个清晰而连贯的经验性概括系统。无疑，由于他们涉及的是小规模的社会，20 科学化的探讨就比较容易做到。不管他们是文化人类学家还是社会人类学家；不管他们智慧上受传于博厄斯还是涂尔干，他们都尽力把所研究的社会看作独特的整体，纵然注意力集中于某个部落生活的特殊侧面。人类学家知道，必须把他所研究的民族的社会结构、经济状况、技术、法律、宗教、习俗和无所不在的精神

① 马林诺夫斯基（B. K. Malinowski，1884—1942年）：生于波兰，曾任伦敦大学教授。后到美国，任耶鲁大学教授。社会人类学创始人之一，功能学派的主要代表人物。——译者

② 人类学历史的这个概况主要基于罗伯特·H. 洛伊（Robert H. Lowie）《文化人类学理论的历史》（*History of Ethnological Theory*），伦敦，1937年。

气质记在心间。再者，历史学家埋头研究一个民族的一个时期，而人类学家则不得不把遍布世界的许许多多不同社会记在心间。从而他可是不那么容易受到引诱，从一个或几个例子中做出概括的。他所作的概括按设想是要对所有社会有效的，不管是文明社会还是原始社会，不管是历史的还是史前的社会。原始生活的巨大变异性以及个别单位的微小尺度，保证了人类学家的理论建构含有接近普遍有效性的内容。基于这个理由，未来的历史科学在概念上和方法上，都必须首先大大依赖人类学。

21　　自然，我们不可以假定人类学的所有方面都已完全清楚了，都已完善地、毫无疑问地构造好了。没有一个人类学家会做出这样总结性的声明。相反，甚至在一些基本问题上，仍然存在着含糊的、有疑问的地方。我们看到，关于文化的定义，就存在相当大的分歧。然而，在原始资料的精确性和术语的清晰性方面，自克莱姆以来，改进是巨大的。现今人类学家（以及其他社会科学家）的研究标准似乎大大优于历史学家的松散推理。同样，也大大劣于自然科学家的数学化精确性。无论有怎样的缺陷，人类学这门科学的进步已足以有益地引导那些希望对历史有合理化解释的人。

　　自然，文化史学者的研究为这样的历史科学提供了部分必要的基础。特别是在法国，在涂尔干的影响下，一个完整的经济和社会历史学派——其中马克·布洛赫和吕西安·费弗尔最为著名[①]——展开工作所按照的方法似乎预示了我们在这里要提倡的那

---

　　① 布洛赫（Marc Bloch, 1886—1944年）：法国历史学家，以研究法国土地制度史著名。费弗尔（Lucien Febvre, 1878—1956年），法国历史学家，法兰西学院教授，与布洛赫共同创刊《经济社会史年鉴》。——译者

种研究。① 此外，近年来，有些人类学家，尤其是那些对文化的心理方面感兴趣的人，已经开始着手进行当代文明的研究。② 克鲁伯教授研究了特定时间和地点中的天才群，作为他所谓伟大文明的"文化顶峰"的索引。③ 在比较史学这个领域，毫无疑问有着无数研究和分析的机会。我们不能期望，在目前的阶段任何一种理论建构可以证明自己是权威性的。在这本著作里，我所涉及的事情主要是，对我们的新任务所需的基本概念作分析、提炼和修正。我将要讨论"历史"这个词的意义，史学著作实际上是怎样表述的。我还将细致地描绘和分析"文化""社会"和"文明"的概念，以及其他相关的概念。我也要描述各种文化是怎样衔接、综合的，它们又是怎样被解析、被刻画出特性来的。我特别将注意文化和历史中的因果关系及其解释的问题。这类问题一直是形而上学，甚至是神学争论的主题。最后，我将表明，这些概念应当怎样用来理解和解释历史事实。在所有这些讨论中，我考虑着一个基本目标，一个我企图予以解决的特殊问题。这同样是一个一直吸引着诸如斯宾格勒和汤因比这些现代历史哲学家主要注意的问题。这个问题是：在文明的发展中，在它的缓慢生长和时而迅速的衰落中，是否存在着规律性。在我们的时代，这是一个似乎特别紧迫的问题，因为有一股冷风已吹遍欧洲，即直觉地认为欧 22 洲文明注定要走上古埃及、古罗马、尼尼微和提尔的道路。信念

---

① M. 布洛赫：《历史学家的技艺》(*Métier d'historien*)，巴黎，1949年。

② 例如，鲁思·本尼迪克特的《菊与刀》(*The Chrysanthemum and the Sword*)，剑桥，马萨诸塞，1947年。

③ A. L. 克鲁伯（A. L. Krober）：《文化生长的结构》(*Configurations of Culture Growth*)，伯克利，加利福尼亚，1944年。

的丧失、艺术的停滞、自由之梦的破碎、现代战争的灾难性，所有这一切似乎预示了一场大衰落。

这样的衰落是不可避免的吗？只有询问过去，我们才有可能回答这个问题。迄今为止，历史哲学家没有能找到清晰的答案，这至少部分地归咎于他们缺乏一套系统阐释这个问题的精确术语。在此，我的目的正是要提供这样的一套术语。对这个问题的回答，必定是未来研究的主题。

有时，人类学家在谈论他们的学科时似乎认为它必然把那些恰好以人为对象的学科作为一部分包括在内。诸如社会学、历史学，甚至心理学。他们至少有一个词源学上的证明，因为"人类学"意味着"人的科学"，从而似乎具有一种普遍性质。康德正是在这个普遍意义上使用这个词汇的。然而，在过去，人类学家的研究仅限于原始社会，而这至今仍然是他们主要关切所在。同样，社会学家愿意包容所有涉及人类群体的学科，但在实际上，他们也限制着自己，他们专注于欧洲和美洲的社会结构和机制的研究，而倾向于忽视早期的或欧洲以外的社会。历史学家也不缺乏雄心，然而在实际上，他们所关切的主要是，详细描述发生于或影响了有文字社会的各种事件的顺序（亦即那些可找到记录的事件）。当然，研究其他社会，甚至无生命自然中各种事件的顺序也是可能的和需要的，这也可以叫作历史。不过，很少有人会同意克罗齐的观点：事件的历史方面（即它的时间上的顺序）是唯一重要的；知识的所有分支都可以归入历史学。

23　　　就学术王国诸种现象所预示的各学科的互相渗透而言，这是有益的和合乎需要的发展。然而，我们不能期望解决术语上的争端。各个学派由于历史的原因而恰好占据的稳定位置，实在过于牢固。因此，我将继续在狭义上而不是在广义上使用各种术语。我在此想要做的，只是努力为狭义上的历史概括提供一种基础。这项工作可以被看作属于广义上的人类学或社会学。我也使用了"历史科学"这个名词。但是，更准确的描述是"文明的比较研究"，这里的"文明"意指那些大规模的、复杂的、都市化的（通常是有文字的）文化，这些文化的发展进程包含了历史学家所描述事件的大部分。这个问题在下面的章节中将更加清楚。

第二章 历史的性质

我们的首要任务必定是明确和规定论题。我们必须把探照灯光集中于我们这个黑暗宇宙的某个特殊区域，这个区域正是我们打算要探索的。我们使用"历史"一词究竟意指什么？这个词挂在人们的嘴上迄今已有两千多年了，如果查阅一下词典，我们会发现，它有多种密切相关的意思，但并非全都与我们的目的相合。也许，最令人满意的探究方式，是考查该词当今各种用法的源头和发展。要这样做，我们就应当能把这个词的中心含义，同那些仅仅是隐喻的或引申的含义区别开来。

"历史"这个词可以追溯到希腊字：ἱστορία，它最初的意思是"询问"或"调查"，或者，通过意义的自然延伸，意指"作为询问结果而获取的知识"。在英语中，这后一个意思仍然存活于一个老式的但没有被废弃的词汇——"自然历史"之中。当希罗多德[①]在公元前 5 世纪中期开始写他那关于希波战争的伟大著作时，他称其为"希罗多德的历史"。他用这个名称仅仅是意指，他对希波战争和导致战争的各种事件所作询问和调查得到的结果。如果他是天文学家或生物学家，他可能仍然会用"历史"这个词来形容

---

① 希罗多德（Herodotus，约公元前 484—前 425 年）：古希腊历史学家，被西方史学家尊称为"历史之父"，主要著作《历史》，共有九卷。——译者

他劳动的成果。

希罗多德的《历史》是一长串同类型著名著作的第一本。他的追随者模仿他，也用"历史"这个词来形容他们的作品。我们无法确切地断定，这个词在什么时候获取了更加特殊的意义。然 25
而可以肯定，在波利比阿① 时代，即公元前2世纪，它不再被用来意指任何种类的询问，或某次询问的报告了。它开始意指对某种和希罗多德所描述的同样类型的事件的叙述。

如我们所知，希罗多德在当时不仅仅探究希波战争中的事变（尽管有些学者认为这是他仅有的初始意图），而且还探究导致这场战争的各种事件。他描述了波斯帝国的兴起，有关各国的外交往来，这些国家内部的派别斗争，统治者和政治家们的生活和事迹。著作的第九部分专注于我们现在叫作人类学或文化史的内容，即对于古代世界各民族的风俗和生活方式的描述。

这一切中的核心观念似乎是，这是一些涉及或影响了为数众多的人的事件。大致上说，此后，凡自称历史学家的人所关心的是同样的问题。有关战争与外交、革命与形式上和平的政治斗争，国王、总统、他们的阁员与敌手事迹的记述——这一切至今已构成了大量的历史作品。甚至那些历史学家已经在其著作中引进了未被希罗多德讨论的新主题，比如，发生了有关事件的国家的气候和地域，似乎也受到这个信念的引导，即这些因素以某种方式影响了广大民众的生活。聚焦点、兴趣中心在于一个或几个共同体的生活。

---

①　波利比阿（Pobylius，约公元前200—前118年）：古罗马历史学家。著有《通史》40卷，现存第1—5卷。——译者

对于特定组织和制度的历史，或社会生活的各种方面的历史——如宗教、艺术、法律，情形也是这样，正因为它们涉及了众多人民生活的各个方面，或被假定影响了众多人民，它们才会引起兴趣的。仅仅涉及或影响单个人的事件不是历史，而是传记。一个牧人或农夫的生活不会使历史学家感兴趣，除非他日后成了国王或首相，或者他的生活可以作为他那个时代和那个地区的牧人或农民生活的典型。即使对统治者或政治家的生活，更有辨别力的历史学家总是倾向于忽略一些细节，只要他感到这些细节没有普遍地影响公众，或不具有时代的典型性。

这样，"历史"最初的而且仍然是主要的意义之一是，"牵涉到或影响了众人的事件的文字记述"。一个同样普遍而重要的意义通过聚焦点的简单转换被获取了。像通常所用的那样，"历史"不再意指某种事件的文字记述，而是指事件本身。在诸如"历史展现了人类走向自由的持续斗争"，或"苏格兰的历史充满了被谋杀的国王"这样的句子中，我们谈论的不是历史学家的著作，而是在讨论这些著作的论题。我所能发现的这种用法的最早例子是波利比阿①，但从总体上说，它在希腊和拉丁作家那里是很少见的。只是在相当近代的时期，这种用法才成了这个词的主要意义之一。

混淆词语和事物，观念和实际，是人类常见的错误。这种错误绝不像某些有种族优越感的心理学家所主张的那样，仅限于原始人和儿童。有关历史的整体性论题确已成了唯心主义哲学家所偏爱的落脚地之一，因为这部分反映历史学家在实践活动中概念的含糊性，而这有助于他们永久地保存令他们舒适自在的混淆。

---

① 波利比阿:《通史》(*Histories*)，第1卷，第3、4节。

阅读克罗齐的著作时，几乎不可能分辨出，他使用"历史"这个词是意指事件本身，是历史学家对这些事件的记述，还是历史学家对这些事件所持有的观念，或者，也许是三者皆有。不过，大多数明白人都同意，必须明确地区分观念和事物。在本书中，我将尽最大努力来使人明白，什么时候我在谈论事件，什么时候我在谈论对事物的记述。

弄清这个区别的方法之一是使用定冠词和不定冠词。在通常的用法中，加不定冠词的"a history"一词一般是意指文字记录，加定冠词的"the history"则意指事件本身。我们说，蒙森①写了 27 一部"a histoy of Rome"（《罗马史》），而他所写的是"the history of Rome"（关于罗马的历史）。这种情形对"历史"一词的不定复数和限定复数形式是同样的。"Histories of England"是书本，而"the histories of France and England"是两组不同的事件。我们偶尔会发现例外，当某人说"我上星期借给你的'the history of Rome'（《罗马史》）"时，他意指的是一本特定的书。为明确起见，我把这一规则绝对化。在这些段落里，我将始终用不定冠词表示历史事件的文字记述，用定冠词表示事件本身。

当我们涉及一般或总体性名词时，"历史"在通常用法中完全是双重的。我们总是被迫从上下文去推测，作者用"历史"一词是指某种文献还是某种特定事件。一个美国史学者研究的是特定事件，还是历史学家对这些事件的记述？这是无法言说的——最精确的答案也许是，他研究的是反映在历史学家著作中的事件。

---

① 蒙森（Theodor Mommsen，1817—1903 年）：德国历史学家和文字学家。——译者

　　正是这个词的内在双重性，使得这样一种谬论得以成立，这种谬论声称"在发明文字以前不可能有历史"。初一看，这个句子似乎是说，在文字发明以前，不存在涉及或影响众人的事件。这样来解释，这个陈述就是完全错误的。在文字发明以前，想必存在着战争和迁移，更不用提语言、火和车轮、植物和动物的驯化等的发明和传播了。如果我们否定这个意思，保留下来的意义就是，在文字发明前，不可能有人类重要活动的记述。这是一个近于同义反复的陈述。实际上，那些喜欢重复这个谬论的 19 世纪德国历史学家和哲学家，可能意指的是，在文字发明以前，以及多少较为精确的记录能够被保存下来以前，人们对于很长一个时期内历史事件的潮流和方向，是不可能有一种意识的。

　　甚至在这种意义上，这个陈述似乎也并不具有普遍的真实性。比如，波利尼西亚人仅仅靠口头语言，已经把有关他们大迁移的相当精确的记述相传了几个世纪。根据这个例子和其他无文字民族中的类似现象，我们想必要扩大"历史"的第一意义，以包括口头记述和文字记述。但是狭窄的意义更为熟悉，我们最好仅限于此。根据这一事实，我前面提到过的意义，即"对历史事件之方向的意识"，最好是被置之不顾。在任何一本词典上，都不会有这个意义。

　　我们的两个主要意思，"涉及和影响了众人的事件"和"对这些事件的记述"，在"史前史"这个词语中，甚至更加紧密地融合在一起了。"史前史"一词由古物收藏家丹尼尔·威尔逊爵士[①]

---

　　① 丹尼尔·威尔逊（Daniel Wilson）:《苏格兰的考古学和史前记载》(*The Archaeology and Prehistoric Annals of Scotland*)，爱丁堡，1851 年。

于1851年首次使用，用以指那些文字记录开始以前发生的历史事件。如果"历史"意味着"文字记述"，"史前史"就是指历史之前；而要是"历史"系指某种事件，"史前史"又成了历史的一部分。既然有关文字发明以前所发生的事情，已经有大量证据被揭示出来了，那就完全可能写一部"史前历史"，或曰"史前人类的历史"，就像看起来似乎就荒唐的和自相矛盾的那样。

当然，在实际上，历史学家把他们的考察局限于有文字记录的时代和地方。他们接受了使用文件的训练，一旦没有文件可得，他们便不知所措。在相当近的时代，另一学科，考古学发展了起来，它研究的是文字材料很少或几乎没有的时代。不过，这两个学科之间的区别主要是技术上的，而不是主题上的。历史学家在档案中发掘，考古学家在泥土中发掘，而两者所关注的都是过去在大群的人们中曾发生什么事情，以及他们做了些什么。有些时代，如罗马时代的不列颠和古希腊，由考古学家和历史学家出色地合作研究着，而每一方的相对作用决定于其所能得到的资料证据之数量。像布雷斯特德①那样的考古学家甚至可以揭示大量碑 29
铭，并以历史学家确立的文字风格写下他的成果；而像柯林武德那样的历史学家则相反，可以感到有足够的技巧使用考古材料。

这样，"历史"既可以意指某种事件，也可以意指这些事件的文字记述。就其为艺术家而言，那些更为文学化的历史学家则喜欢这种双重性，这种双重性是诗歌的基本特性之一。但是，如果我们想要尽可能理性化地研究历史事件，我们就必须尽我们所能

---

① 布雷斯特德（James Henry Breasted, 1865—1935年）：美国埃及学家，芝加哥大学埃及学与东方史教授。著有《埃及史》《埃及古代文献》等。——译者

做出明确的区别。一个可能的方法是，替两种意义中的一种找出一个新名词，而在这里，新词已经被发现了。"历史编纂"一词偶尔用于英语中，更经常用于其他近代欧洲语言中，它一般系指历史著作。就我所知，各种语言中这个词的首次使用者是约瑟夫斯《中亚平宁》[①] 最早手稿存本中一段插语的不知名作者。因此，它的运用不会晚于 11 世纪，可能也早不了多少。在古希腊语和拉丁语中，这个构词形式似乎是不被知晓的，尽管这是一个自然的形式，而且它的类似形式"历史编纂家"是非常通用的。希腊人和罗马人大概没有感到需要这么一个词汇，因为对于他们，"文字记述"仍然是"历史"的基本意义。

我们可以同意采用"历史编纂"来意指历史事件的文字记述，把"历史"一词保留给事件本身。不幸，像大多数新词一样，"历史编纂"既惹人厌，又相当不便于使用。一个学者过于频繁地使用这类词汇，像以喜好这样做而恶名昭彰的社会学家那样，会使他的著作无法为一般读者阅读，甚至让专家都感到困难。确实，在更加精确的科学中，使用新奇的专业术语是不可避免的。但是，如果我们企图赋予我们的研究一种精确和有学识的神态，却使它们变得无法理解，那我们就犯下了错误。只要有可能，那些在必要情况下可以在意义上稍加提炼的普通词汇，会比新词汇更受青睐。那么，我们就少用"历史编纂"一词，在可能的情况下，代之以"历史文献""历史书籍"或"历史作品"这些不那么惹人厌的词汇。

---

① 约瑟夫斯（Josephus）:《中亚平宁》（*Contra Apionem*），第 1 卷，第 19 页。

　　我希望，我已经成功地区分了"历史"一词的两种重要含义，并把该词的用法限定于一种意义中。这是达到我们的目的所需的。限定研究领域，将使我们能够把某种或某些特定种类的事件同我们不想研究的事件区别开来。当我说"历史"意味着"涉及和影响了众人的事件"时，我已达到了这个标准，尽管——如同我们将要见到的——存在着另一种我尚未达到的标准。不过，由于这个标准反映了历史学家的实际工作，目前就让我们满足于这个定义吧。

　　此外，这个词还有一些次要的用法，我们可以稍微注意一下，以便可以撇开它。这些用法之一便是："历史"为"有关历史事件的观念"。正是在这样的意义上，我们可以说，"历史在历史学家的头脑中"，或者"历史随着每一代人而变化"。这里，"历史"指的是有关特定事件的知识，就像科学是有关某种周期性规则的知识一样。对于像布莱德雷① 和克罗齐这样的唯心主义哲学家，这是"历史"的基本意义，因为他们相信，客观事件离开他们，其知识就不会真实地存在着。

　　"历史"的另一种用法的意思是"历史学家的活动"，也就是说，是指历史记述的研究和写作。这里，"历史"是一种艺术、一种职业或者一种训练。"历史编纂"这个词也是经常地，也许是最恰当地，在这个意义上被使用。德国人已经根据 Technik（技术）一词类推，发明了一个特殊词汇：Historik（历史）。为避免使用新词和混淆意义，我将用一些迂回的说法来表达这些意思，比如

---

　　① 布莱德雷（Francis Herbert Bradley, 1846—1924 年）：英国哲学家，新黑格尔主义者。著有《逻辑原理》《现象和实在》等。——译者

"历史观念""历史知识""历史写作的艺术",等等。

或许,这个词最重要的引申意义出自这样一个事实,历史学家们总是以年代顺序做出历史事件的记述。这样,"历史"便被用来意指任何事件序列,或者关于它们的记述,不管有关事件涉及一人还是多人,或者根本不涉及任何人。我们可以说,"一次爱情的历史""我那条狗的历史""星星的历史",甚至"我那餐桌的历史"(在法语中,历史一词伸展得更远,它可以仅仅意指一件逸事,一次事变,比如"我讲述过一个历史"和"曾经发生过的一个历史")。无疑,在日常话语中,这个词的这些引申义是很有用的,没有其他词汇可以完全取代它们,但是,对于我们这里正在从事的这种系统论述来说,那就是混乱的了。有些历史学家走得如此之远,以至于要争辩说,按时间顺序叙述事实牵涉一种特殊的理解方式(也被叫作"历史"),它必定区别于科学的理解方式。在下一章中,我将考察这个观点。但在这里,指出这一点就足够了。在描述大量事件的方法和被描述的这种事件之间,似乎不存在一种必然的,或内在的联系。我们必须把我们对"历史"的用法,限定在特定的事件范畴内,而这些事件是可以被描述的。

然而,历史学家们所用的方法并非同我们的探究完全无关。考察那些方法可以帮助我们理解,为什么对历史事件的系统的、理性化的理解迄今没有出现。进一步说,无可否认的是,我们描述和分析事件的方法,必然要影响到我们关于这些事件是什么的概念,在这个程度上,我们必须赞同唯心主义哲学家的意见,但不接受他们有关事件只存在于我们头脑中的信念。不过,如果根据历史学家的目的来看这些方法,就可以很好地理解它,因为正是为了实现那些目的，这些方法才被设想出来。

历史学家首先寻求的是报告事件，他想要向我们提供已发生事件的精确情况。确实，在古代，记录的基本用途之一，便是以年鉴、编年史或碑文的形式，保存值得记忆的事件的精确记述。精确性一直是历史学家的目标之一。例如，希罗多德总是细心地提及他的资料来源，其中包括亲自观察、碑铭和见证人的报告；[①]而塔西佗则告诉我们，他以最大可能的精确度调查了他所叙述的事件的每一细节，比较了见证人互不一致的报告，力求确立真相。[②]在19世纪，当历史写作在欧洲，特别是在德国经历一场大繁荣时，如同我们所见，历史学的方法发展成了一种高度精致的技术。它像一种极为精巧的仪器，产生了大量相对值得信赖的成果。但仅仅是相对可信，正像我们所看见的那样，就历史知识的精确性来说，通常所设想的是存在着某种固有的界限。

人们偶尔会发现某个历史学家表述了这样的天真观点：报告情况是他所寻求的一切。这类历史学家中最引人注目的是兰克，至少我们可从字面上领会他的著名准则："还历史本来面目。"[③]就是如此。但是，如果历史学家寻求的仅仅是报告情况，那他就没有办法取舍，应把什么事件报告给我们。要是不能按照自己的安

① 希罗多德：《历史》，第1卷，第1节；第1卷，第5节；第1卷，第140节；第2卷，第59节；第9卷，第16节。

② 塔西佗：《历史》，第1卷，第22节。

（塔西佗［Tacitus，约56—120年］：古罗马历史学家。著有《编年史》《历史》等。——译者）

③ 利奥波德·冯·兰克：《选集》（*Sämmtliche Werke*），第33卷，莱比锡，1877年，第7页。

32

排，从大量材料中选出一些重要的事件，那历史学家很快会发现
自己陷入了不相联系的事实和细节的泥沼中。他的任务将超出他
的力量，同时也变得毫无意义了。人们说："历史书要精确，就得
足够厚实。"但是，如果精确是唯一的标准，集世界上所有的书架
都会不够用。为了选择要描述的事件，除了报告情况这个简单目
的外，历史学家的头脑中还要有其他目的。

一位真诚而聪明的研究者表明了企图把历史书搞得足够厚实
的危险性，他最近出版了论述林肯被刺的一整本书。[①] 因为沉迷于
那发生的、自以为是命定结果的事情，并急于想了解谋杀是怎样
33 发生的，作者花了二十五年来收集有关于此的全部资料，甚至为
每一年的那一天都单独做了一本笔记。然而，他告诉我，他既不
相信这本书展示了所有事实，也不相信在任何一点上接近了全部
真相。确实，这怎么可能呢？他的工作就其本质上说就是无法实
施的。

确实，历史领域中的一些工作者时常从事收集恰好适用于某
一特定时期的、某一种类的所有文件材料，而并不注意这些材料
最终可能用于什么目的——比如，伊丽莎白时代的官方文件，或
17世纪法国宫廷中威尼斯大使的公文急报。不过，这类出版物通
常被认为是历史编纂的辅助物，而不是历史编纂本身。在开始写
作以前，历史学家必须决定写什么，然后筛选有关的证据，把它
们同其他证据作比较，判断出证据的可靠性。要这样做，他将被
其他目的所引导，而不仅仅是提供情况。

---

① 杰姆·比肖普（Jim Bishop）:《林肯被刺的日子》(*The Day Lincoln Was Shot*)，伦敦，1955年。

让我们暂且撇开其他目的，稍稍进一步考察历史学家企图报告事实时所使用的方法。如同我们在第一章里所见，历史学家告诉我们特定的事件，这个事实足以把他的工作同科学家的工作区别开来，科学家试图告诉我们普遍真理——模式、构造、规律，这些随着个别事件的大河流经我们面前时反复出现的东西。的确，通常被说成科学的某些学科，也试图确立有关特定事件的事实。地质学、各种古生物学、天文学的一大部分和气象学，都涉及过去发生的事或现在正在发生的事。鉴于这一点，这些科学的学科有时也被说成"历史的"，尽管在研究过程中它们不同于历史学，它们着重强调按照已确立的一般"规律"解释事件。

人们有时会说，历史学家企图从完全的单一性和独特性方面描述他们处理的事件。但是，历史学家在这里还是无法把他的著作弄得"足够厚实"，如果他真的试图描述他感兴趣的事件的 34 全部细节的话。在人类行为和相互作用的层面上，每一事件几乎都是无限复杂的，我们所能谈论的事情的数目，只有我们感兴趣的范围，和我们希望划出的界限精度是可以对其加以限定的。也许，如果我们能够记录每一个电子的运动，我们就到了某种实际上的——如果不是理论上的——辨别力的极限。但是，甚至对一粒沙子中的电子，在一秒钟内所作运动的描述，就可以填满我们所有的图书馆。这里，历史学家在选择事件的哪个方面做记录时，又必定受到某个隐蔽的目的的引导。

这些观点可以通过思考那个著名的，尽管可能并不真实的逸事得到说明。这个逸事说的是，牛顿躺在树下，脑袋被一个熟透的苹果击中，从而发现了引力定律。伏尔泰最先讲述了这个故事，并声称得知于这位伟大物理学家的一个外甥，这很可能是假的。但是，即使这故事是真的，重要的是要注意到，牛顿并没有费心去记录它。作为一个科学家，他似乎对于事件的特殊性没有兴趣，他关心的只是苹果的质量，它的下落速度和方向等这些他可以拿来与其他运动物体作比较的特性。历史学家伏尔泰感兴趣的是特殊事件，他告诉我们这个事件的时间和地点，牛顿所处的位置，以及这个苹果是"熟的"。然而，他也并非对事件的所有细节感兴趣，他没有告诉我们准确的时刻，所涉及苹果的品种和颜色。他把自己限定在他所感兴趣的特性方面。

在做出特定事件的精确描述的努力中，历史学家总是要依赖别人的记录，可以说是必然的。这些记录或者出自现场见证人的口述，如希罗多德所用的材料（也许在这个事例中还有伏尔泰）；或是当时的文件，而这类文件本身依赖于口述记录。偶尔，像波利比阿、丘吉尔①和恺撒②那样，历史学家本人参与了他所要描写35 的事件，但就绝大部分而言，他必须依赖其他见证人的记述，他常常是通过第二手乃至第三手资料来获得这些记述。我们都知道，就是见证人的第一手资料也可能是易变的、不可靠的。有时如果见证人有许多而不是一个，法庭要确定一起街角事故的真相，往往会感到更为困难。人们似乎会以完全不同的方式觉察最简单的事件。因此，不管历史学家作了多少最富有智慧的努力，他显然被判定只有部分的、近似的精确性。他通过别人的眼睛观察事件，

① 丘吉尔（Winston L. S. Churchill, 1874—1965 年）：英国保守党人，曾两次出任英国首相。著有《第二次世界大战回忆录》《英语民族史》等。——译者

② 恺撒（Gaius Julius Caesar，公元前 100—前 44 年）：古罗马统帅、政治家、作家。著有《高卢战记》《内战记》等。——译者

他绝无可能回复以往，重新考察那些事件。

幸运的是，在某种范围里，我们拥有较之见证人更为可靠的证据。我们有人类过去活动的实际产品和副产品：他们的制品、他们的艺术和建筑，甚至他们的垃圾。这些沉默的证据更为可靠，是因为它们没有传播信息的目的，它们不是有目的地被放在地底下，以便使某人确信某个流派观点的正确性。甚至可以用这种方式考察文件，即不是为了它们有意要传送的信息，而是为了它们可以展现——完全是无意的——作者的思想、目的、偏见，和他们所处的那个世界。我们永远不会知道，牛顿和那只苹果的事件是否实际发生过，但伏尔泰写作这个故事的事实，告诉了我们有关他自己和他的读者的某些情况。

当然，多半的情形是，这类证据所告诉我们的有关各民族文化发展，他们的风俗和精神的情况，要多于过去的历史学家有兴趣记录的特定事件的情况。但是，情况并非总是必定如此。如果某个条约的原文本存留着，我们便有了一个历史事件的副产品，比起同时代的任何有关如何议定该条约的记述来，条约原本总是更能提供情况，更加可靠。不过，我们大体上可以说，比起历史学家一直在辛勤地描述的小规模事件的知识，我们关于大规模事件和文化史所研究的特殊方面的知识，有一种更加精确化的潜在可能，尽管这种知识是以不那么严格的方法建构的。在以后章节的讨论中，这一点是很重要的。

这样看来，历史学家的目的之一，就是提供有关过去的特定历史事件的精确情况。不过不可能是他唯一的目的。否则，他将无法选择对哪些事件，或事件的哪些方面加以描述。现在，让我来试着辨别和考察其他目的。

当我们更加仔细地看看我们关于"历史"的定义时，目的之一便呈现了。我曾说过，历史是"涉及或影响了众人的事件"，我是靠试图涵盖历史学家在过去事实上已描述过的那种事件，来达到这个粗糙的定义的。但是，"影响"这个词引进了因果关系和解释的概念。显然，历史学家的主要兴趣在于为数众多的人参与的事件，但为了解释这些事件，他也要描述其他被假定为原因的事件，尽管在本质上它们可能没有涉及为数众多的人。如我们所见，希罗多德不仅描述了希波战争，也描述了导致战争的事件。那么，解释就是历史学家的目的之一，并在某种程度上引导着他对历史事件的选择。

让我进入这个问题的更深层次，并设法使我的意思更清晰。严格说，个人行为属于传记，而不是历史；因为这类行为涉及的不是众人，而仅仅是一个人，至多几个人。然而，历史学家在他们的著作中包容了许多有关君王、政治家、将军和其他重要人物的传记性细节。如果要问为什么这样做，他们总是回答说，这些个人的行为影响了众人，因而值得被看作历史。例如，我们假定，某个研究法国大革命的历史学家，给了我们一份有关玛丽·安东37 瓦妮特开玩笑地在小特里阿农（Petit Trianon）扮作牧羊女的记录。如果我们问他，为什么他费神于这样一个似乎纯粹个人的、传记性的事实，他会非常合理地答道，玛丽·安东瓦妮特的行为是当时法国宫廷轻浮行为的典型，这种轻浮导致法国财政管理失控和崩溃，导致法国人民对绝对专制制度的厌恶，是对革命起了作用的原因之一。换句话说，玛丽·安东瓦妮特的个人娱乐影响了众人，因而是历史事件。

注意到这一点是重要的：历史学家做出的因果关系的假设，并不依赖于任何有关历史事件相互联系的，经受过良好检验的概括。这样的概括并不存在，否则，这类概括就会构成历史科学。因为没有这门科学，历史学家被迫利用含糊的、未经检验的、很不牢靠的概括，它们构成了通常叫作"常识"的东西。这些"常识"的概括被塑造得就像由归纳得出的科学的概括，但它的基础是一些粗率观察所得的例子。这种概括经过几代人的重复，总会被神圣化，但其确切性常常并不高于原始民族对自然事件的解释。比如，在玛丽·安东瓦妮特的例子中，说她的轻浮并不是当时上层阶级普遍丧失信念和目的的征兆，而是原因、标记，甚或是对紧迫危机感的一种反应，那是很令人疑惑的。假设臣民会对君主一方的轻浮做出否定性反应，似乎是自然的。但我们必须记住，许多君主，像英国著名的查理二世和乔治四世，在相当近似的环境中过着轻浮的生活，却未曾引起灾难性后果。

我们再看看其他例子。历史学家经常把大地震、干旱和传染病的记述写进著作，因为这些事件似乎明显地影响了众人。没有作者会否认，黑死病是英国史的合理组成部分。但是，直到最近的时代，把奇异的、不寻常的自然事件的记述置于书中仍是一种习惯。大多数国家的早期编年史中，经常提及彗星和日蚀。李维 ① 喜欢记录双头牛的出生，以及闪电的反常方式。基于立刻会有针对它们的明显的广泛反应这样的理由，这些事件可以被判定为历

① 李维（Livius，公元前 59—公元 17 年）：古罗马历史学家。著有《罗马建城以来的历史》。——译者

史的一部分。但是，它们所以被古代历史学家写入著作的理由，却不那么简单。它们被认为是预兆，是上帝对人类的意图的标记。人们认为，愤怒的神灵在释放瘟疫和战争这类恐怖之前，会放出彗星作为警告。不寻常的气象、地质现象常被认为是历史进程中所谓因果要素的象征，它们所以被包容，是因为被确信间接地影响了人类。或对或错，近代历史学家不再相信神灵干预，他们撇开预兆的记述，除非这些事件得到一个广泛的反应。但是，甚至撇开预兆的做法，他们也正是在表述一种历史因果关系的理论，而拒绝了另一种。这里，他们对历史事件的选择，还是依赖于他们个人关于因果联系的意见。

不仅是在对论题的选择中，而且在对论题的排列整理中，历史学家也表明，他们正试图解释历史事件。如我们所见，他们通常按年代顺序描述事件，而这种叙述方式本身构成了一种朴素的解释方法，这种方法在日常谈话中最为常用。历史学家不仅告诉我们发生了什么事，而且告诉我们如何发生，而这个如何包含了什么和为什么。尽管他经常使用因果联系的词语，如"所以""因为""可能由于"，但他并不需要这样做。光是以前后顺序叙述事件这个事实便暗示了，前事为后事之因，如果事件的顺序与通常有关事件相续的假设相符合，那更是如此。假如伏尔泰告诉我们苹果熟了，然后说它掉下来了，我们即刻会假定，它掉下来是因为熟了，并且伏尔泰打算要我们做出这个假设。除非历史学家只是个编年史家，否则，他向我们展示的就绝不仅仅是单个事件的事实，而是那些沉没在因果系列中的事实。在这里，哪怕只是选择所要描述的事件或者事件的方面，也会在有意无意中受制于对事件相互关系的预先假设。

我要补充说，甚至在确立他所认为的事实的工作中，历史学家运用了同样朴素的、常识性的因果假设。只要他需要依赖别人的记述，历史学家就必须就这类问题做出假设：被描述事件的关联次序可能是怎样的，记录作者可能会有什么样的动机来捏造、隐瞒、歪曲某种情况，等等。不用说，这些假设的确切性是可疑的，依赖于文件证据的历史研究的精确性，因此就更加减小了。

在解释所描述事件的努力中，历史学家偏爱的方法之一，是思索有关个人的思想和感情、目的和动机。这里，他们遵循的也是一般叙述的程序。在讲述事件时，我们经常提及被认为是有关对象思想感情的东西，这似乎给我们的叙述带来了附加的心理向度，给可观察的事实这具光裸骨架穿上了一件人类情绪的华丽外衣。

许多历史学家像兰克那样，为自己能够"洞彻"所描述历史伟人的灵魂深处，能够展现他的哪怕最不体面、最不足道，甚至不为他本人所知的动机而自豪。然而，在严厉的批评目光看来，这种"历史的直觉"，或者随便叫它什么，往往不过是最粗率、最朴素的猜测而已。

当然，我们习惯于按照个人的目的和动机，也就是思想和情感——不管是有意识的还是无意识的——来理解和解释人类行为。但是这些思想和感情绝不可能直接观察到，我们倾向于假定，即处在类似的环境里，别人是否会产生与我们相同的思想和情感。这个假定有可靠的理由，因为从某种意义上说，所有的人都有共40同的心理结构，他们都有一般叫作"人性"的东西。同一个家庭的成员，同一个城镇的居民，其思想和感情甚至更加相似，而每一个人内心世界的一部分是靠模仿家长和邻居构成的。然而，甚至在某一社团或某一家庭之内，人们也是相当不同的。在日常生活里，我们常常对别人的动机做出错误的推测。

当历史学家作这样的思索时，他更可能犯错误；如众所周知的那样，由于国家和时代的不同，个人思想和情感的整体结构可能会有相当大的区别。假定恺撒在渡过卢比孔河①时所受到的内心触动，同某位处境相同的 20 世纪的将军所受到的触动，同属一种方式，那是非常靠不住的。可能性甚至更少的是，恺撒的思想和情感会与花费大半辈子精力研究他的学者相一致。

实际上，历史学家在作假设时，倾向于以他所处时代的通常心理，而不是他本人的心理特征为基础，这种通常心理表现于小说、戏剧和流行言论中。无疑，潜心于某个特殊时代的历史学家，需要有一种大诀窍，来理解那个时代人们思考和感觉的方式。然而，我们不可能断定，他的思索是精确的，因为他无法使他的推理清晰化。

思索动机实践的一个结果是：历史学家往往在超过实际的程度上，把各种事件说成是有意打算的结果。政治和军事事件被认为是政治家和将军们细致地有意地计划的结果，成功会使他们大受称赞，失败则归因于他们的愚蠢。当然，回顾过去，政治领袖和军事领袖们总是把成功看作自己的功劳，就像在日常生活中，

---

① 卢比孔河位于意大利北部。公元前 49 年，恺撒越过此河同罗马执政庞培决战。——译者

富人认为股票市场的涨价要归因于他们深谋远虑的那样。然而，41
稍稍有一点儿政府工作的经验，就会使历史学家看到，已发生的
事件中，有意计划的结果是多么少；而有才干的政治家可以有预
见，但那些无法控制的压力又是多么多。当事态恶化时，政治家
和将军们总是渴望，也总是能够论证说，他们事实上对事件失去
了控制，而且不可能以别种方式行事。

　　于是，历史学家习惯试图凭借以某种因果次序和叙述的形式
展现历史事件的方式，来解释历史，并以对有关人物内心动机的
思索加以充实。这也许是"历史"（指关于历史的观念）为什么可
以说每代都有变化的原因之一。我们有关合理解释的假定，我们
思考和情感的习惯方式是代代变化的，而当我们把这些假定和习
惯投射到过去时代时，我们自然会得到一幅相当不同的画面，它
有别于前代历史学家之所见。这些不同的图画并非必然是虚假的，
但必然是片面的，它缺乏连贯性和持续生长的因素，这种因素是
科学家在代代相继中提供的自然画面的特征。

　　在另一个意义上，历史学家的工作也是一种解释。他不仅试
图解释他所描述的事件，还想解释他自己时代的事件，但是所用
的是两种不同的方法。历史被看作导向现在的一个连续因果进程，
历史学家所揭示的任何情况，都被认为是对当代事件作完整解释
的贡献。于是，在对布匿战争①的叙述中，波利比阿明确地试图
对当时罗马世界霸权的迅速形成做出解释。很多近代历史学家试
图靠探究欧洲国家的过去，来解释自由民主主义和议会制政府在

————————

　　①　布匿战争是古罗马同迦太基争夺地中海统治权的战争。从公元前 264 年到
前 146 年之间共进行了三次，以罗马取得地中海霸权而结束。——译者

当代的优势。不可避免的是，许多学者倾向于把他们的研究重点
42 放在当代重大运动的古老起源上，而不是放在那些在发生的当时
有重要意义的事件上。这样，他们把更多的关注给予 17 世纪英国
自由思想的最初骚动，而不是给予绝对专制主义和"地主政体"
（squirearchy）的许多辩解理由，尽管后者在当时的思想界占有重
要得多的地位。然而，如果自由主义不是至少部分地被看作对别
种政治理论和实践的一种反动，那么它是难以被理解的。在这方
面，历史学家往往很像那些浪漫的旅行家，他们在遥远的源泉发
现河流的水源，而不是在它流经的水域。

　　不同国籍的历史学家都喜欢把自己限于本国历史的范围，原
因之一是，他们对于解释当代重大现象的同样关注。研究异国的
历史学家是有的，但人数相对说很少。确实，整个 19 世纪的历史
运动可以被看作民族主义成长史的一部分，被看作一种努力。它
要证明各种语言和文化集团的政治独立要求，凌驾邻国之上的要
求均为正当。如叔本华所说："只有通过历史（按我们的用法，这
是指历史编纂），一个民族才完全意识到自己。"[1] 在这种受到鼓励
的民族自我意识的高涨过程中，历史学家会把民族的目标和当前
的抱负，投射到历史上，从而不可避免地歪曲了过去的面目。进
一步说，他们已经夸大了目前统治世界的欧洲民族那原始而野蛮
的起源时代的重要性，已经相当大地忽略了辉煌得多的中国、印
度和其他国家的过去，这些国家现在被看作殖民地和落后地区。
只有古希腊和古罗马从那种曾给予欧洲早期历史的细致关注中获

---

① 叔本华:《作为意志和表象的世界》，德文版，第 3 卷，第 228 页。
　　（叔本华［Arthur Schopenhauer, 1788—1860 年］:德国哲学家。——译者）

益，这是因为我们在这两种文明中，看见了（也许是不正确地）我们这个文明某些方面的源头。

历史学家利用过去来解释当代事件，还有另一种方法，虽然 43 少见些。他可以去为他自己时代所发生的事件寻找模式和范例，而不是寻找当代状况的源头和过去的趋向。他总是试图从过去的事例中推导出适用于现在的普遍真理。于是，近代英语世界希腊史的专家们，通常总在寡头政治、僭主政治和民主政治的争斗中，寻求适用于当代的、有关民主政治本质的某些教训。另一方面，像蒙森和德罗伊森① 这样的德国人，在研究恺撒和亚历山大大帝② 的行为时，更有兴趣理解帝国主义和国家的性质。尽管在寻求达到普遍真理这方面，这些做解释的能力很像科学，但它们只能被看作前科学的，而不是科学的。这样获取的概括绝不会是精确地建构的。它们是从少数例子，有时甚至仅仅是从一个例子中引申出来的。没有一个历史学家试图包括一种特殊现象的所有例子；举例说，没有人以检验其对中世纪意大利城邦历史的适用性，来设法证实从希腊城邦史中引申出来的有关民主制的概括。历史学家们继续以粗率而不可靠的"常识"的归纳方法，而不是按科学方法的更精练的规则从事研究。

这样，对过去和现在的历史事件做出解释，是历史学家的目的之一。另一个目的不过是给读者带来愉快。历史编纂终究是一

---

① 德罗伊森（Johann Gustav Droysen, 1808—1884 年）：德国历史学家，受黑格尔影响很大。著有《希腊化史》《普鲁士政治史》等。——译者

② 亚历山大大帝（Alexander the Great，公元前 356—前 323 年）：马其顿国王，曾率大军东征，击败埃及、波斯、叙利亚的军队，建立了一个地跨欧、亚、非三洲的大帝国。——译者

门艺术，是文学的一个分支，某些最伟大的文学艺术家就曾是历史学家。偶尔，我们会看到像布瑞①这样的学者，否认他工作的一部分是给事件穿上"文学外衣"，然而布瑞本人却并不忽视用大众乐于接受的方式，写出他的研究成果。对大多数历史学家来说，以一种易被接受的文学形式展现事实，是他们的任务的一个基本方面。例如，梯叶里告诉我们，他想要"在从事科学的同时学习艺术，并借助由其真诚谨慎的博学提供的材料使之戏剧化"②。那些只在档案中开掘的人，其耐心而恭顺的劳作，难得被恭奉历史编纂者的称号。这些人是历史的研究者，而不是历史学家，他们的努力成果埋没于成千的学术刊物中，直至被真正的、艺术家式的历史学家那神来之笔发掘出来，并使之复生。

就其文学艺术家的角色说，历史学家并不把自己限定于仅仅以清晰、和谐的语言描述事实。相反，他从小说家和剧作家那里借用了许多窍门儿。为使读者欢悦，他强调异常的、有趣的事变。他引用历史人物的机智言论，而不是他们日常生活中的单调话语。他在作品中令人愉快、激动之处，加入地方色彩。他经常使用含糊而富有色彩的语言，试图煽动读者的情绪，而不是仅仅满足他们的好奇心。在所有这一切中，他迎合了对异国情调的普遍趣味，以及对异地异时的眷恋。这种眷恋——如我们所见——是近代都市生活特征的一个方面。这样做，他不可避免地会给我们一幅歪

---

① J. B. 布瑞：《就职演说》（*An Inangural Lecture*），剑桥，1903年，第17页。
（布瑞［John Bagnell Bury，1861—1927年］：英国历史学家，著有《东罗马帝国史》《蛮族人入侵欧洲史》等。——译者）

② J. N. A. 梯叶里：《法国史书信集》（*Lellers Sur l'histoire de France*），第7版，巴黎，1842年，第2章。

曲的历史图画，它主要由鲜艳的色彩构成，日常生活的灰暗色彩都被略去了。用笛卡尔的话说："甚至最忠实的史书，如果它们没有改变或提高事物的价值，以使它们更让人爱读，那它们至少差不多总是略去了相对说低级而不值得注意的事情。"① 这样，就不用奇怪，为什么过去总看上去比现在更幸福、更愉快。历史学家教导我们去感受和欣赏伊丽莎白时代的人们对华丽服饰和礼仪的趣味，但很少让我们知道他们宫殿的不适之处和茅棚的惨景。

历史学家试图取悦读者的另一方法，是向他们提供历史人物的许多生动的传记细节。有时，像玛丽·安东瓦妮特的轻浮之类细节，可以被证明是历史的一部分，但它们经常是与这项工作的中心目的毫不相干的。这里，历史学家迎合了心理学家肯定会称作"自大狂"的普遍倾向。我们喜欢把自己想象成国王、女王或伟人。我们总爱以为自己有能力控制和摆布人类的命运，经过斗争，最终当之无愧地赢得众人的钦佩。这是一个无害的弱点，可能并不在人们最初想象的那种程度上，导致历史学家的歪曲。纵然伟人们的个人行为也许很少影响重大历史事件，但政治和军事活动确实是由这些作为重大运动象征和代表的个人实施的。通过对个人的描述，我们常常可以辨明他们所代表、所为之尽力的巨大潮流。

也许，历史学家以其艺术的偏见歪曲他们的论题的一个更为重要的方法，应归因于大多数历史学家所感受到的，把一种戏剧性统一赋予他们记录的事件的必要性。历史学家通常围绕某个引

45

① 笛卡尔："方法论"（Discours de la Méthode），《笛卡尔选集》（Oeuvres），巴黎，1897—1910年，第6卷，第6页。

（笛卡尔［René Descartes，1596—1650年］：法国哲学家。——译者）

人人胜的主题编排其著作。如两位领袖、两个国家、两个派别或两种对立思想体系之间的冲突。他对相关事实的选择在很大程度上取决于对统一性的需求，这表现于成千的不同形式的细微差别和强调重点中。历史学家通常投身于斗争的一方，并巧妙地引导读者也这样做，作者和读者一起为选中的英雄的成功而欣喜，为他们的失败而哀痛。这并不完全是一个有害的实践，历史学家可以正当地争辩道，历史是由个人之间、团体之间的冲突组成的，除非向读者传达他的主人公们感受到的情绪和冲动，他是无法正确地再造事实的。他必须带着活生生的人的激情，直接地展现事实。正是基于这个理由，德罗伊森指责说，兰克有着"太监的客观性"。

关于这种论点当然有很多话可说，然而实际上它不能不导致对事实的歪曲。毕竟，唯有我们自己的情绪可以使我们激动。我们也许可以或多或少客观地描述我们并无兴趣的他人的行为，甚至动机；但假如我们想要感受他人的情绪，我们不可避免地会把我们自己的某些东西投射到他们的身上。鉴于这个原因，我们关于历史人物的知识，由此也是关于当代人物的知识，必然是有限的。我们注定是局外人，必须顺从这个事实。我们在精确性方面有所得，就会在生动性和直接性方面有所失。就事情的本性说，客观的历史研究总有些肤浅，而戏剧化的历史则必然是不精确的。

历史文学中的戏剧特征有另一个作用，它不仅取悦读者，而且还鼓舞他们。从而，我们要来考虑一下历史学家的最后一个目标了。如同心理学家经常指出的那样，语言交流是行动的替代品，是一种诱导别人行动起来的手段。如果一个历史学家不是暗中希望通过读者来影响当代或最近的将来的政治事件，那他就是非人的。通过向他的同胞们展示其祖先的高贵行为，历史学家希望鼓舞他们达到同样的高贵。或者，如同经常发生的那样，他必须评价叙述的恰恰是一个悲剧性的失败。他希望它成为一个对同代人的有益告诫。历史学家们不仅使各民族意识到自己，还激励她们进一步做出高尚的举止。

历史学家并非仅仅按照民族的志向来判断过去，来试图激励同代人。历史学家常常在情绪上深深地卷入时代的某个思想潮流中，卷入某个政治的，或者社会的，甚至宗教的改革运动。吉本和伏尔泰都在"启蒙运动"的主要宣传家之列。最近，托尼[①]在他对15、16世纪的研究中，为当今社会主义寻找着宗教上的正当理由。近百年来，在英美历史学家中，最通常的情况是，自由主义提供了动力和一致的道德眼光。历史被看作"自由的故事"[②]，看作自由民主力量同暴政和反动力量所作的一场长期的，最终会胜利的斗争。无疑，这种历史观点正鼓舞着当代那些试图推进和捍 47卫政治自由事业的人；但同样无疑的是，它也导致了对事实的歪曲，这已被巴特菲尔德教授在其深刻研究中有力地证实了。[③]可这位教授自己——如果我没理解错的话，似乎在倡导一种道义的态度。他感到：人类政治抱负的不断失败，应该导致我们

---

① 托尼（Richard Henry Tawney, 1880—1962年）：英国经济史学家，研究16世纪经济状况。著有《16世纪的土地问题》《宗教和资本主义的兴起》等。——译者

② 克罗齐：《作为自由之故事的历史》（*History as the Story of Liberty*），西尔维娅·斯普里奇英译，伦敦，1941年。

③ 赫伯特·巴特菲尔德：《历史的辉格解释》（*The Whig Interpretation of History*），伦敦，1931年。

（巴特菲尔德［Herbert Butterfield, 1900—1979年］）：英国历史学家，剑桥大学近代史教授。著有《基督教与历史》《历史与人的关系》等。——译者

皈依宗教。

正是这种鼓舞别人的愿望，可以解释许多历史著作中的道德音调，解释诸如查理一世是否是好国王，恺撒是否是明智的政治家之类的冗长讨论。在极端形式中，如阿克顿[①]所表述的那样，道德和说教的目的，被置于历史学家价值度尺的顶端。阿克顿说："我规劝你们决不要贬低道德传播，不要降低正直性的标准，而要凭着那支配你生活的重要座右铭审判别人，不允许任何人、任何事逃脱永恒的处罚，历史学有能力使邪恶遭受这种处罚。"但大多数历史学家不赞同这种预言式的大吹大擂，他们使道德评判的要求从属于对精确性的要求，然而，总是可以在他们的著作中发现明晰的或隐晦的道德判断和对行动的建议。甚至布克哈特，他最终逃回意大利文艺复兴的黄金时代，想必他是希望他的作品将引导他的同胞们恢复各种事物的秩序与和谐。

大体上说，近代学者倾向于追随马基雅维里[②]的那种更加迂回的做法，如霍布斯所说："以教导为目的而离题，或者其他公开传递教训的做法（这是哲学家的本分），他是从不采纳的，因为这样就把对于善恶之事的评议及其方法十分清楚地摆在了人们眼前，而叙述本身可以暗中教导读者，这比公开教训所可能达到的效果要强得多。"[③]

---

① 阿克顿（John E. E. D. Acton, 1834—1902 年）：英国历史学家，剑桥近代史教授。著有《自由的历史》《近代史讲稿》等。——译者

② 马基雅维里（Niccolò Machiavelli, 1469—1527 年）：意大利政治活动家，历史学家和作家。著有《君主论》等——译者

③ 霍布斯（Hobbes）：《英文著作集》（*English Works*），第 8 卷，伦敦，1839—1845 年，第 8 卷，第 22 页。

当这些道德观念完全明确化之时，当它们被用来编排、评价和解释人类的整个过去时，我们涉及的便是最一般形式的历史哲学。所有的历史事件都被认为是导向善的最后胜利。但是，历史学家的道德目标并非一定要有这么一个总括的、系统的表述，他们可以限于假定，不公开表述——比如，威尔士人是一个优秀的、受虐待的民族，或者宁要乡村生活和朴素信仰而不要都市的欢乐和怀疑主义。形成对照的是，这里要提倡的历史研究基本上是审美的，而不是道德的。这种研究包含着对事物的同情，然而是按它们的本来面目，而不是它们应该怎样。这是科学家或圣徒的观点，正相对于政治或宗教改革家的观点。

至此，我已描述了历史学家的四个主要目的，并指出了他们用以达到目的的一些方法。我们看到，他们不仅报告，而且还解释过去的事件。同时，他们希望取悦读者，鼓舞读者行动起来。他们给我们的不单是过去的事实，而且是选择过的事实，是以展示他们假定的因果联系的，按年代次序安排的，由某个统一的审美和道德构想修饰过的事实。所有这四个目的都必须出现，否则，我们所涉及的东西就不能被称作历史作品。纯粹的信息只以文件、年鉴和编年史的形式存在，纯粹的解释是尚未出现的历史科学的任务，而唯有历史小说家或戏剧家才把自己的基本工作定为取悦读者。也许，从理论上说，至少历史学家的道德目的可以不存在。当然，许多历史学家会否认有这类目的，而它们的存在往往是被掩饰的。然而，心理学告诉我们，人的每个行为必定都有当前需求的根源，如果我们考察历史学家的著作，几乎可以肯定，只是在序言中便可发现同当代问题的某种关联。

　　然而，必须承认，我可能已经在这种对动机的剖析中，曲解
了历史学家的著作。实际上，这些动机是混合的，历史学家自己
往往都无法辨别它们。在日常生活中，当我们观察某个自然物体
时，我们并非孤立地，而是把它置于同他物的联系之中观察的。
同时，我们会欣赏它的外观，又考虑可以为它做些什么。所有这
一切，我们是在瞬时间一起完成的。在知觉行为中，道德价值和
审美价值是同样存在的，物体的构成部分同其感觉特性、与他物
的关系也是同样存在的。所以，历史学家给予读者的过去，并不
像某个社会研究者所可能剖析的样子，也许读者已经领悟了，它
充满道德和审美价值，包含很多对原因和动机的猜测，又为几个
象征性的大人物支配着。应当注意的是，他向我们揭示的过去，
并不是生活在那个时代的人所领悟的，他的读者对这种过去没有
直接兴趣。相反，他是按照当前来展示过去的，他以当代人的趣
味和偏见对其作了修饰。"历史"必定要不断地被重写，主要就是
这个原因。每一代人都必定会发现自己的解释者，也就是说明过
去如何同当今的新需求、新问题相关联的历史学家。

　　这样，历史学家在我们的社会中便扮演了与不发达民族的吟
游诗人这样的角色。他们复活和再造过去，是为了使它成为对现
在的一种鼓舞。我们没有必要像亚里士多德那样，[①] 指责他们模
仿悲剧作家和史诗作者。毕竟，诗人同科学家一样是必要的和有
用的。历史学家试图以高度的责任感和现实性来表述经验事实，

---

　　① 亚里士多德:《诗学》，第23篇。——作者
　　(亚里士多德 [Aristotles，公元前384—前322年]：古希腊哲学家、科学家。
著有多种著作。——译者)

49

这种责任和现实再被观察者的情感和预想作了偷换。这样做，他就使我们的情感生活趋于丰富和有秩序。也许，科学家和经验主义哲学家的纯粹感觉证据，就像神话和历史中受夸耀的人物一样，只是一种虚构。经验总是既包含观察对象，也包含观察者。但两者都是有用的虚构。历史学家和诗人为增强我们的目的而尽力，科学家则保证，这些目的不会因无知和充满愿望的思考而变得毫无结果。

那么，就像迄今为止的实践的那样，历史写作只是半理性 50 的活动。它发生于这样的层面上，知识没有与判断分开，对象的可论证的特性及其互相的关联，还没有从它们的道德和审美价值中分离出来。不过，如果在对历史学家实践活动的描写中，我强调了他们缺乏理性，那仅仅是相对一种更理性、更"科学的"历史研究而言的，这种历史研究还不存在，我们到目前为止只能对它作朦胧的设想。毕竟，在前面的文字中，我所作的与历史学家们有非常相似的过程。我从若干例子中做出了概括，运用了描写和论辩的一般写作技巧，在描述历史学家工作的同时，对其作了评价。确实，所有理性化的理解，必定都开始于这种松散的观察。只有在以后的阶段，我们才能使术语精练化，并通过对事实的再考察来检验。

这样一来，历史学家的非理性或半理性，似乎只有按照我们对更理性化的研究的愿望，才是应受指责的。如我们所见，他们在社会中起着最有用、最有价值的作用，只要存在文字社会，就会有文学化的历史学家。历史学家是传统的护卫者，国家崇拜的祭司，社会改革的预言家，民族美德和荣耀的阐述者和赞扬者。

他们像荷马 [①] 和塔列辛（Taliesin）[②] 一样值得尊敬。

目前，我们正受益于 19 世纪历史学运动所带来的成果，这一成果得以流传，其精确性在于：它不是关注少数重要人物的行为，而是注重其广泛的兴趣和对群体生活、思想的强调。这些特性中的每一个似乎都预示着，或正在发展成为有关民族生活的科学，我们在以后的章节中将设法把它建构起来。与此同时，某种对建构历史科学的抵制也发展起来了——这是一种恐惧，以为随着进一步的科学化，历史学家会发现，他们在社会中的作用令人悲哀地减小了，他们可能会停止他们所习惯的那种直接而富有人情的与读者交流的方式。众多的论点被摆出来，以证明对历史的科学研究是不可能的，或者不合乎需要的。在下一章中，我将考察这些论点。

51

---

① 荷马（Homer）：传说中的古希腊诗人，生卒年代无法确定，据信是《伊里亚特》和《奥德赛》两部史诗的作者。——译者

② 塔列辛（Taliiesin）：传说中的古代威尔士游吟诗人，生卒年代不详，是《塔列辛之书》的作者。——译者

第三章 历史的理解

如同我们在第一章中看到的，就能否系统地、理性地解释历史事件这个问题所作的预先争论，就其本性说，这种争论是不可能有什么分量的。因为它的基础是形而上学的预先假设，或者主观的洞察，证据必定是很少的。历史科学是否可能也实在是一个经验问题，它只能以创立这种科学的尝试来回答。

然而，那些反驳历史科学成为可能的许多论点，至少可以视为提醒其中内含的困难和危机。就为这个理由，我们也要好好考察一下这些论点，并尝试着来估定它们的有效性。

首先让我们来考虑一些较为天真的论点。经常有人论证说，历史事件不像自然事件，它是独一无二的——"历史不会重演"。然而自然事件也是独一无二的。每一粒沙、每一滴海水都不同于其同类——在某些方面不同，而在另一些方面则相同。（确实有些物理学家争辩道，亚原子粒子和量子彼此之间是完全相似的。但是，这些术语是否意指了什么有助于我们整理感性认识的超出了假设实体的东西，那是有问题的。作为它们基础的无论何种实体，很可能与感觉对象一样是不稳定的。）科学家所作的，是忽略事件间的相异性，研究其相似性。科学家试图以对事物分类的形式，或者作为假设、理论、规律——术语和一般陈述，来加以表述的，53

基本上就是这些相似性。也就是说，这些相似性显示了某些不同种类事件，或者它们相互关系中的共同因素。

在这个方面，历史事件并非不同于自然事件。每一事件不同于其他事件，同时，又和另外一些事件相似。它们可以分为我们命名的不同种属、不同类型。如果它们没有被加以归类，我们就无法描述它们，因为描述无非是指出被描述事件同其他较为熟悉的事件之间的相似处。每一名词都是进行分类的，而形容词则是进行比较的。当历史学家使用"城市""国家""国王""战争"和"革命"这些术语时，他表明了他所描述的对象或事件分成了他所熟悉的若干种类。的确，每个城市都不同于其他城市。但是，所有城市都展现了共同的性质，每个城市都拥有集中于相对狭窄的空间里的大量居民。这种共同点使我们能够把它们归类于"城市"这个术语中。如同历史学家所用的那样，"城市"之类术语确实定义得不很严格，但没有任何固有的理由，表明它们不应当被严格地定义。就"城市"来说，甚至量的定义也是可能的。我们可以为居民或人口数量设一个下限，而为每个居民或每个人占据的空间的相对数量设一个上限。恰恰是这类自然世界性质中的相似性，使得自然科学成为可能。

感觉对象的这种相似性（其中自然也必须包括人类）不仅构成了科学的基础，也构成了日常会话和被叫作常识的那种松散推理的基础。如果某人说"我今天看见了一头紫色母牛"，他所说的每一个字都涉及宇宙中某种重复的特征。"看见""紫色"和"母牛"都是经验术语，它们重复出现；也正因为重复出现，我们才能够给它们一个标签。甚至"我"，讲话者本人，也被认为是意识中的共同要素。婴儿就必须学会把他们自己与外部世界区分开来。如果经验中不存在这种相似性，我们就不可能相互交流，也不可能在日常生活中活动。在 H.A.L 费舍尔的《欧洲史》中，有一段 54 著名的、多次被引用的话。在这句话中，费舍尔以名家的谦逊声称，他根本没有得到过发现历史模式的愉快。[①] 这想必是指普遍的、全面的模式，如果他的意思是指没有任何模式，那他写下的每一个字都在反驳他。

当然，要预先说出我们将在历史事件中发现的相似性如何接近、如何精确，那是不可能的。人类事务的研究者们——不管是历史学家、心理学家还是社会学家——的共同经验已肯定地表明，人类事务领域中出现相似性比起无生命领域来，其频率要低，精确性也差，或者说，很难以被发现。这个经验事实导致了认为历史科学是不可能的这种观点。因为人类事件中的因果关系太多样化、太复杂，难以理出头绪。这里，我们必须辨明，有困难与不可能不是同一回事，先前那些科学处理历史的企图的失败，不应当把我们带入绝望的评议中去。

无疑，历史学家把注意力集中于少数重要人物身上的习惯多少增加了在历史中发现重复模式的困难性。这些人物的独特性格和对他人生活的影响被置于历史著作的首位。作为一种实践，追溯所有那些导致历史人物性格形成的影响，确实是不可能的，因为证据简直就是得不到的。正如当我们试图追溯某人对其同伴的影响时，我们需要的证据不仅涉及他与他们之间的所有谈话和相

---

① H. A. L. 费舍尔（H. A. L. Fisher）：《欧洲史》（*A History of Europe*），伦敦，1935 年，第 vii 页。

互作用，而且涉及他们所受到的其他（也许是抵触的）影响。除了了解近期的，还要追寻其他时期内个人相互间的影响，这个任务远远超出了我们的能力。

然而，如果我们抬高视线，像经济史家和社会史家那样，试图去处理个人行为中的共同因素，而不是个人行为本身，我们会发现自己处于大规模事件的层面上，得到这类事件的证据要容易得多。并非不可想象的是，人类事物领域中的情形可以相似于物理领域中目前一般被认为一直存在着的情形。单个粒子、电子、质子等，甚至单个分子和原子，在它们的行动上据信是相当不同的。然而，这种随机的单独行动互相抵消，而成千上万个粒子行动的总体结果，被发现是有规律的，可以预见的，甚至在一定范围内是可以测度的。同样地，当我们处理人类事件时，我们可以假定，尽管单个人的行动是多种多样的，但他们集体行为的最后结果可能是规律性的。另一方面，因为人类社会绝不会包容与甚至小块物体一样多的个体，所以存在于人类社会中的规律性比起物理定律来——正像它们所呈现的那样——定义和测量的精确度都要差一些。

必须强调的是，上面这段评论仅仅是基于比拟的思索，它可能正确，也可能不正确。然而，如果这种思索向我们指明了可能的研究方向的话，它就是有益的。在这种情形中，它将说明的是，如果我们想要在历史上找到规则，我们必须在一大群个人的群体行动中，在个人行为的共同因素中寻找。幸运的是，正是涉及一大群人的事件，始终是人们兴趣的主要焦点。对个人的研究只是在这样的假设中才被证明是正当的，即这些个人影响了大群同时代人——这个假设我将试图在后面一个章节中予以反驳。

　　早先的一些更为天真地热心于人的科学的学者，诸如孔多塞[①]和孔德[②]，急于证实这种科学的可能性，结果落入相反的错误中。他们假定，每一自然事件的每一细节，不管是物理的、生物的还是人的，都是完全决定了的，如果我们知道了宇宙的所有规律，我们就能够预言任何事物的任何运动，包括所有人类行为。在这些学者那里，可以发现他们的观点很少有刻板之处，但他们的著作作为一个整体给人的印象是，他们相信普遍的决定论。就此而言，就像早期唯心主义者康德和黑格尔的著作，尽管他们坚持意志自由的观点。对他们来说，自由成了形而上学的原则。令人奇怪的是，这一原则本身决定了整个人类生活。这很像"理性"和"进步"为早期经验主义者所做的那样。

　　很清楚，这种普遍决定论深深根植于拟人的神学中，它起源于对全能创造者的信仰，而要是假定任何事情的发生都用不着创造者的先见，那创造者的力量和威严就会消退。决定论最突出的基督教倡导者是圣·奥古斯丁，直到波舒哀[③]，我们还可以发现其传统形式的表达。随着18、19世纪宗教信仰的衰落，各种世俗神灵代替了基督教的上帝。"自然"是自然科学家最喜爱的崇拜对象，而哲学家则宁要"精神"。就历史哲学家说来，他们设计了许

———————————

　　① 孔多塞（Jean A. Condorcet, 1743—1794年）：法国思想家。著有《人类理性进步的历史概观》等。——译者

　　② 孔德（Auguste Comte, 1798—1857年）：法国哲学家、社会学家，实证论的创始人。——译者

　　③ 波舒哀（Jacques-Bénigne Bossuet, 1627—1704年）：法国作家、历史哲学家，曾任宫廷教师和主教。著有教词140余篇。——译者

多历史力量，以取代已退位的世界统治者。但在任何一种情形中，这些虚构的神灵都保留着带有上帝强制性的人格力量。

的确，如同克罗齐在他最有洞察力的论文中已指出的那样，[①] 如果一个哲学家相信所有的东西都是既定的，那他几乎被迫要发明一种全能的形而上学原则，来支持他的因果体系。反之，如果哲学家相信这一形而上学原则，那随之而来的便是相信每件事实都是既定的。在克罗齐的术语体系中，超验者产生内在者，而内在者又产生超验者。

从经验观点看，我们完全可以漠视这些假设的形而上学原则，这些立于经验之外的主宰力量。但是，难道我们没有感觉到，在川流不息的事件群中，有某些力量在活动，而在每一件事件背后，都有促使它发生的其他事件站立着吗？这当然是一个一般假设。然而，早在18世纪，休谟已表明，在原因和结果之间，没有任何必然联系可以被经验证明。这来源于这样一个事实：在经验性推理中，我们要运用清楚而明确的观念，因此，我们被迫把积累的经验分割成离散的事件，而被清楚地分离开来的东西以后却无法再组合起来。在20世纪，休谟的观点在科学家中广泛流传。他们不再坚持有某种强制力量把原因和结果结合在一起，而是相信事件只是以一定的周期性模式发生。正如人们的经验已表明，在过去重复出现的频率愈高，则再次出现的可能性愈大。显然，任何周期性模式都可以解释，某一原因在空间和时间上都同它的结果相邻，或者结果总是伴随着原因。宇宙中观测到的因果和其他形

---

① 克罗齐：《历史学的理论和历史》(*Theory and History of Histor-iography*)（即《历史学的理论与实际》），道格拉斯·安斯列英译，伦敦，1921年。

式的秩序不再是必然事物了，而是成了有关概率统计的东西。可能有某种必然性隐藏在背后——某种原因和结果之间的联系，但是它的存在是无法用经验证实的。

这样，如果我们想用经验研究历史，那我们必须从思考中排除任何形式的必然性，不管它叫作"上帝""自然""精神""规律""进步""辩证唯物主义"，甚或"因果联系"。我们将只观察周期性模式或规则——现象恰好从属的规则。在经验证据基础上，任何人当然都可以自由地思索历史的意义和目的，思索大量历史事件正在运行的方向。人们也可以自由地假设种种保证事件沿着某个特定方向行进的超验原则或神灵。但这只能是思辨，与科学毫不相干。过去这种以单一律式展开的思辨，结果是增强了思考者的各种道德偏见，这种单一律式相当充分地表明了这类思辨比神话强不了多少。

这样的话，我们在科学中研究的，是周期性模式或规则，这个事实有两个相当有趣的逻辑结果，就我所知，它们尚未被哲学 58 家们注意到。第一个是，某种秩序、某种周期性的特征，必然在事件的同类因素和相互关联的方面呈现。另一个是，事件的这些方面不可能完全秩序化，必然存在着某些任意的、非决定性的、无法说明的特征。这些是由于比较概念而产生的结果。它既要求相似处，也要求相异处。绝对的相似将使区别化为同一，使我们没有东西可以比较。绝对的不同将会消除比较的所有可能性。

通过一个实例，可以更清楚地理解这一点。让我们把三枚硬币放在桌上，并试图按一定样式排列它们，这些样式或是完全秩序的，或是完全非秩序的。不难看到，不管我们把硬币放在什么位置，它们或将构成一条直线，或将构成某种三角形。直线和三角形被公认为空间秩序的形式，数学家们已对它们作了广泛的分析。另一方面，如果我们试图使这个秩序完美化，那是不可能做到的。比如，我们可以这样来排列，使得每一硬币与其他两枚的距离相等，从而得到一个等边三角形。但是，即便如此，事实是这里仅有三枚硬币，至少其中某一枚的位置和任何两枚硬币间的距离是任意决定的。恰恰是最末一个任意的特性被重复着的事实，在我们的排列中构成了秩序。

确实，在任何事实领域展现的秩序，在其定义上多少可以是精确的。它可以规定变化的或大或小的限度。但是，甚至混乱也是一种秩序。当我们决定排除某一类型的规则时，就自动包容了另外一些。因此，我们可以肯定，历史存在着某些模式，但没有在所有细节上被规定下来。存在着怎样一种模式，这种模式在多大精确度上可以被定义，仍然有待发现。

如果有人仍然怀疑，大群人的行为至少展现了某些具有相当规则性的定义，那他应当去研究一下由死亡统计和选举行为提供的证据。这些证据不仅表明了，在一个国家中完全不同的地区，行为是相当一致的；而且表明，在整个国家内这类行为的变化也是一致的。盖洛普博士和其他公众意见的研究者（或者如人们现在所称呼的那样——选举学家）经常能够而不是不能够，从一个虽然较小但却是精选出来的样品的调查中，做出整个国家将如何选举的预言。某些历史学家仅仅由于顽固地无视事实，才能继续断言，人类事件没有显示规律性。

另一个据称把历史领域区别于自然科学领域的特性是无法拿

人做实验。这似乎与其说是一个理论问题，倒不如说是一个实践问题。至少在当代西方社会，对个人价值的普遍信念阻止了我们把人仅仅当作对象。实验必须得到同意，而对生命和健康的损害必须加以避免。然而，在一个独裁社会里，冷酷得多的实验也是可能的。关于这一点的最好例子可以从希罗多德那里得到，他叙述了埃及国王萨谟提切斯如何设计一次实验，以展现人类语言的起源。他让一个牧人在与世隔绝的地方抚养两个新生儿，牧人被告知绝不可以同新生儿说话。两年后，孩子们开始重复发出某种声音，听上去像"Bekos"，经询问，证明了它是腓尼基语，代表"面包"。于是萨谟提切斯得出结论说，腓尼基语是最早的语言。[①] 他的结论是错的，因为他的假设是错的。但这是一个设计完好的、成功的实验。甚至今天，它也可以作为证据被引用，以支持已被广泛接受的"婴儿学语本能"理论。这种理论认为，任何民族的幼儿在早期会本能地发出不清晰的声音，通常是双音节的，像"爸爸""妈妈"。以后，通过模仿长者，他们会学着把这些声音转换为词汇。[②]

对人的实验有一个特性，它似乎排除了获取与自然科学同样精确的成果的可能性，而这同样仅仅是实践上的困难。人类个体与测验者是处于同样水准上的现象。这样一个被观察的事实是一个新的重要原因因素，它足以影响到实验结果。只有在很少的事例中，我们可以把人们诱骗进一个特殊的实验环境中，

---

① 希罗多德：《历史》，第 2 卷，第 2 节。

② 奥托·叶斯柏森（Otto Jespersen）：《语言》（*Language*），伦敦，1922 年，第 154—160 页。

不让他们觉察到自己正在受观察。在大多数情形中，我们无法肯定，当受试者没有受到观察时，他会怎样反应。这种情形很像我们要想观察单个电子运动状况时所发生的情形。我们用来观测实验结果的光或者其他电磁波是重要的因素，其足以影响实验结果。

这个事实导致了海森堡①著名的"测不准原理"的产生，它阐明了，要像我们希望的那样精确，同时指明和确立某个粒子的位置和速度，那是不可能的。这并不像某些充满希望的唯心主义者所说的那样，是关于基本粒子，因而也是关于自然界基本性质的声明，而且是关于自然科学中精确观察之限度的声明。至于对人类的观察，类似的限度无疑也是存在的。然而，在另一方面，观察人的困难不像观察基本粒子那样大。我们能够直接地观察人，尽管在受控条件下，我们不能做得很精确。

很明显，单个实验者要就大规模历史事件建立受控实验条件，那几乎是不可能的。举例说，如果他想就禁酒的社会后果举行一次国家规模的实验，就是最独裁的暴君也需要他的臣民的自愿参加，而这种自愿参加本身是一个新的、可能影响结果的原因因素。不过，我们所提及的所有这些困难都只是实践上的，我们所研究的事件性质并没有任何变化。如我们所见，类似的困难在自然科学中也会出现。因此，我们不能以此为理由争辩说，历史事件本质上不同于自然事件。幸运的是，整个被记录下来的人类的过去

① 海森堡（Werner Karl Heisenberg, 1901—1976年）：德国物理学家，量子力学的创始人之一。——译者

和幸存下来的许多人工制品，提供了各种各样的环境组合体，在这种组合条件下，我们能够观察个人和社会的行为。历史一直被说成是一个社会实验室，这个事实多少可以减少一些实验的困难，虽然不能去除它。

我们希望使历史变得清晰起来，无论是历史事件的独特性还是复杂性，或是实验中的困难，都不应当使我们沮丧。不过，在历史事件和自然事件之间有一种区别，它似乎是双方性质所固有的，而且常被哲学家和历史学家用来论证说，对于这两种类型的事件需要完全不同的理解方式。实际情况是，许多——也许是大部分——人类行为是人类目的的结果。它并不是我们所想象的自然事件那样，往往是对外部压力的自动反应。人类在行动前，通常要考虑一番，设想其希望达到的目的，以及达到目的的手段。有时，他们考虑了多种目的或达到同一目的的不同手段，并在其中做出选择。弗洛伊德——这也许是他对人类思想的最大贡献——相当令人信服地论证说，所有人类行为之前，都有一个有目的的选择过程，甚至当行动者本人没有意识到自己的动机时，也是同样的。许多以前看来似乎没有动机的、难以理解的行为，现在能够被理解了，如果我们假设目的是不可见过程的产物的话。这类过程发生于通称为下意识（subconscious）的假设领域中——同我们在头脑中意识到的过程是类似的。

弗洛伊德下意识假说的证据是有分量的、令人信服的。但不管我们是接受还是不接受，有一点是非常清楚的，目的或者动机为理解人类行为提供了一个外加的方面，这在自然事件中通常被

62 认为是没有的。确实，一些活力论哲学家，如怀特海[①]认为，自然事件也是某种半意识或潜意识（pre-conscious）的动机过程的产物。但在惯常的论述中，像在科学中一样，这种可能性一般是被弃之不顾的。我们认为自然事件是以"机械方式"运动的，它自动对外在作用于它的事件做出反应。可是人类行为和他们的产品，我们则习惯地按人们想要得到的结果来加以考虑。我们甚至依照那些意图，而不是行为的可观察到的感觉性质来对它们做出分类。刀是割东西的用器，椅子是坐的用具，如果我们说，某人"推挤出一条路"进入房间，我们并没有辨明他是用手、用肩甚或是用膝盖，而是辨明了运用身体的某个部位有意要给在场的人们带来的影响。如果我们说某位妇女有"和蔼的"表情，与其说这是对她面部肌肉某种排列的描述，不如说是对她面部肌肉已经或打算对别人所起效用的描写。通常，我们甚至按照人们意想中的效果来理解他们的行为。要撇开这些效果，仅仅观察那些考虑周全的、可感觉的行为特征，那是需要做出相当努力的。当然，行为心理学家已经作了努力，但他们的成果极少，难以鼓励我们将他们作为榜样。即使不是全部，至少人类行为的大部分是有动机的。要是无视这个事实，理解人类行为的可能性，将会受到严重限制。

因此，我们必须接受人有动机这个事实，但我们不必接受许多哲学家和历史学家从中得出的推论。动机这个事实并不导致这样的结果：人的行动不能接受经验的研究或服从逻辑推理。我们常发现有人争辩说，因为行动是受动机激发而不是直接有效的原

---

① 阿尔弗雷德·诺思·怀特海（Alfred North Whitehead）：《过程和实在》（*Process and Reality*），纽约，1941年，第35页。

因；所以行为本身不能被直接观察，而只能由一种被认为是直觉的神秘力量来理解。让我们依次来考查一下这些论点。

从硬币的例子中，我们已经看到，没有任何事件系统可以是 63 完全确定的，或者完全秩序化的。必定有某些事件或事件的某些方面是不确定的、不能说明的，是偶然的或是任意的。在这个意义上，某些人类行为（某些历史事件或事件的某个方面）无疑是自由的，但是，在这个意义上是自由的事件，是不可理解的，几乎无法表述的，更不用说讨论了。当人们说人有选择自由、意志自由时，并不是意指这种自由。人的确是在不同目的和达到单一目的的不同手段间进行选择，但他选择的是他所喜欢的。人们的偏爱并非不能说明，或无法理解，这与他们生物的和心理的天资，与他们个人的气质和积累的经验，与他们所受的培养和面临的环境是有关联的。在日常谈话中，我们时常会用一种与询问自然事件为何发生相同的方式，来询问某人为什么做出了一个独特的选择。在答复中，我们就像解释自然事件一样，依照其同先前或当时其他事件相联系的惯常模式，来解释这些选择。

这个意义上的自由与"不存在决定性"不是同一回事，毋宁说这是自我决定，是出于直接外部压力的自由，是做自己想做之事，不做别人希望或环境所迫之事的自由。这种自由当然绝不会与用经验研究和理性论证不相容。事实上，我们的确试图解释朋友们的动机，而且与我们试图解释自然事件时运用的是同一方法，这个方法是证实他们的行为以周期性出现的、为人熟识的模式与其他事件相互关联着。

比如，我们假设一个男人谋杀了他的妻子，他的朋友和敌人，警察、法庭和报纸都会对解释他这样做的理由感兴趣。首先，他们将试图确立他的动机。也许他的妻子习惯于对他唠叨，而众所周知，唠叨往往会使男人们处于狂怒之中。或许他欠下了很多紧迫的债务，而他妻子有一笔很大的人寿保险金。某位心理学家可能会研究他的早年生活，并断定他对所有女性有暴力侵犯的情绪，这种情绪导源于童年时期未得到满足的从属需求。谢尔登博士体型说的信奉者可能会指出，谋杀者具有倾向暴力的男人的体质特征。龙勃罗梭[①]的追随者会指出，凶手没有耳垂；而遗传学家则可能争辩说，他的父亲和祖父都是士兵，他也许有遗传的暴力倾向。某位人类学家可能补充说，谋杀者是爱尔兰人，老是醉醺醺的。不过，在所有这些事例中，论点总是这样构成的，即表明那个人谋杀他妻子的行为符合某个为人熟悉的、周期性出现的事件模式。模式中某些因素是被假定发生在谋杀者头脑中的这个事实和谋杀者无疑是选择了杀人而不是遗弃这个事实，这都没有改变那些模式的熟识和重复的性质。

对历史事件来说亦是如此。在研究第二次世界大战的原因时，我们无疑希望考虑德国人民允许纳粹上台、贯彻希特勒可怕而贪婪的计划的动机。我们可能会谈论赔款计划的不公正，魏玛共和国的无能，20世纪30年代前期的大规模失业，一般德国家庭的权力模式，普鲁士的传统筹成千种其他可能的原因。但是，不管我们提出什么解释，我们总会将德国人的行为与已知的、为人熟悉

---

① 龙勃罗梭（Cesare Lombroso, 1835—1909年）：意大利精神病学家，刑事人类学派的代表人。他认为可以从人的生理上的某些状态上认出罪犯，而犯罪是从有人类以来长期遗传的结果。——译者

的心理模式联系起来。

在最近一本题名《历史必然性》的小册子里，以赛亚·伯林爵士惊人而雄辩有力地重申了赞同人类选择的自由，反对任何形式的历史决定论的古老论点。可是，他没有看到的是，只有当我们采用古老观点，把决定论看作包含某种神学的或形而上学的必然性，看作贯穿于原因之中，并控制或强制获得结果的力量时，自由意志与决定论的对立才会出现。当然，我们做出选择时，并没有感觉到这些选择隶属于任何控制的或强制的力量，并没有感到选择是在一种旧观念的意义上被决定了的。但是，如果我们假定，决定论和其他形式的解释只包含周期性出现的规则，那对自由意志的反对意见就不会出现了。进程的必然性仅仅是语义学上的，而不是形而上学的。我们选择我们所喜爱的。说我们能够选择我们不喜爱的，那是没有意义的。

确实，只有当人的选择是在"决定"一词的现代意义上被决定时，它才是有趣的，有价值的。我们不会为人们的偶然行为去赞扬或指责他们，相反会为那种显示了一贯意向或倾向的行为而赞扬或指责。事实上，选择过程的最明显的作用，是让我们能够按照我们的基本意向行动，而不是随意地，或者以对外界刺激的自动反应行事。就历史是人类选择的结果而言，它可能将反映出人类基本的、共同的需求。我们可以假定，我们所发现的无论何种规则，至少在一定程度上可以根据这些需求来解释。维柯以他那典型的晦涩方法，在他的第 11 条原理中 [①]，陈述了这样的观点。

---

① G. 维柯:《新科学》，第 1 卷，米兰，1946 年，第 175 页。

他说:"虽然人的选择就其本性说是最不确定的,但它通过人们有关自己需求和效用的常识使自身确定化,并决定自身———一种需求和效用是各民族的自然法的两个来源。"这样,我们可能会赞成克罗齐的观点,历史是"自由的故事"但不赞成他的反经验主义思想。这是一个人类如何追求自己目标的故事。起初,我们受到外部条件的严厉限制,然后,他们愈来愈多地学会利用这些条件,发现自我满足的各种不同的可能性。但是,这并不是在不可理解的意义上的"自由"。它必须展现事物本性的某种秩序,而它展现的秩序将导源于这样一个事实,即这是对人类目标的追求。

在我看来,这个问题上的部分混乱是由于对亚里士多德四原因理论[①]的误用。据认为,人类行为是有目的的,所以,必须根据最终原因而不是直接原因来对人类行为作目的论的解释,而不是作机械论的解释。但是,亚里士多德的最终原因指的是某种客观的东西,是行动的目标或目的。他所偏爱的例子有:健康是锻炼的最终原因。[②]这个最终原因的概念几乎完全从现代思想中消失了。我们现在所谓目的或动机意指的是,行为者头脑中预先的事件、思想和情感。这是以与亚里士多德的直接原因相似的方式来决定行动,而行动的目标被认为不是外在的,而是预先存在于内在精神世界里的。对我们来说,要求健康的愿望是锻炼的原因。因为

---

　　① 四原因理论:四因即"质料因、形式因、动力因、目的因",是亚里士多德的哲学术语。他认为"质料"是事物的原料,"形式"是事物的本质,质料加上形式构成个别事物,而"动力"是事物的制造者,"目的"是事物所要达到的目标。他认为质料因是消极的原因,而动力因和目的因则归结为形式因,强调形式因的重要,提出了第一推动力之说。——译者

　　② 亚里士多德:《物理学》,第2卷,第3节。

愿望表现为先于其行动，这种关于目的的现代见解非常符合于关于原因和结果的一般解释。

另一方面，这些目的不像自然原因能直接观察到，这是无疑的。每个人都只能体察他自己的目的，而不能观察他人的。要试图解释别人的行为，他就必须部分地依据他人其他行为提供的证据，部分根据他自己在相似环境中的感受和思想，设法重建别人的目的。时常有人争辩说，这种动机的重建是一个同科学毫不相干的程序。可是，类似的程序事实上甚至经常用于自然科学。像电子或电磁波这样的实体被假设存在着，尽管它们是不可能被直接观察到的。所谓"假设构造"的运用被这样一个事实证明是有理由的，即这种"构造"足以统一和解释大规模的、可观察到的现象领域。在这方面，人类行为研究者的地位事实上要强于自然科学家，因为他至少能够体察他自己的内心过程，并能够相当地确定有些类似的事情会在别人内心发生。他的思想构造并非完全是假设的。另一方面，如我们在上一章中所见，他冒着这样的风险：即没有充分的证据便过快地假定别人的动机与他自己的是一样的。但是，不管他是否陷入这样的错误，他仍然在设法根据周期性出现的规则来解释人的行动，而他的程序并没有在根本上不 67同于自然科学的程序。

在日常生活中，我们会很快地，仅仅是半意识地甚至是无意识地对别人的动机做出这类假设。我们似乎差不多是在他人行动的同时，就看出了他人的思想。正是这种迅速判断的能力，特别是对动机的判断，通常被称为"直觉"。有时人们的确会声称，直觉包含着对他人内心世界的直接而迅即的领悟，但在任何特殊事例中，我们几乎总能表明，所谓直觉判断的基础是感觉的证据和所具有的精神程序的类似性。甚至最讲直觉的历史学家，总要摆出证据来证明他的见识。如果他不这样做，读者或其他历史学家就无从判别那些见识是对还是错。任何人都可以自由地断定自己。唯有直接地看透了他人的内心，才不存在任何争辩和赞同的可能性。

某种对他人内心过程的直接领悟能力偶尔产生，那是完全可能的。我们不可能否认它的存在。灵学家的实验已提供了我们相信这种能力的强有力的理由。但是，他们的实验也表明，这种能力如果存在的话，也是极其偶然的、不精确的、易错的。在某种紧迫需求的压力下，它可以用来突破感觉屏障，但它几乎不可能以一种可被广泛接受的方法，来提供有关他人动机的知识。

这样，纵然我们假定，历史学家偶尔运用了超感觉的领悟才能——我们可以根据"前认识"（pre-cognition）类推，称它是"回复性认识"（retro-cognition），但我们在接受他们的见识之前，仍然将不得不向他们取得支持这些见解的证据。至于要说直觉是理解的一种正确手段，那它必须基于每个人都可得到的经验证据，或者说得到这种证据的证实。我们无法接受与狄尔泰①的名字相关联的见解，这种见解把科学分为自然科学和精神科学，并把后68 者置于某种直接的、神秘的、不可控制的理解能力的基础上。由于这种理解不可能被经验证实，所以它只是个人的，不适用于人们的共同目的。经验确实表明，那样依赖自己迅即的不严格判断，而不是依赖证据的历史学家们，很少相互赞同。他们的著作趋于

---

① 狄尔泰（Wilhem Dilthey，1833—1911年）：德国哲学家。著有《精神科学引论》《人文科学入门》等。——译者

一片混乱。

那么，不用说，如果历史学家严格地采纳诸如克罗齐和柯林武德这样的唯心主义哲学家的论点的话，那么甚至更高程度的混乱也会产生。这些哲学家认为，历史事件（以及其他东西）只存在于人的头脑中。唯心主义甚至比直觉主义更加危险。因为随之而来的便是，不仅是过去人物的动机，而且是他们的行动及影响他们的事件，都只存在于历史学家的头脑中。他所选择思考和讲述的事情将会是真实的。证据是不相干的，除非他选择加以利用。而且，没有一种调和不同观点的可能基础，甚至在其中做出选择的可能基础也没有。当然，实际上甚至唯心主义哲学家也考虑证据。他们的唯心主义并不被当作绝对的教义，而是当作强调人的理解和行为中主观因素的企图。这使他们得以不顾事实地格外强调他们碰巧喜爱的某种道德价值观，并沉迷于偶然的奇想中。

于是，克罗齐的追随者们以他们对历史证据的专横处理而臭名昭著，而克罗齐本人也没有完全摆脱这种缺点，那也不足为奇。柯林武德在他作为一个历史学家的实践中，也表现出他那唯心主义理论的内在缺点。在《罗马的不列颠及英格兰殖民》[①]一书中，他显示了自己掌握证据的透彻性和解释证据的高超技巧。但是，他也沉迷于海阔天空的想象之中，其中最臭名昭著的——也可以说是最使人爱读的——是关于亚瑟王[②]的那个章节。这里，从很少

---

　　① R. G. 柯林武德和 J. N. L. 迈尔斯（J. N. L. Myres）：《罗马的不列颠及英格兰殖民》(*Roman Britain and the English Settlements*)，牛津，1936 年。

　　② 亚瑟王（King Arthur）：传说中的英国古代历史人物，曾联合不列颠各族人民抵抗撒克逊人的入侵。——译者

69 的事实中，他创作了一个新的亚瑟王传奇，足以同蒙莫斯对丁尼生和杰佛里的虚构并列。① 因此，对他人内心的直接洞察，无论叫作超验领悟还是直觉，或是别的什么，都绝不可能获得可被普遍接受的结论的正确方法。这种结论必须以任何人都可考察的证据为基础。

不过，我们不必去贬低许多历史学家所表现的直觉和洞察。在缺乏处理事实的更系统的方法的情况下，他们已经很好地表达了在研究中浮现出来的各种猜想和思索。毕竟，所有的科学家都是以对类似的直觉作提炼和系统化证明为基础的。科学哲学家们差不多一致反对培根② 的理论：事实一旦被收集，自己简直就会说话。科学家必须要做猜想，在发现可以被经验证实的猜想以前，他往往要做出许多错误的猜想。

另一方面，只要不被证实，猜想就一直是猜想。把直觉确立为一种与理性相对，也许还优于理性的理解模式，这是对两者的作用和相互关系的误解。它们不是对立的，而是同一过程的两种形式，或者两个阶段。直觉是松散的、模糊的、直接的、易错的；而理性则是缜密的、精确的、间接的、可靠的。理性来自直觉，并依赖于它，但没有理性的直觉只是黑暗中的摸索。不管我们对付的是物质对象还是人，这两者都是必要的。

克罗齐的一个反对对历史（以及对其他任何东西）作经验研

---

① 也可见 M. 威勒（Mortimer Wheeler）对《罗马的不列颠及英格兰殖民》的评论，《罗马研究杂志》（*The Journal of Rome Studies*），第29卷，第1部分，1939年，第87—93页。

② 培根（Francis Bacon, 1561—1626 年）：英国哲学家。著有《论科学的价值和发展》《新工具》等。——译者

究的论点值得我们作更严肃的思考。他指出，科学的逻辑实验方法不可避免地要把事物分成分离的、独特的种类；而实在自身似乎是一个连续的过程，在这个过程中，诸种现象不是独特的，而 70 是合并在一种统一的事件之流中（他认为这个过程是"唯心的"或"精神的"，而我们可以接受它是连续的这一点，但不接受另一点）。他说，经验思想把实在中统一的东西分开了，而唯心思想则同时既作区别又作统一。他完全愿意承认，经验思想作为一种编排和标明经验的手段是有用的，以便把它们保留下来以备将来之需。但它是死的，它不能向我们展现活生生的实在。[①]

　　这种论点当然含有一些正确的东西。我们已看到，经验性思考不能表达我们感觉到发生在原因和结果之间的能量之流。但克罗齐的唯心思想却把我们置于更大的困难中，他被迫使用词语，而词语毕竟代表的是有关过程的独特概念或特征。克罗齐的许多历史作品可以被看作是一种经验性分析，他分析了在相续的时代中，人们持有的观念或价值如何在一个多少类似黑格尔那著名辩证法的规则模式里被联系起来。在这个程序中，没有任何非经验的东西。可是，当他试图表述活生生的现实、事物的统一性时，他或者利用模棱两可的、呼唤性的诗意语言，或者利用神秘主义的语言。在这种语言中，一切都是同一的。于是，他就某一论点会说历史是哲学，就其他论点则说，它是精神、思想、生命和价值，却不提及文化、文明以及自由。他的很多篇章读起来像是词语的鸡尾酒，他把很多好词语混合在一起给你，要你一饮而尽。

---

　　① 克罗齐:《历史学的理论和历史》，第117—127页。

即使用神秘而诗意的语言来鼓舞和刺激，也没有为对现象的一般理解提供基础。不过，经验性思考却提供了这样的基础，尽管它也许不能表述现实的某些方面。它也许是"死"的，但肯定是有用的。我们将继续好好地使用它，就像克罗齐本人所做的那样；同时，也要认识到它的限度。

于是，如我们所见，假设历史事件就其本性说是科学研究难71 以驾驭的，那是很少有，或者根本没有根据的。历史事件和物质对象在独特性和复杂性上并没有本质的区别，我们可以希望在实验中克服困难。历史事件是人类目的的结果这个事实，确实可用来使其与自然界实体区别开来，可这并没有降低历史事件从属于一般的理解标准。对于历史事件能够而且必须按照科学的正规程序来理解。主要的困难也许在于我们迄今没能做出正确的猜想，没能发现一些统一的概念。根据这些概念，我们便能够至少使巨大事实集合体中的某一部分条理化。然而，如我在第一章中指出的那样，这些统一的概念可能正在别一领域被发展、被运用了。在人类学中发展起来的对文化的系统解释，最有可能提供必要的概念和方法，来照亮历史事实的黑暗丛林。因此，我在下一章中转而要考察的，正是文化的概念和其他有关的概念。

第四章　文化的概念

在物理学中，在人们还未能从构成他们经验的大量混杂印象中，抽取出有关自然环境的某些基本方面以前，物理学几乎是不能进步的。然后，人们便在这些抽象概念范围内，并只就它们本身作考察，而不考虑他们经验的其他方面。例如，在物理学的抽象概念中，有"质量""动量"和"能"。所有这些在我们今人看来都十分熟识和明确，但发现和澄清这些概念的工作却耗用了许多人的才智和许多世纪的时间。也许，在历史中寻找规律迄今一直遇到困难，正是由于缺乏这种广泛的抽象概念；按照这种概念，现象才能被加以整理。如我已提出的，在史前社会研究中被证明如此有用的文化及其相关概念也许已表明，这些概念正是我们需要的、用以澄清我们视其为历史的更广阔事件的东西。幸运的是，"文化"这个观念（idea）已经在某种程度上为历史学家所使用了，而这一事实应当鼓舞我们设法更加广泛地运用它。然而，文化这一概念只是在人类学（或者它的某个分支学科）中最经常地使用并已获得最精确的定义。它已经充当了一整个理论建构体系的基础。因而，如果想把它作为历史科学的概念基础的话，我们必须转而求助的正是人类学家。

　　像所有的抽象观念一样，人类学的文化概念也是逐渐建构起来的。毫无疑问，人们都晓得他们自己与相邻民族之间在习惯、风俗，即生活方式上有差异。他们决定用各种形式来表达这种观察。希腊语区别出"φδδιs"和"νσμοs"两个词，我们或许可以今译为"自然"和"习俗"。这无疑是表达了某些与我们区别行为的生物根源和文化根源相类似的意思。我们已看到伏尔泰使用了"moeure et esprit"（风俗和精神），这似乎已涵盖了当代人类学中"文化"一词所具有的相同现象。"文化"一词最初在欧洲语言中出现时，它还未获得今天我们所赋予的意蕴。在拉丁语和中古英语中，它通常具有"耕耘"或"掘种土地"的实在意思。这种用法今天仍在"农业"（agriculture）和"园艺"（horticulture）两词中保存着。西塞罗使用"文化"一词时已有了一个转移或比喻的意义。他言及"耕耘智慧"（cultura mentis），意思正与哲学同一。[①]然而，在拉丁语中，这种用法是罕见的。《牛津词典》把1510年作为该用法在英语中首次出现的日期。这个意义上的"文化"一词意味着为增进某种东西的质量所作的审慎的努力。我们必定是这样说："麦子的改良"（The culture of wheat）或"工艺的改进"（The culture of the arts）。我们不能单独地说"culture"。晚至1852年，清教徒纽曼使用了"精神耕耘"（mental culture）或"智力耕耘"（intellectual culture），而仍不单独使用"文化"（culture）。[②]现在，我们更乐意用"教养、培养"（cultivation）一

---

① 西塞罗：《图斯库伦论辩集》（Tusculan Disputations），伦敦，1927年，第2章，第5节。

（西塞罗［Marcus Tullius Cicero，公元前106—前43年］：古罗马雄辩家、政治家。他的演说词和政论文被视为拉丁文的典范。——译者）

② 约翰·亨利·纽曼：《大学的理想》（The Idea of a University），剑桥，1931年，第88—90页。

词来包容以上这些字面上的和隐喻过的双重含义。

在18世纪的法国，像沃夫纳格（Vauvenargues）和伏尔泰这样的学者，开始在法语中以一种完全的意义使用"文化"一词。对他们来说，"文化"意指训练和修炼心智（或思想，抑或趣味）的结果和状态——应当注意，不是指植物——而不是意指这种训练和修炼的过程。很快该词就被运用于形容某一位受过教育的人的实际成就。良好的风度、文学、艺术和科学——所有这些都被称为"文化"，被认为是通过教育能够获得的东西。根据《牛津词典》，直到1805年以前，英语中还未出现这个意思。是玛窦·阿诺尔德在他的著作《文化和无政府》中把这个意思推广开来，并且作为文化一词最通常的书面用法存留至今。我们常说"获得文化""文化人"，等等。 74

所有这些含义与该词在现代人类学中技术化了的用法相距相当遥远。仅仅是在18世纪末的德国，在赫尔德和他的同代人中，我们才初次见到这种现代用法。对赫尔德来说，文化仍是一个社会向善论的概念。它意味个人的完善，或者发展他自己的过程中取得的工艺、技术和学识。但是，在这些造诣中现已既包括了生活中的智识方面，又包括了其技艺方面。他已认识到不同的民族在总体上可以对"文化"做出不同的贡献；或者，他们甚至可能是"并没有相同的文化"。① 然而，直到19世纪中叶，"改进"和

（接上页）（纽曼［John Henry Newman, 1801—1890年］：英国教会内"牛津运动"的领导人之一。主张严持圣公会纪律，严肃教义。后期倾向罗马天主教，就任红衣主教。——译者）

① 赫尔德："人类历史的观念"（Ideen zur Geschichte der Menschheit），《选集》（*Sämmtliche Werke*），柏林，1887—1909年，第13卷，第109页；第14卷，第275页。

"发展"这样的内涵才开始脱落出来。在克莱姆这位人类学奠基人的著作中，文化一词仍存在着"发展"这种含义的痕迹，但是它的原始用法现在看来已囊括了一个民族社会生活中的所有方面："习俗、工艺和技巧；和平和战争时期的家庭生活和公共生活，宗教、科学和艺术。"① 泰勒正是从克莱姆处借用该词的，并且首先给予它今天英语国家人类学家所用的含义。

在考察这种含义之前，我们应注意到，"文明"一词有一个几乎完全类似于"文化"一词的发展过程。起初，它意指个人修养的过程，或许它比"文化"一词更侧重于社会的风范。所以康德作了这种区别："我们被艺术和科学……所教养；我们在各种社会的风范和优雅中……变得文明。""文明"作为动词在这个意义上的用法，可上溯至 16 世纪末期。在 18 世纪后半叶，"文明"像"文化"一样也开始意指修养的状态而不是它的过程。有时，它或许还意指一种特定的行为模式，诸如作为修养结果的优雅风度和充满和平的政治生活。如鲍斯威尔（Boswell）告诉我们的那样，约翰逊② 正是在这层意义上谨慎地在他的词典中剔除了这个词，而宁愿使用"礼貌"一词作为"野蛮"的反义词。像"文化"一样，"文明"一词似乎也是由法国人首先在这层意义上使用的。如我们所见，德国人采纳了"文化"一词，并进一步加以扩展，乃至涵盖了社会生活的所有方面，不管其优雅与否。另一方面，在法国，

---

① 古斯塔夫·克莱姆（Gustav Klemm）：《普通人类文化史》（*Allgeine Culturgeschichte der Menschheit*），第 1 卷，莱比锡，1843—1952 年，第 21 页。

② 约翰逊（Samuel Johnson, 1709—1784 年）：英国启蒙时期作家，古典主义代表之一。著作有《诗人传》等。鲍斯威尔（Boswell）：约翰逊的著名传记作家。——译者

"文化"一词直到最近仍保留着它的"改进"的含义。倒是"文明"一词在19世纪的法国开始在较广泛的意义上被使用，而在德国，德语"文化"（Kultur）一词早已获得了这种意义。

直到今天，"文明"在法国仍在这层意义上被人类学家和纯化文字的作者继续使用。这意义也曾被英语所采用。当初泰勒本人就在向克莱姆借用"文化"一词之前使用过"文明"一词。泰勒以后，"文化"一词在美国变成一个受偏爱的词。在这种偏爱中，我们同样可以探测到某些来自德语的影响。然而，如在法国一样，在英国"文明"一词仍被沿用。迟至1922年，一位英语世界的人类学家戈登威泽（Goldenweiser）写了一本书，书名就叫《早期文明》，尽管他在较晚的著作中爱用"文化"一词。直到今天，我们仍可偶尔发现，一些没有意识到现代潮流的英语作者会提及"早期文明"这类字眼，如汤因比便是。然而，总的说来在最近几十年里，在英法这两个国家——尽管英国更有甚于法国，有以"文化"取代"文明"的倾向。这是就社会人类学家对这两个词的运用而言的，这些社会人类学家在这两个国度里都占着优势地位。"文明"一词有倾向要回到它似曾相识的旧含义上。它似乎指一种较高级的，较发达的文化形态，或者较特殊地指城市文化。因而，作者们可以任意用"中国文化"或"中国文明"，但几乎人人都愿意用"原始文化"，而不是用"原始文明"。我将试图在第七章中澄清这种区别。

76

难以理解的是，"文明"和"文化"的这些专业用法虽然在英语中已流行了八十多年，但仅仅出现在全本《牛津词典》1933年的增订本中，1955年的缩本中却仍没有它。《学术词典》通常被认为是一部非常保守的词典，却在 1932 年接纳了这两个词。

绝对不能设定，人类学家在使用"文化"一词的一开始就意义十分明确，甚至至今仍不能说它是完全明确的。正如弗洛伊德指出的那样：

> 任何科学原则中的基本概念和最一般的观念在开始总是不确定的。它们只能靠人们从现象界所感受到的东西才开始得到解释。要澄清这些概念，发现其重要的和连贯的意义，只有借助对观察对象的逐步分析。[①]

"文化"一词就是如此。自从泰勒时代以来，对它以及它与其他现象的关系所作的理解变得更深入和丰富了。同时，对它的定义和描述也急剧增加了。克鲁伯和克勒克洪在他们对该词的潜心研究中，列举了 161 种定义。[②] 我们读到过的各种文化定义有：它是一套价值观；它是众多的规范；它是习得的、象征化的或习惯性的行为；它是一条观念之流或者一种社会机体论；或者几十个其他什么的定义。有时，在有关文化的作品中，美国的人类学家们看来好像是在为表彰自己的冥思而唱着一首神秘的赞歌。它把一长串形形色色的，常常是互不相容的性质归于文化，这很像是给圣母玛利亚的某篇祈祷文。毫不足怪，英国的社会人类学家

① 弗洛伊德：《自传性研究》（*An Autobiographical Study*），伦敦，1946 年，第 106 页。

② A. L. 克鲁伯和克赖德·克勒克洪（Clyde Klukhohn）：《文化——关于概念和定义的评论》（*Culture, A Critical Review of Concepts and Definitions*），剑桥，1952年。在上文提及的史料中，我已经重点标注该著作。

们应当发现这一概念的含混和模糊，应当不时地从自己的著作中
审慎地排除它。

　　然而，文化人类学家还是继续使用这个词语，而且看起来还
成功地做着相互间的交流。这里必定有一个核心意义，它决定着　77
这个词的用法，并使之合理。如果我们希望现在的研究尽可能地
理性化，我们就会希望把它的中心词义的确立和限定尽可能地搞
得贴切和明晰。我们将设法构造一个定义，它将像一个定义所应
做的那样，特指某个同质经验的领域，并能够把该领域与其他经
验领域清楚地区别开来。

　　我们将怎样从那些可以得到的繁乱定义中，抽取出核心意义
来呢？我们已经使用了一些词组，如"生活方式"或"社会生活
的诸方面"。但是，这些表达都故作含混，不能用作定义。或许
最好的程序是重新考察那些通常被我们称为文化的一类物体和事
件。当然，我们不能开列一个穷尽的名单，但我们可以指出它所
覆盖的更为广阔的领域。首先被列入此中的是人类活动的重要部
分：宗教、政治、经济、艺术、科学、技术、教育、语言、习俗
等。任何当代的对于特定民族的文化描述都会包含其中的一部分，
如果不是它的全部的话。如果我们考察这些字眼背后的实在，我
们就能清楚地看到，我们所涉及的主要是行为模式，人类行动的
方式。他们拜神、与政治权力作斗争、买卖货物、绘画等，所有
这些行为都能被称作文化。

　　但是，行为方式不是文化所包括的全部。人类学家还涉及观
念、知识、信仰、规范、价值和其他一些通常不能称为行为的东
西。我们在上面所提到的人类行动中的某些部分也可以被认为包

含着一些特征，这些特征严格说来并不是行为。例如，宗教既包括宗教活动，也含有宗教信念和宗教体验。同样，科学既包括知识的成果，也包括获得知识的行动。至少，这部分非行为类型的文化可以被称为思想和情感模式。它们是内在"精神"活动的特性。这种特性我们只能在自己身上观察，同时必定要假定它们在别人身上也存在。同狭义的行为模式一样，思想和情感的模式也在我们称之为"文化"的事物之中。

当然，我们经常把信念、价值观之类的东西构想为实体，不知怎么却撇开了实际的思想和情感，或那种据说是表现这些信念、价值观的外在行为。据一种流行的隐喻说法，这种实体似乎是深埋在我们的脑海里或胸怀中，甚至是飘浮在我们头顶上的天穹间。我们体会到，一个人关于政治自由的信仰平时是蛰伏的、不可观察的。直到遇到了一种暴政的行为它才以一股强烈的情绪和明确的宣言释放出来。各社会间这种实体的精确轨迹看来是不同的。所以，对都伯里恩德群岛人来说，智慧存在于喉间而记忆贮存在腹中。[①] 不过，人类通常同意说它们确实存在于内部的什么地方。

怎样处置这些通行和有用的概念，这不仅是心理学，就此而言，也是哲学的巨大困惑。一方面，我们是否真带有如此众多的、微不可察的，并支配着我们的思想、情感和行动的小玩意儿，这似乎是可疑的；另一方面，至少这些实体也许可以被判断为类似

---

① 马林诺夫斯基：《西太平洋的亚尔古英雄》(*Argonauts of the Western Pacific*，或译《西太平洋的航海者》)，伦敦，1922 年，第 408—409 页。

物理学中的电子、生物学中的基因般的先验假定结构。如果我们试着全然不用它们，那么我们关于人类存在的描述肯定会陷入非常的贫困中。心理学家已经在试图消除由于使用这些概念而产生的问题，方法是给它们标上某种含糊的、模棱两可和总括性的术语，像"态度"，或者"认识的和情感的定向"。一位杰出的哲学家赖尔教授最近指出：这些概念中的大多数均可被认为是"气质"或倾向。亦即说作为一种可能性，人类常常在一定的氛围及特定的风尚之下思想、感受和行动。[①] 但是，甚至他也总是倾向于这样谈论，似乎可能性是与判断它为可能的观察者无关的一种存在。尽管他无疑会否认这是他的意图。看来我们在此又陷入了一个与因果关系情况相似的难境。我们感觉到它的存在，但我们却永远不能证实这一点。

　　这些有关的哲学难题很难在此得到解决。但是，为了明晰化，为了与我们总体上的经验性研究相一致，我们可以同意把这些有很大疑问的实体排斥在文化定义之外。这不是说我们必须把诸如观念、信仰和价值等术语完全从词汇中摒弃。相反，我们可以继续使用它们。但是我们将它们视作与任何假设的内在机械论无关、与关于未来行为可能性的意见无关，而与某种行为模式在以前的重复出现相关。从另外的观点出发，我们会把这些行为看作是那些观念实体存在的证据，或看作是我们作可能性判断时的基础。实践中，人们会发现这个视焦点的变化将在我们平时说话习惯中

---

　　① 吉尔伯特·赖尔（Gilbert Ryle）:《心的概念》（*The Concept of Mind*），伦敦，1949 年，第 116—135 页。

产生小小不同。所以，一个历史学家可能会写道：个人忠诚是中世纪西欧最重要的价值观之一。接着他就会引证各种各样的当时著作和形形色色的制度，以此作为这一价值观的表现及证明它存在的证据。但是，如果我们不把个人忠诚的价值观看作一些不可察的内在存在，而仅仅是存在于一定行为类型和赞许这种行为的陈述中的普遍因素，这样我们便不得不对历史学家的著作稍作修改，说某些人重视忠诚，只是在说他们忠诚地行动着，并赞许地谈论忠诚的行为。

许多读者肯定已发现这个过程过分地行为化了。他们当然可以自由地保留"态度""倾向""意愿"，或者随便什么他们喜欢的称呼，作为包含在文化定义中的范畴之一。但是他们这样做需以牺牲简洁性为代价。这一定又不再是同质的和均匀的。它会兼容进不同规则的实体，因而显得笨拙不堪，难以使用。

至此，我们可以说，文化包含了思想模式、情感模式和行为模式，但并不包含任何决定这些模式的不可见实体，不管它们是什么东西。我们是否应该进一步地把思想和情感从其表现行为中剔除，正像在我们前面把态度和意向剔除的那样？就我而言，还没有发现有此必要。毫无疑问，思想和情感是存在的，我们对它们有着直接的经验。它们可以被视为一种内在的行为。一些哲学家（最值得注意的是斯宾诺莎①）持有被称为心理-生理学的心身平行论的学说。这一学说认为，对每一个思想和情感来说，都有一个与之相对应的身体的生理变化或动作。赖尔教授甚至坚持说，

---

① 斯宾诺莎（Baruch de Spinoza, 1632—1677年）：荷兰17世纪著名唯物主义哲学家。著有《伦理学》等。——译者

思想和情感就是这些变化和活动。他的观点可以称为心身同一说。不过，我们不必走得如此之远。我们仍然可以同意：思想和情感应被认为是整个人的一种特殊的行为。为与此观点一致，我们可以变换一下说法："思想、情感和行为模式"可改称为"精神和生理的行为模式"，或者说"内在的和外在的行为模式""可察的和不可察的行为模式"。用这种方式，我们就能在包含文化的各种范畴体间强调出共同因素或同质体。它们都是人类的行为。

还有一种对象物，学者们时常称其为"文化"，或更特殊一些，称其为"物质文化"。有一些作为人类活动产物的物品，如工具、武器、罐子、建筑、艺术作品等。出于显见的理由，只有考古学家、人类学博物收藏家才对这些东西大感兴趣。"人工制品"是另一个经常用来形容它们的通用词。不过，不难看出，研究这些物品的学者所关切的并不是它们的物理-化学结构。人工制品所以引起人们的兴趣，只是因为含有制作和使用它的人们的行为。这里不需要把物质客体作为一个范畴包括进文化，以致使我们关于文化的概念变混。艺术和技术是"物质文化"研究者的主要兴趣，它们已经被包含在我们的表达中："内在的和外在的行为模式。"

自从亚里士多德以来，人们一般都同意，一个定义必须有两个部分。它必须指出种和属这两个方面，指出我们感兴趣的物体和事件所属的较大范畴，和我们主要关切的较小领域的限度。迄今为止，我们已确立了种的方面。我们的用语："内在的和外在的行为模式"，指出了我们现在必须加以更精确限定的、经验领域的相当大的一个部分。如果我们不这样做，我们就不能把文化领域同心理学和物理学所研究的事物区别开来。

　　如果我们考察克鲁伯和克勒克洪所给的 161 个定义，就会发现获取这个限定的两种主要方法。一是描述其动因起源，即引起我们兴趣的特殊行为模式发生的方式。据说，行为的文化模式是人们按照也许为某个特定作家所赞赏的术语，或按照时代风尚学得的；或者，是由传统传递的，是社会遗传的，是通过符号传达的。它们是作为对问题的解答，或者对环境的适应性变换而被发展的。我在这里的目的，看来是想把文化同普通心理学，或者按文德尔班 ① 所说，与发生心理学以及生理学领域区别开来。我们不想把临饥而食（或临饥欲食）的事实，以及受挫而怒的事实都指为文化事实。它们更应被看作心理学和生理学的功能，看作按照通常的生物学机制，由个人从父母双亲那里继承下来的"人性"的一部分。只有那些饮食习俗，如烹调、餐桌规矩、进餐时间和特殊的表示饥饿的方式，才是人类学家所关心的。他们把遗传所得的行为模式留给心理学家和生理学家们去关心。

　　把文化从其他行为中区别开来的做法，存在着一个明显的困难。如果我们在自己的定义中把文化的动因起源作为一部分，我们就是在提前回答某些问题，而我们这门科学的任务是发现这些问题。同时，随着科学的进步，我们将不得不改变我们的定义，以符合那发展了的关于因果关系的新理论。确实，事情明摆着，我们所提到的那些定义的作者所使用的某些术语已不敷应用。有些形态的文化，如步态和仪姿的风格，显然是由于模仿和范例，

　　① 　文德尔班（W. Windelband, 1848—1915 年）：德国 19 世纪哲学家，弗赖堡新康德学派的创始人，海德堡大学教授。——译者

而不是通过符号媒介传达的。其他文化，诸如宗教和艺术，显然不是适应于环境的。大部分的人类学家都乐意把那些新创造的行为方式和其他习得的东西一起包括进文化之中。

然而，在文化定义中必须有某种用语，它可以用来把文化同生理学和普通心理学的论题区别开来。最好的办法莫过于靠使用一个否定性用语来避开动因起源的问题。比如我们说，文化是内心的和外在的行为模式，它在起源中肯定没有什么遗传性可袭。无疑，这会在文化和人的天性之间设下一道不那么明确的界限，但就人类学和心理学这两门科学来说，这样做是符合事情的实际状况的。例如，语言是一种广泛的人文现象，通常被认为是文化的一个方面。但是我们并不知道语言规则（如发音变化规律），或做出让人明白表述的一般能力在多大程度上是一种遗传现象，也就是说，在多大程度上是人类天性的一部分。在此类问题解决之前，这类行为理所当然地应归于心理学家或语言学家们去研究。当然，这后一种学科在最广义的人类学观念中应被认作一个分支。

把那些显然是遗传所得的行为模式从定义中排除，使人们得以把文化与生理学和普通心理学的论题区别开来。但是我还未将它与有关个体的论题，或如文德尔班所称呼的那样，同"个性"心理学区别开来。心理学家不仅研究那些看来是遗传所得的人性的一般方面，而且也研究那些使人与人产生差异的个体行为的规则性。这类规则性通常被认为是先前经验，或者与环境交互作用的结果，而不仅仅是遗传的产物。被称为个性特征的东西（如我们通常所称呼的那样）也是一种行为方式，它明显地非得之于遗传。它应被包括在我们的定义中，如果我们不作进一步的区分的话。

确定这些定义的人类学家已经试图做出这种区分，方法是以这种或那样方式参照社会。他们有时把这一概念与文化的动因起源的概念融汇在一起。我们知道，文化是传统，或社会遗传，或按泰勒十分精确的用语：是"作为社会成员的人所获取的"①。其他的学者只喜欢讲述一群人的行为特征而不是一个个人的特征；或者，使用一些模糊的词语，类似于我们所用的"生活方式""社会生活的所有方面"。这里的中心意思看来是这样的：如果说个人品质是某个人生活中所反复发生的行为模式，文化就是那种在一个集团或一个社会的不同成员中反复发生的行为模式。所以，在我们的社会中，一个人先穿左右鞋中的哪一只，这是件无关紧要的事。如果一些个人有规律地做一事或另一事，我们就视之为一种私人爱好或个人癖好。但是，我们社会中的全体，或相当接近于全体的人都把纽扣钉在衣服的右片，这就是我们的一个文化特征了。

存在于我们的经验中的各种各样特性中的重复现象或规则，就是使得这些特性变得可以理解的东西，正如我在先前章节中已指出的那样。正是它们的规则性，才使得它们能够被当作科学来研究。那么，我们应该期望文化能表明它是某种规则，而这已被证明确实如此。现在，可以用如下的话来完成我们的定义："文化"，就是"社会成员的内在的和外在的行为规则，但要剔除那些在起始时已明显地属于遗传的行为规则"。

"社会"这个词看起来可能是模棱两可的，但是在最简单的意

---

① E. B. 泰勒（E. B. Tylor）:《原始文化》（*Primitive Culture*），伦敦，1871 年，第 1 页。

义上它可以被看作是一群人，他们在一定时间和一定方面，相对
于外部人有着更多相互作用。所以它包括了各种各样的，或大或
小的人类交往。从部落、民族，甚或一个民族群，到社会阶级、
公共机构、团体会社、家庭，直至在街角上偶尔在一起谈话的两
个人这样最简单的事实。即使在这最小的社会中，他们的谈话仍
有一些先为一人所用，后为另一人重复的措辞和花招，如同平常
家庭中使用一些私家用语。果真如此，这些特定的说话就成了这
短暂的街角社会文化的一个特征。用一般语言说："一个社会是由
人构成的，他们的行为方式就是他们的文化。"① "社会"的这种含
义应明确地与流行于通常的或专业性用法中的其他几种含义区别
开来。这些词是："上流阶级"（如说"送她的女儿进入社会"）；
"社会组织"（如说"一个社会的研究者"）和"一个组织化群体"
（如说"原始社会"）。

　　"规则"这词也需作进一步的评论。这词在最近几十年中被
使用，它在物理学中代替了过去旧有的"规律"一词。因后者隐
含有将宇宙视为由一个人格形象的规律缔造者的绝对律令所统治
的意思。如果我们说科学是对已察到的规则的研究，我们就避免
了所有绝对命定论的信念所牵涉的困难。"模式""构造""秩序
特性"是另一些有着相同，或近于相同意义的词语。一个规则发
生时不需要像重力"规律"那样有宇宙性和准宇宙性的意味，它
可以被限定在一个局部范围内。按照严格的经验主义观点，一般
论及的物体，如桌子和椅子，都是这样的被狭义地限制了的物种

----

　　①　M. J. 赫斯科维茨（M. J. Herskovits）：《人类及其作品》（*Man and His Work*），
纽约，1948年，第29页。

85　的规则。老是在餐厅里躺着的四腿木面的平台，被我们称为"餐桌"；那总是悬在空中的明亮的大圆盘，被我们称为"太阳"。我们称之为"文化"的那一类规则也与之相似。文化规则并不比单个社会的规则需要更广阔的范围：它们可以在，也可以不在另一个社会中被发现。

注意到这一点是重要的，文化规则并非必须在单个人的生活中重复出现。重要的是，这些规则是否在社会多个成员的行为中重复出现。例如"the"这个冠词，在我们的社会几乎所有成员的日常会话中都要出现多次。而婚礼在大多数人的一生只有一次，有些人则甚至一次也没有。但是，冠词"the"和我们的婚礼仪式却都是我们文化的特性。就此而言，那些专制国家的加冕典礼也是这么回事，即便它平均只在一代人之间出现一次。

我们能进一步说，一个规则应为所有社会成员所持有吗？在理想上，我们或许应这样说。但我们不必坚持说，每一个社会成员的行为应该一致。一个规则的定义可以在或大或小的程度上顾及多样性，而实际可观察到的多样性系列是任何社会的文化的重要特性。甚至行为也没有必要相类似。规则可以存在于这样的事实中，社会的一部分成员的行为是以这种方式，另一部分成员的行为则以另一种方式。例如，男人穿裤子、女人穿裙子。甚至会有这样的情形，人们谈论的行为仅仅由一个人表现着。例如，在有些社会中，只有国王一人才能戴皇冠。但是，一个规则确因社会的所有其他成员都不戴皇冠的事实而得以建立（当然，在一些特定情况下是例外，如在舞台上）。这种"戴皇冠者"与"不戴皇冠者"的规则化分布，正是一种文化现象。否则，"戴皇冠"

就仅仅是一种属于个人的癖好。

　　这样，从理论上说，一个完整的关于文化规则的描述应能涵盖社会所有成员的行为。行为的不同应该与精确限定的不同部分的社会成员相联系。如年龄和性别群；社会、经济和职业阶层；86宗教的或政治的团体；等等。一个完整的描述应指出这些社会组成部分中可观察到的变异程度。它也应当通过把讨论中的行为的缺失，同某种个人体质上或性格上的非寻常特征相联，同个人与其他社会的接触（也就是其他社会的半成员性质）相联的方法，提供所有的例外情况。例如，我们把英国人介绍给一位陌生人时，都行握手的礼节。但如果陌生人是一位小孩，或者身有残疾，手太脏；或者那陌生人是个印度人，而这位英国人又懂得印度人的酬酢方式等，那就是例外了。我们还可以枚举些握手礼的各种不同表现方式，从伸出他的手指头到使劲地撼动大臂。在实践中，对一个文化学者来说，要想列出一条文化规则的所有表现形态及其例外是十分困难的，且不说是不可能的。他必须满足于观察到，社会（或者经过严格定义的社会某部分）的大多数成员，是以一种特殊方式表现行为举止的。如果我们是在过去时代中寻找文化规则，那么，要判定这个规则是否为逝去社会的所有长眠者所运用，永远是不可能的。但是，记住这对我们祈望的目标是有益的，无论要达到这个目标有多么遥远。

　　在实现这个目标时的失败方面，我们与物理学家只有程度的不同。物理学和化学规则也有它们的多样性系列以及不可解释的特例。一个测量只是能够精确到某位小数，而在相同条件下的物理实验测定通常有相当程度的差异。还有，在科学中，不规则和莫名其妙的例外比通常所承认的要多得多。公众所闻的只是些成功的实验，而不是那些"出了差错"的实验。曾有一个被窘迫的沉默所掩盖的事实。据称是相对论基础的迈克尔逊-莫雷[①]实验并没有证实光速的恒定性，而是暴露了仍然必须加以解释的不规则性。[②]无论在自然科学还是在社会科学中，科学观察的准确性和可靠性都仅仅是一个程度问题。尽管我们必须承认，比起自然科学的"同志"们所确立的标准，社会科学家们不得已而接受了一种程度相当低的精确性。

　　观察文化规则的另一可行方法，是把它们设想为一个秩序的呈现形式。它从社会的一小部分开始，逐渐扩展到所有其他部分，尽管它大概永远不能完全达到普遍化。这个进程可以语言为例得到最清晰的观察。在这里，语言规则经常可以接近，但几乎都不能毫无例外地包含语言的所有现象。例如在英语中，有规则的复数后缀"-s"曾经并没有像复数后缀"-en"通行。但是现在几乎所有新词的复数（那些外来语除外）都由后缀"-s"来构成。在这整体之中仍有几个例外，它们还都是些熟识的词，如："mice""teeth"和"deer"。但是，如果可能的话，我们还是希望用表现它们属于一些特定范畴的办法来解释这些例外。如说最大而划之的人类群名称用"-en"，像"men""women"和"children"；那些熟悉的以

---

　　① 迈克尔逊（A. Michelson, 1852—1931年）和莫雷（E. W. Morley, 1836—1923年）：均为美国著名物理学家，1857年，他们所作的迈克尔逊-莫雷实验测量了光速传播的恒定性，动摇了旧有的"以太说"，引起天体物理学家的种种解释。——译者

　　② 米切尔·波兰尼（Michael Polanyi）："从哥白尼到爱因斯坦"（From Copernicus to Einstein），《交流》（*Encounter*），第5卷，第3期，1955年9月，第59—61页。

轻声结尾的动物名称，"geese""mice""fish"和"oxen"，等等。语言学家们已发展了他们的解释，使其严格和巧妙地符合每一个特殊的复数形态，甚至那些并不属于这一范畴的例外，如"deer"和"sheep"；尽管这些解释并不总是令人信服。这样，甚至当我们把秩序看作呈现的，情况同样是，一个有关规则的理想化的完全陈述要像它在特定时代所含内容一样，涵盖所有例外。于是，我们就必须要把文化规则看成理想化地运用于某个特定社会全体成员的东西。

　　在此有人会问："莎士比亚的戏剧属于什么？即使我们是在客观的，而不是主观评价的意义上理解'文化'，不也是英国文化的一部分吗？而莎剧仍然是一个个人的成就呀。"这里的困难明显地存在于这样一个事实中，即我们用了"戏剧"这词掩盖了一些不 88同的实体范畴：印有这些戏剧的书；莎士比亚的写作活动；它们在舞台上被再创造等。对这些不同的范畴，我们需给以不同的回答。这些书不是"文化"，它们是物理存在。它们是怎样写就的以及人们是怎样欣赏它们才是我们的兴趣所在。就莎士比亚的写作活动类似于同时代的英国作家这一点而言，这个活动是文化的一部分。那些完全属于他个人的观念、风格（即通常被认为是"最好的"那一部分）其本身并不构成"文化"的一部分。文化规则存在于如下的事实中，即莎士比亚所写的作品经常被重新印刷、大量阅读和反复上演，并得到有文学修养的英国人的广泛好评。一些伊丽莎白时代的无名剧作家的作品在今天已无人阅读、上演和得到称赞，于是他们的个人特色、风格就不属于今天英国文化的一部分。成为文化事实的正是对一部戏剧的诵读、上演和称许，或该戏剧与其他戏剧的相似处，而不是戏剧本身。

这样，文化就是一个特殊种类的行为的规则。它包括内在的和外在的行为两个方面，它排斥行为的生物遗传方面。文化规则可以在，亦可以不在个人的行为中反复出现。但是，一个规则要被称为"文化"，它就必须以一个既定的方式反复（或反复失败）地出现于一个特定社会的大多数成员的行为中，并被理想化地推定能出现于该社会的全体成员中。

如果文化是一个属类的规则，那么我们怎样来命名构成这个种类的规则呢？人类学家的习惯用语是"文化特质"，与"人格特质"的构成相类似。几个通常在一起被发现的文化特质联合起来称为"文化集结"，亦与心理学中的"情结"相类似。然而，"集结"和"特质"毕竟仅仅是相对的概念。在实践中，几乎每一个特质都能进一步地被分析为有区别的实体。例如，复数后缀"-s"有两种书写形式（"-s"和"-es"）和三种发音形式（"-ez""-z"和"-s"）。一个精细的语言分析无疑能使我们做出进一步的区分。这样，任何一个特质又能被视为是一个"集结"。这仅仅是一个在既定的状况中，我们想把区分搞到何等精度的问题。在心理学和文化学中都没有行为的原子。当然，同一的和相似的文化特质和文化集结可以在不止一个社会中找到。在这一点上，书写和造锅是一个很好的例子。有时，一个明显的特质甚至能在所有社会中被发现，尽管这样的情况属于罕见。说话大概是最值得注意的例子，因为这种能力在所有社会中都能发现，除了极少数的聋哑群体是例外。即使在这部分人当中，一种手势替代的语言仍被使用。但是，就文化规则来说有一个基本点，即它的文化特质和文化集结必须能在至少一个社会的大部分成员的行为中找到。

在我们的定义中对特定社会的文化表现的强调，是对当代人类学相对和比较方法的回应。如我们在第一章所见，19世纪的人类学家和历史哲学家，都倾向于把所有人类史和前人类史均视为一个单独连续的发展过程的展现。这个观点与19世纪的理性主义价值观以及历史必然进步的信念紧密相连。根据这个观点，文化整个地就被认为是属于人类的一种什么财产，是一件就像储蓄在账户上的钱一样，能凭着自己的力量不断增值的好东西。人类学家研究的直接指向，主要是建立一个文化发展阶段的必然次序，而在该世纪后半期，则是展示个体性的文化特质和文化集结在整个世界的广泛传播。

然而，随着对事件实际过程的更多了解，有一点变得清楚了，即这条研究线索不再是特别有用的了。文化特质上差别巨大的不同社会，在彼此间相对孤立的状态中，在不同的时代发展着。整体的人类进步可能还不是一个完全站不住脚的概念，但它只能以最含糊和最一般的术语来表述。在人类之外，缺少一个其文化可以与我们相比较的理性动物的事实，使我们难以找到可以表述我 90 们对人类发展所作观察的有效术语。因为这个理由，无疑还有其他理由，在本世纪的头几十年中，大西洋两岸的人类学家都把注意力转移到对特定社会的行为分析上来。在这里，比较成为可能，丰富的新材料得以很有益地被收集、整理和理解。在斯宾格勒那里可以看到历史哲学中相似的发展。在他激烈地抛弃所谓进步的观念和坚持文明完全是一个自治的实体的陈述中，他表达了与人类学家相同的相对主义倾向，尽管他不免有很大夸张。目前只有很少的作者还愿意对一个整体的人类文化的进展发表意见，在英国是汤因比和戈登·柴尔德，在美国是莱斯利·怀特。① 在这里，我们将继续强调特定社会所含文化的地位，原因只是这使比较成为可能。没有比较，没有对相似和相异做出计算的可能，那就不可能有正确的归纳概括，也就是说，不可能有科学。

　　读者无疑已发现，这场拖沓的关于文化定义的讨论是沉闷和极端抽象的。可是，在我们的科学中，没有严格的定义就没有了明晰和准确。当我们考察事实材料时，为了得到明确的回答，我们必须能够提出明确的问题。我们必须能够指出经验世界的某些特征，准确地说出哪些是，哪些不是我们正在寻找的东西。在前面所作区别的效用，将在以后我把它们应用于特定现象的阐释时变得清楚起来。

　　我们可能已经使用了自己的定义解决了一两个难题。例如，人们常说文化是一种抽象，所以它不是真实的，不是经验的事物。只有个人才是真实的。现在，在它指出了一定的经验特征（在此讨论中即指一定类型的行为规则），并忽视了一些附属缠绕的其他特征的意义上，"文化"一词（或它所代表的概念）十分确实地是一种抽象。但是，在这个意义上，所有的词都代表着抽象。"牛"和"马""桌"和"椅"，甚至"人类"等词都与"文化"一样。一个人总是与他相邻的那一部分环境发生持续的相互作用。吐故与纳新，排泄与饮食，在某种程度上，当我们谈论人时，由于我

91

---

　　① 柴尔德（V. Gordon Child, 1892—1957年）：澳大利亚著名历史学家，著有《欧洲文明的曙光》等书，首创"城市革命"的研究。怀特（Leslie Alvin White, 1900—1975年）：现代美国文化人类学家，主张文化进化论，著有《文化科学》等有影响的著作。——译者

们把作为整体经验的一个方面的人，从他的周围环境中孤立出来了，我们便歪曲了这种经验。但是在此人们会反对地说，我们能够看见和触摸的是人，牛和马，桌和椅，它们都是具体的物体，而行为规则至少在既定的时间内是不可见的。这样一种说法当然是很对的：有些经验规则，如桌子和椅子，在时间上是持续的，在空间中是邻接的。如果我们不能一下子看见它们的全部侧面，至少我们可以在它们所持续的时间中看到它们的精确轮廓。而另一方面，文化规则生来就是在时间和空间上断断续续的，只是在非常特殊的环境下，如所有成员出席的一个部落盛典上，我们才能在一瞥之下理解他们的行为规则。可是，这种不连贯性并没有使文化不成其为一个经验问题。

此外，有些文化规则，如那些思想和情感，只能偶尔地被直接观察到。然而，如果可见性的缺乏是一个标准，那么我们不得不说风是不存在的。我们从未见过它，偶尔我们可以在面颊上感到它的寒冷和压力。我们更经常地是从云和树的运动中推断它的存在。那么，风是不是一种不真实的抽象物呢？不，它是一种存在于一定空气分子运动中的规则，正如文化是存在于特定人类行为中的规则一样。两者具有同等的抽象和同等的真实。相似的例子还有，太阳系就是围绕着太阳行星运动的规则。我们从不能在任何一刻观察到它们的所有运动，它们其中的许多运动要依据推断。可是要说只有太阳和行星是真实的，而它们的运动及运动规则都是不存在的，那就错了。

如我们已解释的，文化完全是真实的，尽管它不是一种完全与自然物体同样方式的真实。文化比较类似于自然物体的一般 92

性质、运动或关系。正如我们能用走过去看一下的办法，来验证餐厅里是否有桌子存在一样，我们也可以用去中国和看中国书的办法，来验证中国文化特征和文字作品的存在。如果我们在文化的定义中包括进那些假设实体——像"信念""理念""价值"，这些术语通常被认为属于这种实体——我们可能恰恰在所谓把文化弄得不真实方面贻人口实，或者至少会使真实性成为一个要讨论的问题。即使如此，这些实体的不真实性也并非在于它们是抽象的，而是在于这样的事实，即它们是假设性的，它们被构造出来解释行为，而它们本身却是无法观察到的。事实上，我们已谨慎地用这些术语来意指行为特征，这样，文化的真实性便得以保存下来。

我们的定义能帮助解决的另一难题是文化与社会结构的关系问题。这一方面是文化人类学的论题，另一方面是社会人类学和社会学两者的论题。许多学者都假定，文化和社会结构是同一潜在真实中做出的两种类型或两个层面上的抽象观念。然而，如果我们考察社会结构这个概念，我们将发现，它涵盖了某些与我们在文化定义中涵盖的相同的抽象观念。例如，伊万斯–普利查德（Evants-Pritchard）说的"人际结构关系"和拉德克利夫–布朗（Radcliff-Brown）说的"人类的交往形式"。[①] 马克斯·韦伯用"社

---

① E. E. 伊万斯–普利查德：《社会人类学》（*Social Arthro-pology*），伦敦，1951年，第17—18页。A. R. 拉德克利夫–布朗："怀特关于文化科学的观点"（White's View of a Science of Culture），《美国人类学家》（*American Arthropologist*），第51卷，1949年，第510页。

（E. E. 伊万斯–普利查德［E. E. Evans-Pritchard, 1902—1973年］：英国社会人类学家。著有《努尔人》《阿赞德人的巫术、神谕和魔法》等。拉德克利夫–布朗［Radcliff-Brown, 1881—1955年］：1906年到1908年在印度洋的安达曼群岛调查，著有《安达曼群岛的居民》一书。——译者）

会关系"这一术语来表示他最基础的概念，并说："在其富有意义的内容中，就每个人的行动要考虑其他人的行动，并在这类关系中受到调整这一点而言，它意指众多行动者的行为。"[①] 尽管他后来补充说，这种关系存在于这类行为的或然性中。

所有这些措辞看来都有这样的意思，在既定的社会中，某一 93 类型的成员以规则化的方式作用于其他类型的成员。例如，一个有了孩子的人就会用他所在的特定社会中规则化的、特有的方式方法，以喂养、教育、惩罚和娇惯以及其他各种行为去对待孩子。这种父亲对孩子的行为规则的集结，被社会学家称作为特定社会中的父亲的"角色"。据韦伯的观点，父亲和孩子的角色似乎应该共同组成一个关系。一组内在联系的角色构成像家庭这样的制度，而一个社会中全体有内在联系的角色及制度的复合就形成了社会组织和社会结构。事实上，社会人类学和社会学处理的也是人对于他人的行为中的规则，更进一步说，社会学得出的规则是有关群体的，而不是个人的；并且，不是遗传的。换句话说，根据定义，社会结构的规则已经被包括在我们所解释过的文化规则之中了。确实，文化是一个更为宽泛的概念，它不仅包括了人对于他人的行为的规则，而且也包括了人对于有生命和无生命的非人客体，对于超自然存在的行为的规则。艺术、技艺、宗教等都在文化的名义下，与社会结构一道被包括进来。当社会学家和社会人

---

① 马克斯·韦伯:《社会和经济的组织理论》(*The Theory of Social and Economic Organization*)，英译本，纽约，1947年，第118页。

（马克斯·韦伯［Max Weber, 1864—1920年］：德国著名社会学家。著有大量有影响的社会学、文化学的研究著作。——译者）

类学家企图避免"文化"一词时，他们就把群体行为中那些非结构性的规则称作社会生活的"形态"，或者"样式"。涂尔干使用的则是"社会特征"这个措辞。确实，"社会生活"和"社会特征"可以被当作与文化一词具有相同含义的术语加以接受。

虽然文化比社会结构更具综合意义，但这不是说社会结构就缺乏兴味和重要性。确实，人的差不多每一个行动至少部分地是直接针对他人的。把人与人之间的各种相互作用相联起来的方式，常常是一种综合性的因素，它极有助于我们使得文化的其余部分变得明白易懂。我们可以把社会结构看作骨骼，而把文化的存留物看作包裹其外的肌肤。然而，把它们看作人类行为的两个截然不同的方面，或是取自人类行为的抽象概念，那就错了。

我们现在已经得到一个相当精确和纯一的文化定义。另外，它是一个经验主义的定义，也就是说，它能够靠参照经验来验证。进一步说，我们用讨论特定社会成员行为的办法，使得采用一种比较的方法成为可能，亦即通过观察不同文化特质和文化集结中的相似和差异，来建构一种科学的概括。

我不必争辩说，这是一个唯一可能，甚至是唯一有用的定义。其他稍有不同的定义在特定的内容范围内也可能被证明有用。所以，考古学家可能发现还是沿用"文化"一词，来命名他们所发掘、所研究的那些人造器物更方便些。但是，这样做的话，他们最好是用一些其他的字眼来描述他们从这些东西当中推断出来的人类行为规则。同样，一个人类学家可以自由地把文化定义为行为的规范或标准，定义为有关行为的可能性，甚至是有关行为的期望，如果这是他想要强调的东西。但是，比起我们的定义来，它们包容较少，较难为经验所证实。我们在这里所取的定义之效用，只有当我们开始用它来阐明我们所选择的研究领域时，才能得到证明。在下一章中，我们将考察和解释"文化"和"一个文化"的概念。

第五章　文化

我们已经把文化定义为"除了在来源上明显地属于遗传的，某一社会内成员的，内在和外在的行为规则"。"文化"在此是一个通称的或群体的名词。它指出我们经验中的一类因素，正如"牛奶""麦子"和"人类"所指的一样。那么随后我们将怎样来定义它的单数名词呢？像"一个文化"或"某个文化"，怎样才能在"爱斯基摩文化""中国文化""原始文化""东南亚文化""英国中古文化"等的表达中正确使用呢？初看起来，这十分容易。我们可以说"一个文化"就是任意一个特定社会中发现的文化特性和文化集结的总和或集聚。一些作者（其中的林顿[①]值得注意）做出了非常相似于此的定义。

不幸的是，像通常书面的用法一样，人类学家的用法并没有这样清晰的含义。它相当不一致，看起来至少有两个未加澄清的判断尺度。我们可以回忆起曾经把社会定义为，在一定方面和一定时间内，更多地是在内部而不是与外部人相互作用的一群人。然而，从格陵兰群岛到西伯利亚东端散居着的各种爱斯基摩部落是否在当代还确实构成着一个符合我们定义的社会，那是令人怀

[①]　拉尔夫·林顿（Ralph Linton）:《人格的文化背景》（*The Culture Background of Personality*），纽约，1945年，第32页。

疑的。有些居民或许与居住在他们那里的白人官员、商人和传教士有着较之他们与其他居民更广泛的联系。有些居民群体有理由与其他爱斯基摩人完全断绝联系。确实，这就需要社会学仔细研究，以断定相互作用的维系线是在哪里失落的。 96

那么，我们所说的"爱斯基摩文化"是什么意思呢? 我们显然是意指在一组社会中发现的一套文化物质和文化集结的组合。确实，就因为他们表现了大量近似的文化物质，诸如穿毛皮外套、讲近似的语言等，我们就把这些社会的所有成员辨认为"爱斯基摩人"。此外，我们无疑还假设了在遥远过去的某一时候，现代爱斯基摩人的祖先曾建立过一个统一的社会。考古学倾向于证实这个假设。[①] 但是此刻，观察者的目光所落处是一定文化特质组合中的与众不同的特征，就是这个特征导致他把这个组合称为爱斯基摩文化。中国文化的情形也是如此。导致我们把中国看作一个独立的特殊实体的，不仅仅是中国人构成了，或者说直到最近仍构成了一个统一社会这个事实，而且还在于这个文化的独特性质，即某种文化特质和文化集结有规则地一起出现的事实。我们经常用他的文化，而不是他所加入的社会来辨别一个中国人。他的服饰、言谈、习俗和如此等等之物，较之他究竟居住在台湾、新加坡、旧金山还是中国本土来更重要。

这样，我们可以把文化解释为，一个总是在一起被发现的文

---

① 亨利·B. 科林斯 (Herry B. Collins): "爱斯基摩人的起源及其古代史" (The Origin and Antiquity of the Eskimo)，《史密森学会 1950 年度报告》(*Annual Report of the Smith Sonian Institution for 1950*)，华盛顿，1951 年，第 423—468 页。

化特性和文化集结的聚合，而这是考古学家通常所做的事。① 某种风格的陶器，某种类型的武器，房屋造型和丧葬礼仪，在一定数量的邻近地点被一起发现，它就被辨认为一种特殊的文化。但是，这并不能涵盖该词的全部用法。当马林诺夫斯基开始研究都伯里恩德群岛人的文化时，他并没有费力劳神于相邻的艾姆弗莱岛人或多卜岛人，并观察他们的文化特质和文化集结在多大程度上构成了一个独特的聚合。他的全部兴趣，只是在他从一个村庄群落中发现的东西。这群村民构成一个在我们的意义上的相互作用的社会。所以，对马林诺夫斯基来说"都伯里恩德群岛人文化"仅仅是在该社会中发现的文化规则，不管它们是否有独特性。许多人类学家研究单个村庄的文化，这文化可能与隔壁村庄的文化十分近似。

　　这样看来，"一个文化"和"某个文化"这类术语，似乎既可以用来意指文化特质和文化集结的一种独特聚合，也可以用来意指在一个特定社会中发现的一组文化特质和文化集结。然而，对这些术语的使用有着进一步的困难。如我们在第四章所见，一个符合我们定义的社会概念，在其大小和特征上有巨大的差异。从民族群落到在街角上交谈的两个人都是社会。它可能包括家庭、团体、各类协会，还有像村庄、市镇、都市、部落和民族。所有这些都是那种内部交流多于外部交流的人群。用专业化的说法就是：如果这类组织在一个特定社会中的存在使特定的文化具有了个性，那么，每一个社会都必定有一种文化。人类学家确实经常

① 欧文·罗斯（Irving Rouse）："文化历史的战略"（The Strategy of Culture History），A. L. 克鲁伯编：《今日人类学》（Anthropology Today），芝加哥，1953年，第57—76页。

用这种方式讲话，特别是在说明他们所涉及的特定群体的时候。所以，我们发觉他们说到"某文化"时不仅指特定的村庄、部落或民族，而且还指教堂、工厂或政党，甚至偶尔还指家庭或俱乐部。还曾有过一些关于医院和青少年团伙的文化研究（更多地是研究其社会结构①）。这词组还常被用于社会的某部分：阶级、职业和年龄组。我们常说"中产阶级文化"或"青少年文化"。也许可以争辩一下，虽然这些组群中的成员在一定方面的内部交流超过了与外部人的交流，并因此而可以被称为"社会"。但是，这是一些比我们通常所想规模更大的社会。大概是因为他们的行为确实展现了一些明辨可分的规则，所以我们才把他们独立出来。我们都意识到了言谈、服饰和风度方面的阶级差别。但是，我们却都根据他们在某个社会部分的参与来辨认其身份，而不是根据他们的特点。

把定冠词（the）与"文化"（culture）一词连用，似乎已隐指：一个特定的已被发现有文化规则的社会或社会部分已经被识别出来了。或者举爱斯基摩的例子，那些可以用来识别他们的文化的重要规则已被知悉了。"the culture"（某一文化）之后通常所接的是专有名词，如"of the Eskimos"（爱斯基摩），或者是在"culture"（文化）前加上一个名词，如"Eskimos culture"（爱斯基摩文化）。这里，把"某一文化"一词用于或大或小的所有社

---

①　例如，乔治·德弗罗（George Devereux）的"作为整个治疗中一个因素的病院社会结构"（The Social Structure of the Hospital as a Factor in Total Therapy），《美国行为精神病学杂志》（*American Journal of Orthpsychiatry*），第19卷，1949年，第492—500页；以及威廉·富特·怀特（William Foote Whyte）的《街角社会》（*Street Society*），芝加哥，1943年。

会，乃至社会的部分，都并无了不起的困难。但是，当人类学家使用一些像"原始文化""任何文化"或"所有文化"等不明确表达时，他们并无意于把或大或小的所有社会的文化以及所有社会部分的文化都包括进来。他们宁愿把自己局限在某种大规模社会，如部落和民族的文化之中，大概是因为这一水准上的文化差异最鲜明的缘故。

是否有一个方法能使我们刻画这样大规模的社会特征呢？它们似乎是由一组地方共同体，像许多的村庄和团伙所组成。十分罕见地还有如新墨西哥的"祖尼"村庄那样的单个村庄组成的这一级社会，它们都被认为是具有自己的文化。"民族"一词则提示说政治上的联合也是一个标准。但是许多部落缺乏任何形式的中央政治权力。在这里，马林诺夫斯基所记录的都伯里恩德群岛人的情况可以作为一个很好的例子。他们的首领在他的属区之外没有任何权力。① 可以论证，这样一组地方共同体的内部交互作用多于同外部的交互作用，从而构成了一个特殊类型的社会。我在都伯里恩德群岛人的例子中运用了这个论证。但是在许多情况下，要想在为这些地方的共同体建立各自文化归属之前，就证明那些交互作用发生在它们之间，其做法是乏味的，有时则是不可能的。这很像是我们不得不求助于这个鉴别标准，但又附加着一个条件，即我们只对在一组地方共同体（或偶尔是单个地方共同体）中发现了的那些独特的文化发生兴趣。

使事情变得更糟的是，人类学家们看到了存在于一组邻近文

① 马林诺夫斯基：《西太平洋的亚尔古英雄》，第69—70页。

化中的广泛的相似点。这一组文化共同享有着一些文化因素，它们又可以被称作文化。例如，生活在美国中部草原的一大群部落，在他们最终被征服之前的最后几个世纪中，一直在部落间的文化中表现出鲜明的相似性。从专业上说，所有这些文化的核心特征是在马背上猎杀；但他们还共享着许多其他文化因素。如：舞蹈团体、医药品买卖、一种特别形状的武器、一种对超自然神灵的慢条斯理的探寻，等等。这些共同因素，或者确切地说，共享这些因素的部落所具有的文化，被称为"平原文化"。它是一种通常被人类学家认为是与夏延（Cheyenne）、阿拉帕霍（Arapaho）、黑足（Blackfeet）等文化并列的一种文化实体。同样，"祖尼"（Zuni）文化被认为仅仅是美国西南部"普埃布洛文化"（Pueblo Cultures）的一种代表，虽然我们也可以用单数来说"普埃布洛文化"（Pueblo Culture）。[①]在较发达的民族中，"民族国家"似乎是具有最明显特征的文化之所在。但是，在西欧民族以及那些深受他们影响的民族中却具有许多共同的文化因素，人们把它们都认作西欧文化。另一方面，当某个地方的文化是一个较大整体，我们也可以据其局部的和地区的多样性分称为某种文化。如："东爱斯基摩文化""西爱斯基摩文化"，或者"新英格兰文化""美国南方文化"。

　　至此为止，我一直在这样谈论文化，似乎它们是一种即刻的或者是在有限的一段时间内的存在。时间向度的引进会使我们涉

---

　　①　A. L. 克鲁伯：《北美的文化区和自然区》（*Culture and Natural Areas of North American*），加利福尼亚大学，美国考古学和人种学出版物，第38卷，伯克利，加州，1939年，第76—84页及第34—35页。

100 入更深的困难。事实上，一个文化会存在许多世纪，在此期间，构成该文化的许多规则却起变化。这个文化还会从一个社会传向另一个社会，它可能发展为两个有区别的文化，或与另一种文化合并。它也可能完全消失而为另一种文化所取代。那么，我们怎样才能在所有这些变化之中识别出持续不断的实体来呢？怎样才能对文化加以时间和空间上的限制呢？怎样才能确信自己正在处理的是具有特性的文化实体呢？

　　在这一时候，干脆放弃对文化的定义，承认我们只是在与海面上难以辨认的、不断变幻的光色打交道而已，似乎是很诱惑人的。① 可是，人类学家和文化历史学家确实怀着某种把握在使用该词。他们可能在一些情况下有分歧，但更经常的是在辨认和界定文化时的一致。他们所涉及的实在事物中必定有一些可以分离出来的特性，指着这些特性我们就可以说："这就是一个文化。"如果我们考察文化是怎样产生的，它是怎样与我们称之为社会的一群相互作用的人发生联系的，那么或许我们就能对这个难题有较好的理解。

　　没有一个人能在他的一生中完全单独地生活。为了生长、繁衍，为了在动物和人类的敌人中保护自己，为了有效地利用环境，他需要与别人的合作。即使是一个单个的家庭在数量上也是不够的。一个人在狩猎队、战争远征军或耕地开拓中，都需要别人的合伙加入。因为这个原因（大概还因为一些我们没有搞清的原因），如同我们可以料想的那样，我们在世界所有不发达民族中发

---

① 例如，A.L. 克鲁伯所持的观点，见他的《人类学》（*Anthropology*），纽约，1948 年，第 261—265 页。

现了紧密生活在一起的，在共享人类各种活动方面互相合作的家庭群。这就是我已提及的那种地方共同体。在定居民族中，他们采取了村庄的形式。在狩猎和游牧民族中，人们更喜欢结成一帮共同游历的团伙。我们可以把它们从其他类型的社会中区别开来，不仅根据它们成员的共同居住和共同游历，而且根据这样一个事实：它们的成员非但在某些方面、某些时候，而且在大部分时间并为大部分生活目的而有着交互作用。他们是一个具有整体目标和完全时期的社会。这个社会可以被称为在原始水平上的社会结合之基本模式。

在人类发展的最早阶段，这种地方共同体大概是完全自给自足的和独立自主的。这情形看来像人类最近的亲系类人猿和猴子那样。但是，在我们所知的所有原始民族中，地方共同体都不是孤立的。它们与其他共同体通婚、贸易以及同他们一起捍卫自己。人类学家称之为文化的那种文化规则的独立聚合体，通常正是出现在这些共同体的小群体中。确实，文化起源于地方共同体群落，而不是起源于单个共同体，这一点是可以争论的。我们已经提及过的祖尼这个例外，明显是归并的一个事例：经过战争和摩擦，一度数量多，分布广的人口并入了一个单独的大村庄中。其他的例子也同样真实，在那里一个与众不同的文化局限在单个村庄里。

为什么文化竟会在共同体群而不是在单个共同体中表现出来，这个问题还不完全清楚。如许多人类学家认为，如果人们想要在一起有效地合作，他们就必须能够知道他指望从别人处得到什么行为。因此，在一个经常合作的人群圈子中必须有一种共同的语言、共同的风俗、共同的办事方法。但是，这并没有解释文化为什么应如此明确地在共同体群之间而不是在单个共同体群之间加以区别；甚至没有解释，为什么它们应被明确地区别开来。我们或许应该就这么一个原始状况下的共同体群的社会合作来假定一种对于社会团结的普遍需求。这个需求使个人希望认同于某个社会，并在行为中模仿本社会的其他成员。但是，还没有一种能被普遍接受的有关需求的心理学理论。而且，根据被叫作"奥康姆的剃刀"① 的古代经验主义规定，我们不应在讨论中增加不必要的实体，尤其是不可见的实体。那么，就让我们把这当作实有其事：即在原始阶段上，明晰可辨的文化类型通常在一个共同体群中被发现。

　　人类学家正是把这些共同体群认作部落。无疑地，构成部落的共同体彼此间的合作多于同外部的合作，所以它们符合我们关于社会的定义。但是，正是它们的文化一体性使研究者们感到诧异。通常在它们的各自邻居中，相当明显地存在着语言、服饰和习惯的差异。任何一个此类部落的成员都能像邻近部落的成员一样辨认出自己的部落。部落是他感到自己所属的社会。成员资格进入了他的自我意识中。尽管个人确实偶尔从一个部落徙往另一部落，但两可的和转变的状况却相对地罕见。我们现在可以说，在原始状况下，部落是社会结合的第二层次模式，然而，它是文化结合的第一层次的模式。正是在这一层次的社会中，在地方共同体群中，我们发现了最明晰分别的整套文化规则。我们的"一

_____

① "奥康姆的剃刀"：西欧古代中世纪哲学中的一个典故。寓意是人们在考虑某论题时，应把与此题无关的经验现象统统略去不论。——译者

个文化"的定义必须考虑这个事实。

比起原始状况来，在真正城市化的社会中，出游和交往更加方便，政治权力足以统辖广大的地区。人们发现文化统一体覆盖更大数量的地方共同体。这一切都是容易理解的。在这个我的读者都熟悉的世界中，正是在民族这一层次上的社会才具有最鲜明的文化差异。我们感到自己所属的是某个民族，我们试图仿效我们同胞的习俗和风度。而且，我们非常方便地辨别出法国人、英国人和美国人，以及他们各自的言谈方式、风俗和服饰等。因此，在我们所知的文明世界中，是民族而不是部落，成为社会结合的第二层次模式，同时是文化结合的第一层次模式。虽然我们可以在一个民族的一些地方共同体的风俗之间发现数量可观的多样性，但这里的差异还不是十分鲜明。所有地方共同体与其他共同体及首都有着广泛的政治、经济和其他关系。教士、学校教师和其他文职人员经常自外而来，而且几乎总是在国内的其他地方接受训练。所以，在文明状态下，部落的独特文化分解成了只不过是民族文化中的地方性或地区性差异。 103

当然，大于地方共同体而又与部落和民族不同的其他社会结合方式也是有的。最著名的就是那些传统的古代城邦国家，以及那些在两千年来的大部分时间中近东流行的宗教共同体。如果你问一个土耳其帝国的居民："你是什么人？"他可能回答说是希腊人，或是犹太人，或是亚美尼亚人，或者是德鲁兹人，以此来示意他的宗教隶属而非他的居住地或他所臣服的政权。地方共同体是由一些同一宗教的教派组织构成的，而最鲜明的文化区别存在于这些地方宗教共同体构成的群体之间。只有穆斯林才会感到标明他所属的原籍、部落或他的语言共同体是必要的。

至此为止，我们对如何才能定义"一种文化"应当有些眉目了。我们可以说，一种文化是在一个地方共同体群中发现的文化规则的聚合。然后，这共同体群的大小以及我们选择纳入哪些共同体，应决定于它们所共享的，并不为相邻共同体所拥有的文化性质。换句话说，决定于他们文化的明确特征。这个过程可以被看成一个圆圈，社会被用来定义文化，而文化（或者是它的某些特性）又被用来定义社会。不过，这程序还是符合人类学家的具体实践的，而且与其他科学分支的程序没有什么两样。例如，一个生物学家将研究某些动物或植物种类的解剖学，即它们的体质结构的特性。然后，他将依据它们的某些解剖学上的共同属性，来决定这些动植物的种类归属。化学家可能愿意用同样的方法来考察一些化学物质的性质，但是，他试管里的材料到底是硫是铁还是汞，只有根据对它的某些性质的观察才能决定。自然界中的一体化存在是一个经验主义的事实。我们必须在能够研究它们之前先认识他们。

如果我们把"一种文化"仅仅定义为那些用来把特定部落和民族与相邻者区别开来的特质和集结，而不是在一种特定社会中发现的所有特质和集结的话，我们就会严重地限制住自己的求知领域。相似性同差异性一样引起我们的兴趣，否则，就没有比较的可能了。人类学家和文化历史学家常常倾向于把他们局限在自己所描绘的文化的新奇与陌生玩意儿中。他们指出了反常的性质，而把那些与我们自己一样的文化性质认为是理所当然的。在他们企图描述一个人的人格时，他们的做法与心理学家、小说家，乃至普通人没有什么很大的不同。在这里，最受重视的是那些突出的差异，而人们那些与人类共同倾向一致的行为特性常常被忽视。像这样的对个体描述的结果，常常像是一幅漫画，不管这些个体是人还是文化。如果正是这些差异在根本上与我们相关，那这种做法就不是错误的。但是，一个完全、彻底和"科学"的文化研究必须处理一个选定领域中的所有行为，因而既要处理相似性，也要处理差异性。据此理由，我们必须把一种文化定义为在某一人类群体中发现的所有文化规则，尽管我们认识这种文化及表现它的人群时，根据的是它与其他文化的差异。

　　如果"一种文化"这词被限制在地方共同体群之中，我们怎样称呼那些发现于较小的社会和社会部分的文化规则呢？这里，人类学家有时使用"一种亚文化"的表达法。我们可以采用这个有用的词，用它来定义那些比作为"一种文化"的地方共同体群小些的，人类社会和阶级之中的文化规则的聚合。像地方和区域的共同体，单个共同体、阶层、年龄组、职业群和各种类型的联合都属此类。自然，使用"某种文化"这一术语，或径直地就用前面加形容词的"文化"，来意指一种亚文化也未尝不可。只要所意指的社会或群体是被明确表明的，因而不会引起混乱。这里，我们可以用"文化"来意指"文化规则"。但是，必须清楚地了解到："一种文化"（a culture）要比"某种文化"（the culture）在含义上更有限定。不列颠文化是一种文化，不列颠中产阶级文化是一种亚文化。其他不确定表达，如"任何文化""所有文化"或仅仅是"文化"，也有着"一种文化"的那种限定的意蕴。

　　当我们逐渐限定了定义为亚文化的某个社会或社会部分时，

105

被包括进其中的实际个人常常可能被证明需根据他们行为的共同因素来解释，亦即被他们的亚文化的明确的特性来解释。因而，中产阶级或职业教士群体是以他们的行为，他们所做的事为人所认识的。我们确实时时按地理来定义一个亚文化地区，正如说新英格兰或美国南方时的情况那样。但即使在那里，文化差异也常常比地理界线来得更明显。

对应于"亚文化"一词，一个新词"超文化"应发明出来，用它可以涵盖那些部落群或民族的文化规则，如平原印第安人，或西欧民族，这些都是我们发觉共享着一些明确的共同因素的社会。这些共同因素将解释更大的社会和社会群体，而这些社会的所有文化规则将构成一种超文化。对于有些耳朵来说，这一新词是令其讨厌的。如果这样，他们可以用诸如"广义的文化"或"更高形态的文化"等词作为替代。虽然人们无疑还可以做出进一步的划分，但"文化""亚文化"和"超文化"三个词大概对我们搞清任何特定情况下的意思已足够敷用了。因此，我们可以谈及属于西欧超文化的斯堪的那维亚地区亚文化，或者也是属于西欧超文化的其他亚文化，如天主教寺院制度、近代绘画大师，或精神分析学家。明确的区别在这里并不重要，我们可以继续把超文化看作一种文化。

在大多数情况下，我们在其中发现文化的共同体和我们在其中发现超文化的更大的共同体群，会表现出一些内在的相互作用，并且因此而构成一个大规模的社会。确实，当一个文化和超文化在构成或传播时，它们这样的做法是必需的。不然，就不会发生这种构成和传播。像爱斯基摩文化则是个例外，它的文化本身就可以被说成是超文化。对此，我们将在一个基点上解释，即它是一个原先完整而后破碎了的社会。但是，它们是否构成了一个社会，无须进入我们的定义，用来定义它们的是明确可辨的特性。

辨认一个如我们定义的文化之关键，显然在于对那些明确的文化特质和文化集结的选择，这些特质和集结足以汇聚出某个地方共同体群，它的所有行为规则构成了一种文化个体。如果任何共享的特质或集结都可以用来汇聚这样的地方共同体群的话，那么形形色色、大大小小的文化个体就会无限制地增加。因而，如果语言字母的使用是一个区别标准的话，那么我们就能把除少数几个远东国家以外的当代文字社会都称为"字母系统超文化"。相似于此，我们可以根据受人喜爱的饮料为标准，定出"茶叶超文化"，包括了不列颠、中国、北非阿拉伯等散居各处的多种文化。与它相对应的是"咖啡超文化"，包括了美国、法国、意大利和大多数的近东文化。至少是在它的一部分成员当中的吸烟行为，大概是一种在几乎所有共同体相同，或较之更大的当代社会中发现的文化特质。只有几个孤独的部落除外，他们生活在亚马逊河流域，新几内亚高原和类似的一些交通不至的地点。显然，这种单个的文化特质不足以用来区别文化——我们所感到的具有丰富意 107味和等值的实体。

在实践中，我们最可能用语言和政治单位作为区别标准。可是这两个标准都不尽如人意。没人能否认英国和美国具有明显的文化区别，尽管这两个社会的成员使用一种相当近似的变种语言是一个事实。德国在政治上被划割的事实，没有妨碍我们认为一个单一的德国文化仍然存在。如果我们想有一个能符合怎样区别文化的一般意见的标准，就必须在语言和政治单位之外寻找其他什么。

看来，这里的困难是，某些文化特质的变化比其他特性来得更快。像语言文字、饮茶或咖啡这样的技术特性可以迅速地从一个社会传向另一社会，并可以在我们没有感觉到"本位文化"，也就是文化的不同特性已经改变的情况下，被加以采纳。社会相互作用的通道也会非常迅速地变化。部落的某个部分可能分离出来加入另一部落。整个部落可能被他们的邻族所征服。在民族这一层面上，独立主权国家边界的相似变化也经常发生。如果社会相互作用的边界（在民族这一层面上首先就是政治边界）在几代人之间保持在同一地点，那么少数族落就会倾向于模仿多数族的文化；或者征服者和被征服者这样完全不同的文化会倾向于融合为一种新的共同文化。例如，被诺曼底人在征服英格兰时引进的法国文化，在几代人之间与他们的臣服者撒克逊文化发生了融合，形成一个新的英格兰文化。晚些时候对威尔士的征服，就给威尔士带来了对英国文化的模仿，这个模仿至今未完成。另一方面，当一个民族一分为二时，文化差异也会最终地发生。不列颠和美国文化就是这样的情况。如果德国的政治分裂保持一个世纪或更多时间的话，也会产生这样的情况。总之，我们可以说，社会相互作用的通道变化，比文化的其他成分的变化更快些，尽管其余文化因素的变化最终会跟随而来。

那么，什么是潜伏在所有这些变化之下的共同因素呢？例如，什么是我们能够认作所有英国文化的鲜明特征的东西呢？我们似乎常常是简直用不着分析其特征，就能认出一种文化。这很像我们认出一个朋友的面孔、一张绘画的风格，或一种汽车的样式一样。这些物体似乎有一些马上为我们注意的复杂和难以确定的品质。对这些品质的形容，"风格"一词大概是最平常的了。文化，也可以被说成是一种风格。浏览构成文化的各种各样的特质和集结，我们似乎领悟了一些共同品质，即一种被我们认识为属于英国的或美国的，属于纳瓦霍（Navaho），或爱斯基摩的难以捉摸的东西。但是，我们会发现，要描述它，即便不是不可能的，却也是十分困难的。

幸好，艺术史家们已揭示了艺术作品的风格还不是完全难以确定的。确实，如果它们真是不可确定的，我们又怎能认识和辨别它们呢？在艺术作品中，风格看起来是由一定"潜在的"观念和价值构成的，这些观念和价值被认为在一定的可观察的特性中"表现"出来。根据某个定义，风格是"带有一种品性和一种意蕴丰富的表达方式的形式系统。通过这个系统，可以看见艺术家的个性和团体的大致未来"[①]。显然，一个研究艺术的人首先开始于一种感觉，他感到在一个艺术家或一群艺术家的作品中有着一种共同的品性。然后，他继续分析那些给予他感觉的东西，那些可察的特性：线条的特色、色彩、结构和组合、所描述的客体类型、所使用的技法，空间组织，等等。再后，他才试图描述这些可察特性所"表达"的观念和价值，也就是艺术家对经验世界的潜在态度。

人类学家和文化历史学家也做同样的事情。他也在多姿多彩 109

① 迈耶·夏皮罗（Meyer Schapiro）："风格"（Style），A. L. 克鲁伯编：《今日人类学》，第287—312页。

的文化和时代特征中感觉一种共同的气韵。他也试图指出引起这种感觉的可察品性，并根据观念和价值来分析它们。而且很显然，恰恰正是这些观念和价值，足以把一种文化与另一种文化区别开来。如果你想解释美国和英国文化之间的差异，你就得涉及他们各自对权威、传统和阶级区别的态度，涉及那种美国人重数量不重质量，英国人热爱自然等现象。你也会用参考政治、社会和经济的特定行为规则的方法来阐明这些观察。你会提到不列颠的君主政体与贵族政治；美国的带有制约与平衡的成文宪法；美国楼房的高度；美国工厂的大规模生产；英国相对更普遍的花园和公园，以及其他你感到为使对话者确信所必需的文化特质和文化集结。为引起对方注意，在对两国的文化特质的选择中，你可能会倾向于选取那些持续了相当时间，在涵盖整个人类活动领域的意义上是重要的，差异最明显的，即那些具有容易察觉的差异的文化特征。你可能会忽视较细微的差别领域，如英国和美国的语言使用和服饰风格，尽管切近的分析无疑会在这种差异中揭示出它们的重要性。但是，你第一位的选择，将是那些对你已经建构起来的观念和价值上的差异有所表明的文化特征。

那么，正是观念和价值，为文化间的差异提供了基础。就是在观念和价值的领域中，我们在地方共同体群的文化里发现了最广泛的同一性，在不同群体的文化之间发现了最尖锐的差异性，恰恰因为不同文化规则体之间最尖锐的差异在社会结合这一层面上发生，所以我们也就在这一层面上来分辨文化实体。

110　　　不幸的是，分析或准确描述观念和价值的烦难，有着难听的坏名声，像我们已提到的一种流行的柏拉图主义，经常引导我们把它们设想为一个在自己领域中的存在，是飘浮在我们头顶上什么地方，或深藏在我们内心什么地方的东西。不过，在上一章，我们同意，为了与我们采用的经验主义方法相一致，把观念和价值与其他气质和倾向一起仅仅看作思想、情感和行为的方式。一些气质和倾向，例如能力，只能被构想为存在于可观察的行为这一层面上。我们可以学会怎样打网球，而根本不必在意识中分辨清楚我们所做的各种肌肉运动。不过，观念和价值最好被认作一些分辨模式，它连接和评价着我们的经验，不管这种经验发生于内部，如思考、感觉的过程——或者，用一个更通常的术语，知觉的过程；还是发生于外部，如公认的行为中。如果你陪同谁去购买鞋子，你看到他区别了不同种类的鞋子，选择出他最喜欢的一双。你还假设他在头脑里分辨了不同种类的鞋，并对它们带有着积极的或消极的感情。这就是我们或许可以叫作"一双鞋的选择"的复杂的思想、情感和行动的全过程；而且，在此基础上，你可以说他喜欢什么或感到什么有"价值"。例如是一双窄身的尖头黑皮鞋。确实，每个人的行为都可以被认为涉及了一些对我们周围世界的区分和评价问题，而大多数的行动将涉及已经作了区分的某些部分的内在联系。

应该注意，"价值"这术语的使用，与一般用法和哲学、伦理学的用法都有相当的区别。在后两者中，一种价值常常被认为是一些经验客体中的共同因素，观察者对它有着一种持续的、情感上的，或者说易动情的反应，他是以某种经久不变的方式来"评价"它的。对我们来说，一种价值则是指在一系列评价行为中的共同因素。因而如果谁喜欢黑色鞋子，一般的和哲学的意义上的

111　价值看法只会说："黑色鞋子"，而我们意义上的价值看法则会说："对黑色鞋子的喜爱"。

　　强调以下这点很重要，我们在此使用的观念和价值并不必要被持有的人建构为一个语义命题。它们并非必然是信仰或规范。在心理学术语中，观念和价值可能就只是人们自己无法用字句来表达的认知和情感动向。一个妇女可能看遍一架子的服装，非常熟练地辨别出各种颜色，但全然不知人们通常对这些颜色的稀奇古怪的称呼。只知说草莓、葡萄、椰子或樱桃色。她知道自己喜欢哪些服装，并可能一贯选择明亮色的时新服装，而从未对自己说过："明亮色的时新服装是我喜欢的。"同样道理，在一个既定社会中，等级差异可能扮演着一个重要角色，而任何人从未说："这一系列的等级差异是重要的"，或者说："一切人生来就是不平等的。"

　　因而，观念和价值可能是被自觉意识到的，也可能不是。然而，这不是说，就我们的目的而论，需要把它们认作是无意识的，是在阈下领域意义上的存在。它们可能只是还未被建构起来。当然，除了许多已被建构的外，大量未被建构的观念和价值在每种文化中都有发现。确实，这些被文化的负荷者建构起来的理想、准则、信仰和规范常常与表现在实际行为中的价值和观念有惊人的差距。一个很好的例子就是名义上无阶级社会的俄国出现的阶级结构。

　　不是每一个观念和价值对我们的分辨目的都有用。但是在许多行为领域，在许多形形色色的文化特质和文化集结中被发现是典型的观念和价值就比较重要。在那些比较普遍的观念和价值中会有关于人、自然和超自然的特征和内在关系的广泛见解；关于空间、时间和因果关系的见解；关于行为和道德的通常原则，特别是当人们考虑人际酬酢时，考虑普遍的美学原理等问题的见解。我们可以把这些称为文化的基本或基础观念和价值。或者，用我们喜欢的，较少与传统表达相联的词，称之为文化的基本态度或基本动向。 112

在某种意义上我们可以说，不管是在一个个人还是在一种文化中，这些东西是行为的最普遍的方面，是最大数量的具体行动中的共同因素和共同品性。我已经把文化的基本观念和价值的集结体和构造物称之为文化的风格。近年来已赢得一定承认的另一个术语是"ethos"（资质），一个表示特征的希腊词。然而，"ethos"不幸带有一个难以运用的不规则的复数形式"ethea"，因此，我们最好不要滥加使用。

在发展程度较高的社会中，传统上由哲学家肩负着为文化的基本观念和价值提供语言建构体系的任务。从而，分析和描述文化的"资质"就变成了一桩陈述该文化中的哲学家共同假设的事情，——这是些基本的形而上学化的、伦理的及审美的预先假设，要么就变成了一桩为文化提供并不存在的哲学的事情。我们语言的文字和结构表现了我们自身的观念和价值，这一事实使这一任务变得更加困难。为了表现其他民族的不同观念和价值，我们常常不得不向他们借用词汇、发明新词或赋予旧词以新意。在使我们的读者搞清楚这些词的意义时，我们会发现自己在很大程度上是在描述一个整体的文化。如果我们的兴趣仅是在区别不同文化的话，这就显然是一个过于困难和繁杂的过程。虽然从长远来看，要想彻底地了解一种文化，这个过程是必要的。这样，为了能在实践中进行分辨的目的，我们不得不使用一些表现基本观念和价值的，有特色的制度。我们必须选择一些有足够重要性，足够规模和持久性的制度，它们能涵盖诸如宗教、艺术和政治、经济以及社会组织等社会生活的主要方面。如果这些制度通常在一些不同地方的共同体中一起出现，特别是如果它们与一种共同语言、一个共同的政治联盟相联系，我们就可以用它们区分一种文化与另一种文化，而且，我们还可以通过观察这些特性中的大部分出现与否，来限定我们的文化在时间和空间上的界限。

我之所以在经过考虑后说"这些特性中的大部分"而不是说"这些特性的全部"，那是因为，文化总是处在变化中。我们可以轻易地发现，在确认某种基本制度，甚或某种基本观念和价值时，我们犯下了错误。不过，只要我们所选定的基本制度的大部分不改变，我们就可以放心地假定，我们仍然在处理着同一文化。一个整体的文化变迁，尽管它可能需要几代人甚或几个世纪的时间，但它总会涉及一个所有制度的基本变迁；涉及全部风格或资质的重新定向；涉及政治联盟，乃至常常还要涉及语言结构的改变。这种根本变化并不难看出。当我们来考虑一个文化的空间分布时，也同样如此。如果我们发现，某一地区有一两样被我们视为根本的制度正在丧失，我们可以断定，自己仍在论述着同一种文化。如果其中所有或大部分的制度正在丧失，我们将认为，我们是在论述一种新的文化，或者是一个从一种文化向另一种文化转变的社会。

显然，这启发式的步骤并不是完全令人满意的，但是，在缺少对观念和价值作艰难的、花费时间的分析情况下，它是最好的了。文化研究者在实践中倾向于根据对它们的风格的直接认识来区分文化，并在大体上约定不同文化地方共同体的主体和它们所跨越的时间期限的名称和特征。引起困难的仅仅是过渡状态，而我们通常可以求助于一张包括了语言和政治联盟等重要制度的表格来解决这种困难。例如，威尔士文化至今仍构成着一个独立的实体吗？回答必定是"不"，因为威尔士的居民已采用了大量重要的英格兰宗教、政治和社会制度的精华，只是很少几个（包括在某些地区的语言）过去曾作为文化区别的特性还残存着。所以，我们今天把威尔士文化看作英国（或如它今天被称的不列颠）文化的一种地区多样性。然而，至少迟至 16 世纪，它却是必须被看作一个独立的文化。 114

当然，会有一些时期，一个特定的共同体群的文化在发生变迁。我们必须坦率地把这看作一种过渡，而且，我们只有通过指明哪些特性属于旧文化，哪些属于新文化，来描述这种过渡。我们给予这个过渡时期的界限将依赖于我们所画的那张制度之表，依赖于我们给予每一制度的重要性。当然，在这里对精确度的要求过高是不明智的。我们绝不可能说，一个既定的文化在某日甚至某年开始或结束，而仅仅只能说在某一个时期，其长短将根据我们观察的贴切程度和我们所列制度之表的详细程度而定。

然而，相似的模糊性在物理学和生物学的世界中也并非不为人所知。我们不能精确地指明地球大气层的上限，或精确地描述化学作用的每一阶段。一块食物在哪一时刻变成了人体的一部分？它何时进入口腔、食道或胃？它何时被部分或全部地消化？以及在哪一时刻上全部地消失？确实，所有经验实体在时间和空间上都有一些模糊的边界；尽管我们必须承认，这些经验的边界比起文化来常常能更精确地加以测定。物理学实体不断地与它的环境交流着分子，气体总是在不断地混合，正像不同的文化总是彼此影响一样。实际上，我们不可能测量每一个分子的运动，正如我们不能精确地描述每一个文化特性的变迁一样。尽我们所能来解释和限定我们的实体就足够了。无疑，随着我们研究的更加深入，我们终将能够越来越精确地限定文化的边界。

115　　这样，我们可以把"一种文化"定义为表现在地方共同体群中的文化特质和文化集结的聚合。地方共同体群所包括的对象，在理论上应根据它们所共有的观念和价值的复合来决定；但在实际上，人们既根据对它们风格的直接认识，也根据包括语言、政治联盟和其他持久重要制度的鲜明性质的表格来决定。借着这个定义，我们现在可以进一步讨论下去，并在必要处匡正某些关于单个文化的共同假设。

一个最常见的错误是，把一个文化与它发现于其中的社会混淆起来和相提并论，好像它们是同一种东西。无疑，一个能包进一组人群和他们的行为规则这双方面的概念是完全可能的，但是，这样一定不可避免地有所混乱。社会学家和社会人类学家确实经常地以这种方法使用"社会"一词，这不仅指某种相互作用着的人群，而且还指他们的各种相互作用。或者更精确地说，指他们相互作用中的重复模式。在其他地方，我已试图把人群与他们的行为清楚地区别开来，以便能够对他们的行为作单独研究。尽管一个文化发生了根本的变化，而相互作用着的人群却终究可以继续存在下去。一个典型的例子就是埃及，在那里，古代埃及人的文化已完全消失了。

　　我们如果接受这一区分的话，那严格地说来，把个人看作一个特定文化的"成员"的说法更不合逻辑。他们只能是社会的成员。一些人类学家说："文化的负荷者。"我们也可以使用一个比喻的说法，说文化的"携带者"或"拥有者"。如果我们想咬文嚼字些，我们就必须说：根据一定文化行事，即根据一定文化来思考、感觉和行动的人。可这种拐弯抹角的词句确实笨拙。我们指望"负荷者"的用法变得更通常些。当然，我们对继续使用"成员"一词并没有什么反对意见，只要我们认识到，我们是在一种与通常不同的意义上使用该词。应该指出的是，文化的成员或负荷者并非必然地总是与那个其规则构成一种文化的地方共同体的成员相同一。在外旅行的旅游者变成了他游览地的共同体的临时成员，他们在自己的行为中很少能改变几个特性。我们可以说"他们与 116 他们自己的文化同在"。如果他们的数量和影响足够充分，我们也许不得不把他们和他们的文化看作他们所访问的共同体的一个特别的特性。正如当一个国家被另一国家的居民征服之后，我们必须以同样的方式看待征服者那样。这里我们又遇到了那只能用更准确的描述才能解决的两可的和转换的状态。但是，大多数情况下，在对文化全体事实的陈述中，我们可以忽略掉个体迁徙的因素而不致有多大损害。

　　因为文化不等同于社会，所以像许多历史哲学家（最可注意的是斯宾格勒）那样，把文化与生物有机体作比较或混同是不合时宜的。无疑，社会学家和社会人类学家在社会成员的相互作用与有机体各部分的相互作用之间，发现了一些有用的相似性。但文化所包括的要比相互作用更多些，它包括了所有的行为规则。

所以，把它同个人，即个人的行为规则相比较的做法大概是最有益处的。我们可以把文化看作生长、发展、变化的，或多或少地结合起来的存在，即跟我们看待个性十分相像。然而，即便如此，这里的相似也是不完全的。因为个性的持续性和广阔度是被具有它的个人的生活和行动所严格限制的。个性不会从一个人身上跑向另一个人，但文化却可以从一个社会传播到另一个社会。我们也不能说某一个人取得了一个新的个性，除非它借助了十足的夸张。地方共同体却能够也确实取得过一种新文化。文化不生不灭，不成熟，也不衰落，除非我们赋予这些词以新的意义。文化没有任何作为，只有人才有所作为。我们必须把文化看成自成一体的、特殊的和特定类型的实体；它们的性质只能根据考察它们的本身，而不是参照生命有机体或其他现象来加以决定。机体相似性最多不过能够向我们提示一种研究的可能线索。

还有一种同样经常，甚至更多地导致错误的类比，那就是我们设想文化的变化同物理学实体的轨迹相类似。文化被看作或上或下、或升或降的，被看作沿着直线或曲线前进的发展过程。历史哲学家把整个人类文化看作直线式、循环式，或者是螺旋式的发展。偏爱这种相似性的索罗金在其作品中犯下了这种荒谬的错误，他用在时间向度的某些点上向后运行的螺旋线，来描述文化的发展。① 无疑，如果我们仅仅是在涉及一两个适当和易于测度的

----

① P. A. 索罗金：《社会及文化动力学》(*Social and Cultural Dynamics*)，第 1 卷，纽约，1937—1941 年，第 184 页。

（索罗金［Pitirim A. Sorokin, 1889—1968 年］：美籍苏联社会学家，被苏联政府驱逐出境之后，在美国著有大量研究社会流动和社会变迁的著作，在西方有很大影响。——译者）

文化方面，例如文化负荷者的数量，或者都市化的程度，这些几何学或机械学的相似性是有用的。但是，文化是带有无数方面和无数特性的极其复杂的实体，这些方面和特性并不都是协同地变化的，也并不都是可以测度的。我们很难把所有这些变化归并到一条线索上。使用这种几何学或机械学类推法的作者们，似乎在意识中都有一个观念：他们都认为有一个关于某种文化和整体人类文化的善恶观。他们似乎是根据一些多义的和解释得不好的标准来衡量其道德品质。换句话说，在一个数学的表现之下，隐藏着他们的道德的或主观的倾向。循环论和机体主义被认为是笼统的和恶劣的就是这个原因。他们并不保证善的最后胜利。

　　文化既不是社会，又不是机体，也不是移动的物体。它们也不是那种在不可见力量意义上的灵魂或精神，这种力量存在于行为规范的背后，并决定着它们。当然，"精神"这词有时仅仅用来表示文化的基本观念和价值。可能这就是伏尔泰的"esprit"（精神）所含的意义，也是大多数作者说某个时代或某个国家的精神所含的意义。因此，19世纪欧洲的精神就包括了价值体系、理性和雅致、对自然的机械式解释等。但是在黑格尔以后的德语用法中，"Geist"通常被认为既非意指思想的存在，也非意指物质的存在，而是意指一个"精神的"实体或实体群，一种在有形的人类行为 118 中实现自身的可能性和努力的总和。在近代心理学理论"团体心理"中，在涂尔干及其追随者的"集体意识"和荣格*的"集体无意识"中表达了一些与此相似的见解。

---

　　* 荣格（Carl Gustay Jung, 1875—1961年）：瑞士心理学家和精神病学者，发展了弗洛伊德的心理分析学说。——译者

喜欢用"灵魂"这个词的斯宾格勒提供给我们一个关于这种思想方式的很好的例子。他写道：

> 当一个伟大的灵魂从人的幼稚蒙昧的原始精神中苏醒过来，并把自己，一个有形物、有限的、终有一死的东西，从无形物、无限的、永恒的东西中分离出来的时候，一种文化就诞生了。它在一块可精确言明其景象的土地上繁华生长，并一直受着那智慧之树的约束。当这个灵魂以民族、语言、教义、艺术、国家和科学的形式，实现了它的全部可能性，并复归于原始灵魂中时，文化便死亡了。①

多么醉人的语句！但是它们果然有一些我们能够指明的特殊东西吗？

无疑，我们在一个许多人一起活动的场合，像一群人，一场舞会、一个政治集会或一个原始宗教庆典上，都会感觉到某种集体情绪，它似乎是超越个体行为之上；而且，可以说是违背着自己的意志，我们觉得被它吸引过去。如同前面已经提到的那样，我们还感到这观念和价值是"在空中"或"在我们头顶之上"，感到它们是通过"灵感"，亦即通过"吸气"来到我们这里的；或者说，感到他们是从某种在我们意识之下的黑暗天国"升华"上来的。如果我们能从这些以及与此相似的经验中建立起一种能够匡定和解释整个集体行为领域的固定理论，这倒是件好事。只要确

---

① 斯宾格勒：《西方的没落》，英译本，第1卷，纽约，1932年，第106页。

实能够帮助我们理解现象，对不可见的实体作些假定并没有什么不合逻辑和不科学的。我已经谈及了，物理学中假设结构的功能；而在心理学中，个体无意识理论已经开始扮演一个如果不是不可或缺的话，那也是一个有用的角色。

　　集体心理可以被看作类似于某些现代原子理论中的"场"。[119]在这种理论中，单个粒子构成原子，它们的内在关系被看作一种潜在的不可见实体的功能，这种实体甚至不能以感觉的术语来想象。

　　不幸的是，至今为止还没有人能成功地发明出一个关于集体心理或集体灵魂的清楚明晰而长远固定的理论来。还没有人能精确地告诉我们，怎样才能描述这些假设实体的性质，以及怎样才能使得这个性质在经验中得到显示。在大多数场合，黑格尔的表述是极端地含糊和直觉的。他的术语看起来没有什么固定的含义。如果说有一些规则似乎引导着斯宾格勒或者荣格的思索，那也是极少的。确实，从19世纪末勒庞的群体和民族心理学研究起，有了一点小小的进步。[①]心理学家 W.R. 比昂最近在一个不出名的系列论文中，给了我们一些有趣的启示，即关于在小群体的行为之下的集体情绪集结的规则性循环，值得被转到较大社会的研究中来。[②]此外，法国社会人类学家列维·斯特劳斯提出了某些社会关

---

　　①　G. 勒庞（Gustav le Bon）:《民族演变的心理规律》（*Les lois Psychologiques de l'évolution des peuples*），巴黎，1894年；及同作者《群众心理学》（*La psychologie des foules*），巴黎，1895年。

　　②　W. R. 比昂（W. R. Bion）: "群体体验"（Experiences in Groups），《人类关系》（*Human Relation*），第1卷，1948年，第314—320页；第487—496页；第2卷，第13—22页，第295—304页；第3卷，第3—14页；第395—402页；第4卷，第221—228页。

系中的基本结构原素，它们只能被假定为起源于无意识之中。^①但是，所有这些建构仍然还带有极大的实验性。至少我们现在必须满足于对可见事实的研究。只有通过对经验事实的切近注意，我们才能指望最终建立一个固定长久的理论解释。我们必须暂时地把所有集体灵魂、心理、精神和无意识的概念搁在一边，用"精神"一词仅仅去意指不同文化的基本观念和价值，即那些从经验中构想出来的观念和价值。

120　　　如果我们一定想在文化和其他什么东西之间寻找类似性的话，我们最好注意那些个人取得并发展技术和技能的方式。在某种意义上，文化确实仅仅是一大群人的技能而已。它们可能是习得的，或者是发明的。文化很可能开始于微弱的没有把握的摸索，而这种摸索到后来取得了很大的明确性和肯定性。一旦发展了，它们会被润饰、会复杂化，甚至会扩展到新的行为领域中去。当最初的动力消失之后，它们可能就慢慢衰变成偶尔有些变异的惯例。也许，人们最终会为了新的行为方式而抛弃它们。在整个历史上，每一种文化都由于独自的风格，亦即一套观念和价值而带上了特性。尽管这种风格的很大部分可能是向老师借来的，亦即从一些居先的文化处仿效来的。像这样一些类似性无疑将表明，它们在我们理解文化变迁的尝试中是有用的。但是，一定要强调，它们

---

① 列维-斯特劳斯："人类学语言的结构分析"（L'analyse structurale en Linguistique et en anthropologie），《文字》（*Word*），第 1 卷，第 2 期（1945 年），第 14—19 页。

（列维-斯特劳斯［Claude Levi-Strauss，1908—2009 年］：西方公认的结构主义领袖，法国学者，长期在世界各地从事人类学研究。他对原始部落的神话、亲属关系所作的结构分析，吸引了大量读者。——译者）

仅仅是一种类似性。文化在实际上发生了什么事，只有通过考察文化自身才能决定。

在我们结束本章之前，审视一下我们已描述的基本观念和价值的概念是值得的。它似乎不仅只是风格、资质和精神等概念的基础，而且也是被许多人所用的文化综合概念的基础。在文化综合这概念中，那些学者显然是意指，所有或大多数构成文化的特质和集结是某种非常普遍的观念和价值的范例。对一个文化来说，崩解是用另一种方式在说，文化的负荷者采纳了某种文化特质和集结，而这些特质和集结不是先前那些基本观念和价值的范例。文化综合必须与我们前面提到的社会综合和社会人类学家所说的功能综合清楚地相区别。在社会综合中，我们除了说在一定社会成员中有一定频度和密度的相互作用之外，没别的什么意思。以拉德克利夫-布朗为主要阐释者的功能综合概念含有这样的意思，所有组成了社会结构的相互作用形式都有着效力，它可能是，121也可能不是有意识的打算。但是，它有助于社会结构的稳定和持久。①

基本观念和价值的概念，还十分地近似于传统所说的"民族特征"概念和近来由人类学家及心理学家共同努力建构起来的"基本个性结构"②的概念。人们已经看到，我们叫作个体特性的那些个人行为规则，也可以在反复出现在同一文化的共同负荷者

———————

① 拉德克利夫-布朗：《原始社会的结构和功能》(*Structure and Function in Primitive Society*)，伦敦，1952年，第12页。

② 阿伯拉姆·卡汀纳（Abram Kardiner）：《社会的心理领域》(*The Psychological Fontiers of Society*)，纽约，1945年；库拉·迪·博伊斯（Cora Du Bois）：《阿劳族》(*The People of Alaw*)，明尼阿波利斯，1944年。

的行为中找到。从这些反复的心理特性中，我们可以构筑出一副典型的文化负荷者的个性形象。事实上，这样典型的个性就是我们定义的文化的一部分，因为它是由社会成员的行为规则组成的。但是，这些进一步构成了一个"民族特征"的反复出现的个体特性，几乎也总能按照观念和价值被建构起来。因而，侵略的行为既可以被描述为人格特性中的"侵略性"，亦可以说成"侵略价值观"；而和平的行为既可概念化为人格特性中的"和平性"，亦可抽象为"和平价值观"。换句话说，不管人们如何行动，他们总可以被假设为看重这种行动，并把这种行动与别种行动区别开来。所以，我们就能够把民族特征或基本人格的描述，转换为基本观念和价值，特别是那些涉及个人行为的观念和价值的览表。无论如何，基本观念和价值的概念更总括些，因而也更有用些。基本人格结构的概念主要是在一种解释的企图之下发展的，这企图是根据那些文化中使用的幼儿培育法来解释特定文化中某些广泛的行为规则。这种企图还没有完全被证明是成功的。①

122　　现在我们已经把单个文化定义为在地方共同体群中发现的文化规则的集合。这个共同体的大小和边界在理论上根据一套基本观念和价值的表现来确定，而在实践中则根据一套有特征的制度来确定。我已经把亚文化辨识为一种文化规则，它们被发现于比确定一种文化的地方共同体群要小的社会和社会部分中。我们还采用"超文化"这个术语来相称那些比单个文化具有更宽泛内容

---

　　① 在"个性和文化研究"的名目下，在过去二十年中，这个课题在美国已进行了深入的探讨。可以在玛格丽特·米德的"民族特征"（National Character）一文中找到一个目录，见 A. L. 克鲁伯编：《今日人类学》，第 662—667 页。

的、综合的文化层面。文化不再被看作社会、机体、活动物体或不可见的精神，它们是复杂的生活方式，是大群人的行为特征的风格。这些方式和风格在它们各种各样的组合因素中，展现着不同组别的基本观念和价值，因而被合并或区分。

第六章　文化及其解释

在我们定义了"文化"和"一种文化"以后，现在我们可以开始看看怎样把它们用于历史领域，用它们来组合、澄清历史事件，使之变得易于理解。在第二章中，我大致地把历史定义为"涉及或影响了众人的事件"。这是我根据数世纪以来历史学家的真实实践所作的定义。不客气地说，这些事件只是他们选择来写的事情。按科学或逻辑的观点来看，这种定义无论如何不能说是尽如人意的。它缺乏同一性，因为它包括了两类不同事件。不仅包括了涉及众人的事件，而且包括了那些影响了他们或被假定为影响了他们的事件。在后一类事件中，我们可能会包括诸如地震和干旱等地理、气象事件，诸如王侯将相的事迹等传纪事件，以及诸如全能者的震怒等超自然事件。确实，因为宇宙中的每个事件都可以被假定为影响了下一个事件而不论其作用是多么地轻微。所以那些祈望尽可能远地伸展其探询的历史学家，几乎可以包容他选择来的任何东西，甚至那些最远的恒星的运动。我们的定义明显地包含着一个我们可以称之为"历史本身"的事件群核心；包含着一个我们可以称之为"历史的假定原因"的边缘，而这个边缘是不那么确定的范围。

让我们暂时搁下所有因果关系的问题，把我们的注意力集中

到历史的基本内核，即涉及众人的事件上来。正是这些事件赋予
了历史文献以趣味性和重要性，因为那些涉及众人的事件也可能
会涉及我们自己。从希罗多德时起，战争和革命、外交和政治，124
亦即为权力而进行暴力的或和平的、国际的或国内的各种形式的
斗争，为历史学家提供了他们的主要题材。近来，各民族生活的
其他方面被增添了上去：经济、宗教、艺术和科学，它们中的每
一种都构成了一个历史学的专业。在此各个分支中，唯有大规模
的人类事件才具有较大的重要性。正是众人的所为，才是历史学
家首先关切的。

　　我们现已把文化定义为"社会成员行为中的规则"。把这定义
置入非技术的语言，我们就可以说，文化是众人行事的方法。因
为历史本身就是众人所作所为的结果，所以我们就能知道，文化
就是模式化地和反复地出现在历史中的因素。文化与历史并不是
同一的。文化，不如说是历史的可理解的方面。

　　这结论似乎是令人吃惊的，它涉及视焦点的突然转移。从充
塞于历史学家著作中的独特的个人事件，转移到这些事件的反复
发生和模式化的方面。人们不再是在单个事件之内，并就它们本
身思考了，而是把它们看作更大的进程中的一部分。我们不再着
眼于波浪表面的波纹，甚至不着眼于波浪自身，而是着眼于那波
浪构成其一部分的潮流。这潮流，这更大进程本身，就是文化变
迁的过程。

　　无疑，伏尔泰以及近两百年来的许多历史学家，或朦胧或
清晰地已正视了这种进程的存在。他们已谈及了政治、经济的力
量，思想运动，观念潮流，等等。文化的概念使我们能够在文化

变迁的进程这个总标题下，包含所有这些不同的概念，并用一个固定和谐的方式来处理它们。资产阶级的上升，民族主义的发展，宗教和家庭的衰落，科学和个人主义的壮大，所有这些都是西欧文化各分支在相当近今时代的变迁（或许还是一些相互关联的变迁）。如果清楚地看到了这个事实，我们就不再会受这样的诱导，即把它们看作运行于历史领域中的独立的、有点神秘的力量，而把它们看作西欧文化整体进化的一部分。

在 18 和 19 世纪中，文化史或者社会史，即"风俗和精神"，被认为排斥了政治史和军事史，包括了风俗、家庭生活、艺术和科学、文学、经济生活；或许还有宗教和哲学生活，但是就不包括政治和战争的艺术。所以，麦考莱在他的历史著作的导言中写道：

> 如果我只打算论及一些战役和围城，行政部门的盛衰，宫廷里的密谋和议会中的辩驳，我就会非常不完整地完成我一直从事着的工作。把人民的历史如同政府的历史一样联缀起来，追踪实用和装饰艺术的进步，描述教宗、教派的兴起及文学趣味的变化，描绘延续各代的生活方式，以及不在疏忽中漏掉哪怕是服饰、家具、饮食和公共娱乐方面的变革，所有这些都是我尽力要做到的。①

---

① 麦考莱:《英国史》(*History of England*), C. H. 弗塞 (C. H. Firth) 编，伦敦，1913年，第 1 卷，第 2 页。——作者

（麦考莱 [Thomas Bubington Macaulay, 1800—1859 年]：英国著名历史学家、政论家和诗人。善用文学笔调生动地叙述历史。——译者）

当他终止了对政治和军事事业从一个时期到另一个时期的喋喋不休的叙述，并给了他的读者一个特定时期人民的广阔生活画面时，他感到自己已完成这项工作。仅是在相当近今的本世纪中，像英国的屈维廉①、法国的加克索特（Gaxotte）这样的作者已试图把政治和军事史看作整个人民生活的一部分；并且把这种生活展现为多少世纪中逐渐发展的总体进程。在这种把历史主要看作文化（或如他们所说的"社会"）发展进程的观念之中，这些历史学家相当地接近于我们所提倡的见解。历史要被认为是特定民族或社会的生活方式的发展，它们成长、变化、相互影响，有时则陷入互相冲突，或者被其他生活方式所取代。正是这些大规模的发展进程具有较大的重要性。并且，幸运的是，我们最易为之找到所需证据的也正是这些发展进程。它们已表现了一个模式，一个 126 千万人生活规则的形象。我们可以合理地指望，它们的变化过程也将展示出一些可以理解的规则。如果我们想要理解人类群体在过去的行为，我们必须加以考察的，恰恰正是这些行为的最广泛的模式。

当代英国一位卓越的历史学家，A.L. 罗斯表达了与此非常相似的见解（尽管他还保留着对旧式单科性历史的钟爱）。他写道：

> （历史）有关于人类社会，有关于它的经历以及它怎样最
> 终成为已成的模样。知道了过去的社会是什么模样以及它的

---

① 屈维廉（George Maccaulay Trevelyan, 1876—1962 年）：英国著名历史学家，剑桥大学教授。著有《英国社会史》等多部著作。他坚持历史既是科学，也是艺术的观点。——译者

进化，会使你得到一条线索，以找到那些在运行于社会中的要素，那些推动社会的潮流和力量，那些构成事件的群体及个人的动机和冲突。

他还补充说：

尽管个体是不容易预知的，（即便他不总是如此）但庞大的社会群体、民众、阶级、共同体民族却倾向于用相似的方式来对付相似的境况。它们为你提供了历史的基础，也可以说，提供了更为复杂的个体模式作用的一种材料。所以尽管你很难说历史规律存在着自然科学般的规则性和精确性，但却存在着具有统计性质的可能的概括。[①]

如我们在第一章所见，几代历史学家确实一直在逐渐走向这种较为科学的观点。就是鉴于这个原因，我们现在才能试图把历史学家的题材带入科学大家庭。

如果文化和文化变迁的概念既是能够用来涵盖历史中可理解的或模式化的方面，我们又应该对个体事件做些什么呢？是否应把它们从我们的思路中全然略去呢？没有必要！以后它在我们的历史图画中将只扮演一个小角色。我们仍希望有革命和战争的叙述，但只将它们看作一个较大进程的一部分。例如，我们将淡化对革命领袖的行为和动因及日复一日的斗争过程的兴趣，而增加

127

---

① A. L. 罗斯（A. L. Rowse）：《历史的用途》（*The Uses of History*），霍顿 & 斯托顿，1946年，第16—17页。

对文化背景、新阶级的成长，以及人们关于怎样分配权力和财富的看法之变化的兴趣。就是这些与此类似的因素，从长远来说决定了怎样的斗争结局，而斗争的偶然方面仅仅被看作文化变迁过程的细节。同时，领袖人物将不被视为发动者，而是一场变化的工具。

当我们描述战争史时，也将相似地较少关心将军们所筹划的战略战术，较少地关心某战役乃至某战斗的细节；而是较多地关心双方的资源，即有关人和心理的质料，关心这些资源被投入战场的有效性。一场战争可以被看作一次对两种或更多种生活方式之实力的测验，是一次对于不同文化能够在什么程度上使其遵奉者动员资源，并把他的意志强加于人的测验。甚至这资源本身也主要是文化因素和文化结果。这情况在士气这样的心理因素中十分明显，即便某一社会的成员数目和它所支配的领土，在很大程度上也是该社会过去成员活动的结果。如果我们把战争说成是两个文化间的冲突，我们就不会犯错。就像我们谈论气体的压力和容器的抵御，却并不去讨论单个分子的分别运动一样。

不能否认，我所鉴别为历史核心的大规模事件可以被分解为大量的个体活动，然而，要说只有个体行为才真实，说这些行为的共同的、规则的方面只是些脆弱的、难以捉摸的、是人类头脑构造的，因而是不真实的，那就是另一回事了。无疑，在我们日常观察中，个人和他的行为更强制性地和更明确地呈现在我们的面前。但是，如我们在第三章所见，它们也是来自广阔的潮涌 128 即那些构成我们经验的有联系的事件之海的抽象物。我在这里的提议实质上是，我们应该同意在另一种更高的抽象层面上，即在集体行为之规则性的层面上来考虑这些事件。而且，我们不仅应当像过去那样在恰好方便的时候偶尔这样做，而是应当一贯地、系统地这样做。我的希望是，历史的研究者们将放弃为过去的个人行为确立精确真相的枉然企图，尽可能尝试多多地去调查文化在每一阶段的每一侧面。当然，这个领域也并不总是具有足够的证据，但比起那单个行为的证据来却总要充分些。因为这些证据没有被个人的偏见和普遍的自我辩解倾向所糟蹋，故而也更可信些。对于理解他们的发掘物，必须依赖相当少证据的考古学家们发现文化概念是一个必需的东西（sine qua non），这一点不是偶然的。

采用这种观点的一个困难是，最近阶段的文件资料几乎是太充分了。而且，因为它的大部分被用于个人间的关系，所以历史学家便只见树木不见森林了。我所要建议的是，历史学家暂时只应当着眼于森林而忽视树木。如果有人能造一个"宏观镜"，即一种保证历史学家只看到历史的较大侧面而看不见个体细节的仪器，这肯定是一项了不起的发明。只有保持着这一层面上的抽象，我们才能指望解释历史变迁的基本模式，辨别清使我们的世界成为今天这个模样的"力量"，而不管它是什么。

应该注意到，不参考其文化背景，就是个人的行为也几乎是不可理解的。一个人的内心最深处的欲望和信仰，主要是由他受到的教诲，和无意之间从同伴处吸取来的东西所塑造的。同样，他在任何特定时间内所面临的境况在很大程度上也是同一或不同社会成员们先前行为的产物。正是他所讲的语言，把某种明确限定过的对境况的思考模式强加给他。他不可能逃脱这种影响，因为他对这影响中的大部分是未加察觉的。在足够的时间流逝后，大多数的天才人物的原型无不被看出完全是他时代和国度中的人。他与同代人共享着比他或他的同代人所认识的更多的东西。当我们同朋友讨论我们自己社会某个成员的行为时，我们总是把文化背景看作理所当然的，因为它对所有人都是同样的。跃入眼帘并要求解释的，正是人的个体特征。但是，当我们回首过去和超越民族边界时，个体的差异便沦落到无足轻重的地步。不同时间和空间中的巨大的行为差异是首先必须解释的。只有当我们大致地知道和理解这些，我们才能够来区别和辨清哪些东西是特定的个体所独具的。

这样，文化是历史的可以理解的方面。正是大规模事件中可观察的模式构成了历史学家的兴趣核心。可是，怎样处置其他一些也被我们的历史定义所包括的，即那些虽不有关，但却作用于众人的事情呢？我们不必继续把它们包括在我们的题材之内吗？当然，对文化学的研究者来说，希望得知同他选择领域中的事件相关联的所有宇宙特性，那是合乎情理的。这就像一个生物学家为了了解一种动物或植物的功能，他就必须在其原产地观察它或想象它。这块原产地被通常的营养资源，它的天敌，寄生物和朋友包围着。这无疑是真的。但是，整个问题最好被认为是一个更大的问题，即文化的"原因"问题的一部分。也就是，"怎样才能合理地理解和解释文化？"为了考察这些问题，我们必然要回答这样一个问题，什么样的非文化事件可以合理地由文化历史学家来研究。

如我们已见的，通常那种狭义的因果解释，大体上仅仅是解释的一个特例，尽管有些作者相当宽泛地使用因果关系这个术语

130 来涵盖所有类型的解释，或所有可能用作解释的经验特性。从经验主义的观点来看，所有关于实际事件或经验特性的解释都采取了这样一种形式，即表明所要解释的东西——其自身或加上某些伴随状况——是事件或事件方面有规律地重复出现的模式的一个范例。在大多数根据原因与结果所作的通常解释中，事件却被表现为符合一个熟悉的模式：它与一个或多个直接在先的事件有关。"亲爱的，为什么在您的衬衫领口上染有一块红斑？"妻子这样发问后，丈夫可能回答说刮脸时割破了皮。众所周知，紧随割破后面的常常是流血和在衣服上留下红污渍。在这番陈述中，这位丈夫企图表明，这块色斑是一个熟悉的事件模式的一部分。尽管他的妻子仔细检查一下，可能就会发现这不是一块由血造成的特殊色斑。许多自然规律属于这类——著名的有化学反应式。

然而，一个解释并非必定以仅仅涉及少数几个先行事件的发生模式为根据。它可以同样恰当地涉及大量先行的和后发的两方面事件，这些事件一起构成了我们所说的一个过程。因而，我们可以把一个孩子乳牙的掉落解释为某些发育在先的腺体直接刺激的结果。但是，腺体块本身的发生必须被解释为一个复杂的成熟或"生长"过程的一部分，是一个我们通过观察别的孩子而熟悉的事件系列。确实，这个解释与生物学有共同点，但它们也经常出现于物理学的分支中。如在力学中，我们也用表现出它们是某个更复杂过程的一部分的办法来解释一个过程。然而，我们不会泛泛地说一个过程的较前部分是较后部分的"原因"或"一个原因"。一支飞箭的初发并不是它最后终止的原因，同样，鸡蛋也不是鸡的原因。

至此为止，我所举的全部例子都是运用了具有先后部分的模式，即包含了一个时期的模式的解释。它们通常被称为历时性解释。共时性的解释也是可能的。其中构成模式的仅仅是一些同时发生的事件。从山顶上俯视，我们可能会说："远处那一点儿水是什么？"较熟悉当地地理的人就会答道："那是泰晤士河的一部分。"在这里，我们之所见被解释成某个较大物体（或事件模式）的一部分，该物体或模式的全部存在于现时中，但是我们是通过过去的所见所闻熟悉它的。这种解释似乎是难得地令人完全满意，大概是我们不常把事物看作只是时间上的瞬间存在的缘故。因而这样的解释往往湮没失色于其他解释之中。例如，我们喜欢把河流看作一个持续过程，而不是把它看作一种由当时事件构成的瞬间模式。然而，纯粹的共时性解释确实存在。最著名的例子是重力定律，一个施加于另一质量之上的引力就被假设为是瞬间的作用。

共时性解释常常与定义性解释相混淆。尽管定义性解释看起来也是关于事件内在联系的陈述，而事实上它却只是关于词意的陈述。有些孩子在动物园里会问："为什么这动物有这么长的鼻子？"他的父亲就可能回答："因为它是一只大象，所有大象都有长鼻子，它们就被称为象鼻子。"在这个例子中，尽管"所有大象都有长鼻子"这个陈述看起来像是对经验世界中某个重复模式的描述，而实际上它只是一个关于"大象"的词意分析。我们根据它们的一组特征，包括它们具有象鼻子这个事实来定义"大象"。为了把一个根据定义的解释转换为一个运用重复规则的解释，我们需要补充断言说，这些被定义的东西，如大象，确实存在和发生于自然之中。但是，即便它只出现了一次或者根本不出现，根据其定义对某一特征而作的一种解释仍然是有效的。因而，我们可以解释说拉斐尔大天使[1]有翅膀是因为所有天使都有翅膀，尽管拉斐尔和其他天使在任何实际意义上都是不存在。

回到我的动物园里的父子例子上来，我们就可以知道，这位父亲可能已回答说，大象有一个长鼻子用来"捡东西"。这里我们有了一个根据意图来解释，一种已在第三章中描述过的解释的例子。根据意图所作的解释最好被理解为较大的心理解释范畴的一部分，并与物理解释相区别。我们在这种事例中指出的规则，在思想和情感的内在精神世界中可以部分或全部找到。我们可以在自己身上观察到，而在别人身上必须推论得到这种思想和感情。因而，我们可以参照众所周知的感饥而欲食的规则，以饥饿的事实来解释某人进食的行为。这里，饥饿感是一个心理事件。它是内在的，而进食的行为是外在的物理事件。像这一例子那样，许多心理的解释都部分地同物理事件相关联。我们的思想和情感通常被一些外部事件所刺激，并往往导致外在的行为。但是，只涉及内在事件的纯粹心理学规则也完全是可能的。例如，由19世纪心理学家所建构的联想法则或心理分析学家所提供的梦的解释就是这一类规则。

近来，一些哲学家争辩说，当我们讨论人类行为时往往根据人们所遵从的理性和原则，而较少考虑人们的意图，来解释他们的所作所为。因而，我们可以设法表明，安东尼在阿克兴角所用

---

① 拉斐尔（Raphael）：古希腊神话中的大天使神，有翅膀。——译者

的战术是"合理的"或者"正确的";① 尽管关于战前在他头脑中实际展开的深思熟虑，我们并无证据。在我看来，这里的困难就是由"解释"这个词的模棱两可引起的。固然，在通常言谈中，我们确实用"解释"一词来包括在理由或原则方面的争辩。一个老板对他的迟到的雇员说："年轻人，请你解释一下。"意思是："说出你迟到的理由。"但是，就科学的目的而言，把"解释"一词限制在对规则的阐明，并且把在理由或原则方面的争辩叫作别的什么，或许且说是"辩护"，看来这是有益的。当然，当人们论证的不是其所行是否正当或合理，而是行为者认为他的行为是正当或合理的，此时我们所涉及的就是在我们那限制的、科学意义上的解释案例。②

133

前面那个以其目的来解释大象鼻子的例子也许是不适当的，因为它立刻会引起这么一个问题："谁的目的？"使大象能够去捡东西的欲望曾经存在于什么样的头脑中？如果我们试图回答这问题的话，我们就会发现自己把一些像上帝或自然这样的形而上学实体引入了这解释；或者是假定了在大象的祖先那里存在着无意识的、然而是有效的目的。生物学家试图以用"功能"一词来代替"目的"的办法来回避这个问题，这个词被认为不具有同样的内涵。用它的功能来对一个器官作解释，这是根据它的行动效果而不引进任何精神因素的解释。器官对其功能的适应性变化，其

---

① 安东尼（Antony）：罗马帝国"后三头"之一。与屋大维争夺，占据埃及，公元前 31 年，在阿克兴角海战中败于屋大维，战败自杀。——译者

② W. H. 沃尔什（W. H. Walsh）："历史解释的逻辑"（The Logic of Historical Explanation）（未公开发表）；及 W. H. 德雷（W. H. Dray）：《历史规律及解释》（*Laws and Explanation in History*），牛津，1957 年，第 5 章。

本身要靠参照著名的自然选择法则得以解释。这个法则描述了一个漫长的，被认为在整个生命世界中持续地反复出现的半机械性过程。必须承认，这个程序过程的某些地方是曲解和勉强的。不过，在未加引进某些没有直接证据的外部因素的情况下，我们还不能予以抛弃。"功能"一词在那里常常被用来承受类似的重负，有的类似的问题就会在那里的文化研究中出现。

在把某事件和某事件特性解释成是一些重复规则的案例之后，进一步要求得到一个对此规则的解释总是合理的。因而，当我接受了我所见到的浓烟是因为树叶燃烧的解释，我会继续问为什么燃叶会起烟。答案会涉及氧化过程，热气升腾，分子在空气中的悬浮等。如果我使出足够的劲来说服对话者，而对方也具备足够的知识，我们最终就可能得到一些最基本的物理学和化学法则。在所有这一切中，他将会表明，某个特定规则是一个或许多个更广阔的规则的一个案例。这个程序可以被运用于甚至是最普遍和公认的规则之中。例如，爱因斯坦表明，重力定律是根据他的相对论原理所推定的空间结构的一个结果。[①] 几乎不消说，所有文化的解释都是这种类型的，因为文化本身已是由许多规则构成的。在文化研究中，我们的愿望是寻找规则的规则；寻找包括了一些特定模式的，并由此类模式构成的更宽广的模式。不过，寻找更宽广解释的进程总有一个限度。要么是由于我们的无知，要么是模式本身的独断性带来的局限。如我们在第三章所见，人们既不能把宇宙整体，也不能把它们任何局部加以完全地整理。

---

① A. S. 爱丁顿（A. S. Eddington）:《物理世界的性质》(*The Nature of the Physical World*)，剑桥，1930年，第6、7章。

没有必要在这里给出一个详尽无遗地包括了形形色色的解释，或以各自的形式被提出的种种考虑的清单。当我们现在转向考虑在文化研究中有用和合理的解释形态时，以上的梗概将作为我们的大致向导。首先，我们必须寻找存在于文化王国自身内的规则和重复模式，而不考虑该王国之外的任何东西。当我们说工业化总会有出生率的下降时，这些规则和模式可能是历时性的；或者，当我们说在那些较富有或受较高教育的社会阶层中出生率较低时，它们可能是共时性的。在这个例子中，我们已经把出生率与工业化、富裕及教育在我们认为是有规律地重复出现的模式上联系了起来。我们可以要求进一步的解释，为什么存在和发生这一模式？此时，我们可能感到只得求助于与文化无关的事情。例如在城市社区中抚育大家庭牵涉到的困难，或者由更多财富和更高教育给人们带来的心理变化。但是，我们应该证明首先忽略这些非文化性质，仅仅去探寻在恰好由文化展现的模式、探寻各种文化特质和文化集结中反复出现的联系，是完全有道理的。

我所举的两个例子都涉及了一个文化特质与其他一两个文化特质的关系。然而我们也可以去寻找复杂的涉及了许多文化特质的周期性过程。我前面的"工业化"一词，是在"拥有大工业"的意义上使用的，而不是"实现大工业"的意义上使用。在第二种意义中，工业化就能作为一个涉及了许多文化特性的复杂过程加以研究，它或多或少有些规则地在不同社会发生着。在这些特性中，有资本在少数人手中的集中，机器的大规模使用，劳动力走出家庭进入工厂，城市社区的壮大，更大市场的组织，等等。就像我们说工业化的进程在其后期阶段总是伴随着一个死亡率的下降那样，我们甚至可以把某个进程看作在一个共同模式中与另一个进程关联在一起。

至此为止，我所选取的例子都是来自人口统计资料和晚近的经济历史。因为在现代，正是在这些领域中常常能发现具有最大稳定性的文化规则。出生率和死亡率明显地适用于数学化处理；同样，晚近的经济史也得到了许多具有科学化动向的学者的注意。尽管还很少具有与此两例相同的稳定性，但相似的历时性和共时性文化模式总还能在其他领域中发现。因而，我们可以说："每一场革命后便会有一场反革命。"或者说："城市化总是伴随着一个家庭联系的松懈。"我们感到和相信这些命题是真实的，尽管它们从未被验证过。然而，人类学家成功地建立了几个普遍有效的命题，倘不是因为还缺乏一个数学形式的话，它们是很有理由被称作定律的。其中如："每一种文化都包括了某种形式的宗教"；如："每一种文化都包括了某种对各色乱伦行为的禁忌。"这些命题可能看起来是自然的，甚至是显然的。然而它们两者都时时受到专家们的怀疑，甚至遭到旅行家们的后来被验为不确的传闻的反驳。这些普遍规则的成功确立使我们坚定了一个信念，即人类世界的事务并不是一个完全的无序状态。

如我早些时候指出的，社会学家和社会人类学家倾向于对文化的某些固定的方面，特别是人类相互关系中的规则，作静态的研究。也就是说，把它们当作现时的存在。或许应该更精确地说：这些研究并不仅仅包括一个瞬间，而是一个短短的时期。因而尽管他们所作的解释可能被宽泛地称为共时性的，但它们通常被投放在一个短期过程的相互关系结构中。在以前段落中所作的有关

136

城市化和家庭亲近关系的命题，也许最好被当作这类短期历时性规则。确实，在某种意义上，由于所有行为都是一个过程，故而所有文化解释都必然是历时性的解释。不过，保持"历时性"与"共时性"之间的区别，并把后一词用来描述存活极短以致看去像一个瞬间的同时过程的模式，这样的做法还是有用的。

一个最经常和最重要的共时性解释形式是这样的，它把一些特定文化活动所采纳的形式看作某个特定社会在特定时间内广泛流传的观念和价值的表现。从而，我们可以通过参照众所周知为18世纪西欧特别喜爱的有关秩序雅致和平衡的价值观，来解释18世纪英国诗歌中夸张性对偶句的运用和莫扎特音乐中的某些特性。虽然这种解释在艺术中最为通行，但也可以运用于任何文化特质。所以，人们经常指出，达尔文的自然选择法则反映了19世纪工业经济出现后的竞争价值观念。这种解释也可以用于内在联系的进程中。如许多作者指出的，相似的价值观似乎是在新教、科学和资产阶级的同步发展中被表达出来的。我将在第八章中更全面地考虑这些解释。

根据过程而作解释的特定形式为进化理论所体现，这种理论流行于19世纪的人类学家和历史哲学家当中。例如人们认为一个民族的文化整体在走向"文明"的道路上必然要经过被称为"蒙昧"和"野蛮"的阶段；并且，在每一阶段上，文化的每一分支又以一种特定的制度为象征。特殊的文化理论时常是为特殊的制度而发展起来的。例如，人们认为家庭组织中的族长制必然地，而且是无所例外地是由先前的母权制发展而来的。这些理论面临的麻烦，并非如更热心的人类学家多次指出的那样，是一种立足于不合理基础的解释形式，而是在于它们太图式化、太专门化和太少证据作基础。重新检验这些理论以决定它们中的哪些部分是有根据的，这样的时机现已成熟。例如，有一点已无可置疑，植物的驯化是任何社会的城市生活发展的必要前提。而且，把这个命题定量化，询问一下在城市有可能兴起之前，是否要求有持续一定时间、具有一定力度的农业，在一定程度上是合理的。柴尔德和怀特教授在这类进化规则上已经做了一些工作。[①]

至此为止我们提到的历时性和共时性的解释，都还仅限于说明单个文化的特质与集结的内部联系。我们还可以寻找存在于不同文化之间的关系中的规则。历史学家们时常乐于指出"影响"，也就是一文化对另一文化的文化特质和文化集结的借用。由于缺少一些能说明这种借用如何发生的普遍理论，所以他们的思索必然缺乏说服力，并且局限于对或然性联系的追踪。另一方面，人类学家一直致力于文化间联系的普遍理论。起初在"传播"的大标题下，而近时代由于殖民地管理实际需要的驱使，又聚在"文化交往"和"文化适应"的名下。[②] 传播论者一直更关心特殊的特质和集结从一个文化向另一文化的传输。适应论者则较关心一个文化与另一文化的整体接触。在这一领域中已经有可能建构一些有把握的假说了。诸如：技术设备总是比观念价值更容易传输，一个占据优势的政治、军事和经济力量总是促进了观念和价值的

---

① 柴尔德：《历史发生了什么》(*What Happened in History*)，哈蒙德斯沃思，1942 年；《欧洲文明的曙光》(*The Dawn of European*)，伦敦，1947 年。莱斯利·怀特：《文化科学》(*The Science of Culture*)，纽约，1949 年。

② 雷尔夫·比尔斯 (Ralph Beals) 的"文化适应"(Acculturation) 一文中，可以见到一个概览和目录，见 A. L. 克鲁伯编：《今日人类学》，第 611—641 页。

传输，随着进步和保守派别之间的斗争和特殊混合形式宗教的发展，一个新的观念和价值的采纳总会在接受文化的一方引起一场危机，凡此等等。必须补充说，汤因比教授曾潜心于此类问题，几乎写了成千页的文字。但是，由于他毕竟昧于这一领域的已有成果，他的建构工作在人类学家看来必然就显得相当幼稚。[①]另一方面，依照强调他的文化的独立进化的愿望，斯宾格勒倾向于否认一个文化影响另一个文化的可能性，较次要的技术实践的传播除外。[②]

　　在对文化特定性质之解释的探索中，我们可以在单个文化和文化的相互关系中寻找某些历时性和共时性的模式。但我们没有理由要把自己局限在这类解释中。我们完全有资格来寻找包括了经验中非文化特质的规则，寻找文化的特定项目与经验的其他方面之间的关系。可是，这里有一个易犯的错误，它在旧习惯中相当不精确地表达为：原因必须满足结果。在企图根据文化与其他什么东西的关系来解释文化时，我们必须确定"其他什么东西"是一种以规则的或一致的方式作用于所有社会成员的自然力。换句话说，我们只能指望发现这样的规则，它们也像文化自身一样是包含着同一抽象层面的实体。这不仅仅是相对大小规模的问题。例如，认为一只细鼠惊扰了大象也是完全可能的。需要做出的保证是，我们所以发觉模式的不同部分相互啮合，是因为它们是以同一种方式形成概念的。

　　为方便起见，我们可以把有助于解释文化的非文化性经验划

<hr/>

① 汤因比:《历史研究》，第8卷，第88页；第9卷，第166页。
② 斯宾格勒:《西方的没落》，英译本，第2卷，第55—60页。

为人的和非人的两部分。当我定义文化时，我审慎地略去了那些被认为是属于遗传的行为规则。现在该是让这些角色登场的时候了。由于它们被排斥在文化之外，所以现在可以用它们来解释文化。首先，在人类的范畴中，我们可以从生理学和心理学两方面对那些人类的普遍特征加以区别。一方面被认为是遗传的；另一方面被假定以一种一致的或规则化的形式存在于人类，或作用于人类。当然，其中最值得注意的是人体结构和功能上的一致性。我们是如此习惯于把这类规则视为理所当然，以致很少再考虑到它们是对任何公然的人类行为作全面解释所必需的。如果不考虑嘴、声带、消化器官和手的结构和功能，我们就不能全面地理解说话、饮食或使用工具——姑且选几个例子——的行为。此外，生理学的解释不仅可能把文化规则与生理协调性相联系，而且还把它与诸如性别差异这样的普遍生理规则，与诸如成熟和老化这样的普遍生理过程相联系。必须指出，这种生理学解释绝不可能足够准确地解释人的所作所为。一个人必须吃，但这并不告诉我们他愿意吃。用一句古老的因果关系的话说，生理学规则是文化规则的必要的而非充分的起因。我们也可以说它们是必要的"条件"。但是，只有它们自身是绝对不够的，我们总是必须寻找更进一步的解释。

140　　　除了那些察见于人身的普遍生理学一致性和规则性之外，我们还假设存在着一些起因于遗传的、表现于每个人身上的心理特征。这些心理学一致性和规则性构成了被当作"人性"的经验领域。它是规划和建立心理学概念的学科分支的主题。显然，应在几乎每一种文化特性的解释中考虑进人性，不仅是在思想和情感的规则中，而且在行为的规则中。我们对大多数的行动都假设具有一个内在的、精神的或心理的对应部分。最注目的例外是生理反射现象。这类心理上的解释赢得了某些人类学家的极大赞同。最著名的是马林诺夫斯基。他依靠耶鲁大学心理学家休的理论，[①] 在其一生中企图建构起一个普遍性的心理学解释体系。如我们已见的，历史学家也常常使用这类解释，尽管他们通常是从通俗的而不是从科学的心理学中提取其假说。

不幸的是，尽管无人怀疑人类的这种普遍心理特征存在着，但我们却离获得一个有关它们精确本相的清晰概念还相距很远。心理学家的理论建构依赖着他们对邻近者的观察，亦即依赖着西欧文化负荷者的行为；而且，无疑会因此而大量地染上那种文化特质的色彩。在无限多样化的人类行为被完全研究之前，人们不能担保说，这些普遍概括适用于所有的人。换句话说，文化研究必须先于心理概念规划学的最终建立。在目前，只有几个本能，即生物性需要的心理对应，如饥饿、性和自我保护，可以有把握地说存在于全人类中。但是即便在这里，我们也不能确知它们的相对强度；不能确知当一个本能与其他东西发生冲突时它怎样被转化、升华或甚至完全阻滞。所以，在目前使用心理学解释时不能过于自信。它们仍然是解释文化的长远的可能性之一。此外，像心理学一样，人性只能提供不完全的解释。它是一个条件，而不是一个完全的决定因素。

生理学家和心理学家都倾向于把人视为孤立的存在而加以研究。是弗洛伊德首先看到，在人与他人的关系中，个人才最容易

———————————

　　① 马林诺夫斯基：《科学的文化理论》(*A Scientific Theory of Culture*)，北卡罗莱纳，教堂山，1944年，第75页。

被理解。然而，他倾向于强调个人与另一个人之间的关系。着重于分析者与病人间关系的心理分析方法就是对此的反映。可是，个人还在群体中相互关联，人类行为的这一方面显然将在理解和解释文化中具有头等重要性。确实，那些能在人类所有文化中都找得见的统一性，也许最好是被理解和解释为是从某个普遍的人类特性中衍生出来的，这些普遍特性包括生理的和心理的，它们活动于群体关系中。涂尔干对所有文化中的宗教现象的解释是一个例子。他把宗教理解为一种共同体的自我崇拜，一种在集体的强力和德行中保持自己个体生存的宽慰手段。[①]

　　社会学家和社会人类学家倾向于大力使用这类解释，我们因此可以称之为"社会学的"解释。为了试图避开心理学的泥潭，他们倾向于强调那些只涉及组织、涉及共同体的保卫和持续的生理的以及机械式的问题。就在这里，一个模仿着生理学功能概念的"社会学功能"的特定概念出现了。特定的文化（或社会）特质和集结是根据它的作用，如最大限度地有助于特定共同体的生存来解释，而并不询问共同体的成员是否有意识地让它具有这些作用。然而，要避免得出"功能"一词仅仅是"意愿"的委婉语的结论是困难的。而且，或迟或早必然要建构某种有关社会功能之心理起源的理论。[②]文化特质的有益作用都可以被解释为是单个

142

---

　　① 涂尔干：《宗教生活的基本形式》（Les formes élémentaires de la vie religieuse），巴黎，1912 年，第 597—600 页。

　　② 这一题目的最好讨论，是由罗伯特·K. 莫顿（Robert K. Merton）作的。见他的《社会理论和社会结构》（Social Theory and Social Structure），格兰科，三姐妹山，1949 年第 21—82 页。又见拉德克利夫-布朗"论社会科学中的功能概念"（On the Concept of Function in Social Science），《美国人类学家》（American Anthropologist），第 37 卷，1935 年，第 395—396 页。

社会成员的有意识或无意识的意愿的结果，把这一点展现出来最终是可能的。如我们所见，假设了"群体心理"或"集体无意识"的理论还没有掌握足够的证据，或还未建构得充分明确，以致我们能以此判断新接触到的实体存在。在目前，我们必须接受这样的事实：这个问题并未解决，看起来在社会和文化被更深入地研究之前将保持这样。严格地说，这个问题的解决恰恰归属于社会心理这门科学的专家们。像一般心理学家一样，社会心理学家也过于热衷于在我们自己文化的框架中观察群体，他们还未能建构起普遍有效的理论主张。

在社会学解释的标题之下，我们还可以提到一种经济的或是马克思主义的历史阐释。它企图根据由通常的"贪欲"，即拥有和控制生产手段，从而也是享受手段的欲望所激发的阶级冲突，来解释所有文化特性和所有特殊的历史事件。无疑，这些解释常常是富有启发意义的。马克思主义者宣称他们有一个绝对正确的解释方法，正是这一点受到了严厉的质疑。任何不带偏见的观察者都能看出，人除了纯粹的经济动机外还有许多动机，宗教的和民族的忠诚常常凌驾于阶级利益之上。确实，可能正是创造和保持某种生活方式的愿望首先导致了阶级的形成。经济动机仅仅是第二位的。与其说是目的，不如说是手段。我们肯定还远离于对这 143 类现象的全面理解，但是我们可以确信解开这个秘密没有一把简单的钥匙。经济的解释必须与其他可能的解释模式并列着占据各自的位置。

我们可能会同意说，在可能的文化解释中，包括在人类中发现的普遍遗传特性。它们可能是生理学的，或者是心理学的；并且，或者可以被看作存在于分离的个体之中，或者被看作活动于群体关系之中。然而，我们不需要把自己局限在普遍的特性中。遗传特性也可以在比全人类小一点的人群中发现。只要它们还是一种具有一致的、规则的方式，在特定的文化之中并对社会成员发生影响的自然力量，就没有理由不让我们在文化解释中使用它们。这种现象就是我们通常知道的"种族"。像许多普遍的遗传特性一样，它们也可以被划为生理学的和心理学的不同的范畴。

　　在不同的人类群体中存在着体质结构的遗传差异，这一点似乎是没有疑问的。不过，除了在大群集体中能发现的皮肤的颜色、头发的形状等几个特性以外，这些差异看来还未被精确地解释。它们采用了支配性倾向的形式，而不是鲜明差别的形式，这种差别应可以在某个群体的所有成员中找到，而其他群体的成员中则完全没有。的确，除了几个大群体，如黑人、蒙古人等不论，我们是否还能合理地区别被称作"种族"的实体，这一点是可以存疑的。较好的办法大概还是把我们想考察的较小群体称为"再生人口"，把它们是否具有恒久的差异这个问题悬置起来。[①]另外，不同再生人口之间的体质差异在整体上是如此轻微，以致它们对文化只发生了很小的作用。没有一个此类团体因为生理上的无能而不能从事于各种主要人类活动中的某一项。不过，我们还是可以猜测这些差异确实有一些轻微的影响。例如，俾格米[②]的体形导

---

　　① 斯坦利·M. 加恩、卡勒登·S. 库恩（Stanley M. Garn and Carleton S. Coon）："论人类种族的数量"（On the Number of Races of Mankind），《美国人类学家》，第57卷，1955年，第996—1001页。

　　② 俾格米人（Pygmy）：非洲中部丛林中的一个人种，通常身高仅1.50米左右。——译者

致他们所建的栖身房屋总是要比较大体形的人们之所小些。不同的体格形态无疑对不同民族的审美观念有所影响。就像在结构上有所区别一样，心理功能中也可能存在着迄今还未被科学所揭示的遗传差异，它可能使得一个民族宁愿选择某种文化行为而不是其他行为。因而，一种对蚊毒细菌的免疫力能使一个民族在沼泽地带定居下来，并可能从事起灌溉农业。这一切在另一个民族那里都是不可能的。赫门道夫先生（Mr. Haimendorf）对北阿萨姆的埃帕塔尼人（Apa Tani）进行了研究。他提出，在他们那里，就像他们自己所深信的那样，年轻女孩子在青春期后的几年之内没有生育能力可能是一个事实。[1] 如果这是真的（至少在许多地方的青少年中似乎的确有低出生率的确凿证据），[2] 它就使这个民族和其他相似的民族能够允许青少年中存在大量的性体验，而避免了我们自己的文化中有如此广泛后果的性抑制。这里要再一次注意，我所使用的词是"能够"而不是"导致"或"决定"。种族间的体质差异只是必要的或有限的条件。它们不是完全决定性的原因。

我们知道，不同的再生人口确实有着生理遗传的差异。它们还产生了多大程度的心理遗传差异，这个问题却不幸由于引入了无关的政治性考虑而被搅混了。德国纳粹党人使用的夸大的种族理论被作为他们骇人听闻的残暴行为的辩护词。而作为一个自然的反动，导致许多反纳粹作者干脆否认有遗传的心理差异。毫无

---

[1]　克里斯多夫·冯·弗勒–赫门道夫（Christoph von Fürer-Haimendorf）：《喜马拉雅的伊斯兰国家》（*Himalayan Barbary*），伦敦，1955年，第67—68页。

[2]　法兰克·劳里默（Frank Lorimer）：《文化与人类繁殖力》（*Culture and Human Fertility*），巴黎，联合国教科文组织，1954年，第46—49页。

145 疑问，有许多通常被认为是种族差异的证据，不同民族间的形形色色的特征，在事实上就是文化。在大多数场合，这种心理差异已表露出它们不是因于遗传而是因于幼年时代的习得。

然而，还是有充足的理由使人相信某些心理差异属于遗传。在相似的家驯动物例子中，比如，就其智力、忠诚、勇气等而论，不同种的狗是可以清楚地加以辨别的。高尔顿从其对家族树的研究中收集了大量智慧遗传的证据。[1] 尽管我们可以相信个人经遗传而获得某些心理特征，因而较大的人类群体也非常有可能有这种遗传，但是，在任何一个单独例子中论证它的真实，在实际上是不可能的。一个个人从他出生的一刻起，就要受到文化的影响。他的任何特殊行为或许都是遗传的和文化的双重影响的结果，要区别两者实际上是不可能的。还没有人能设计出一个仅仅揭示人格的遗传方面的心理测试。

或许在未来会有某个独裁者，他愿意从世界不同的地方找出几群孩子，把他们安排在一个完全同样的氛围中一起长大。但是，在此实验完成之前，种族间心理差异的程度必定是个谜。看来大概是人类的血缘差异远没有狗的血缘差异这样纯一。而且，他们的种族心理差异至多相当于在不同人群的行为中存在的轻微的倾向差异。这些倾向或许可用来解释整个文化总体动向中的差异。它们还可能给一种文化提供向一个方向而不是另一个方向发展的原始动力。例如，我们虽不能证实，但确可以想象中国人在气质上由遗传而得到了一种导致宁静、温和性情的倾向。这可能有助于我们解释

---

① 弗朗西斯·高尔顿（Francis Galton）：《世袭天才》（*Hereditary Genius*），伦敦，1883年。

他们文化中相对高层的、置于忍让、和谐、恬静中的价值观。但是，这在当今和可预见的未来中肯定仍然只是一种思索。

146

这就完成了我们对可以用来解释文化的人类生活非文化面的叙述。我们可以把它们看作附在"人性"和"种族"两个范畴之中的某种东西，是普遍的和局部化的遗传特性。它们中的每一个又可进一步划分为生理的和心理的两个亚范畴。当我们求助于可以用来解释文化的非人类现象时，我们发现那通常被叫作"环境"的，也可以被划为普遍的和局部化的两个现象范畴。普遍的现象包括了所有关于自然的较一般的事实，如物理学和化学的定律、一天和四季的运行等。像人体普遍的结构和功能特性一样，这些法则通常也被视为天经地义。我们不会劳神于解释人们直立行走的事实中涉及的重力定律；可是，它应当被包括在任何完整的解释中。同样，为了全面地理解人类的说话现象，我们需要考虑声波的物理性质，以及它们是怎样产生和传播的。这样，人类的喉、嘴、舌的运动和随之而来的空气分子颤动就将被看作这些普遍现象的特例。

环境还可以从它的局部方面来考虑，即不同的人群在其中发现自己处于不同地方的环境。这里，我们想考虑一下资源，即特定地区的矿产、蔬菜和动物，大陆和海洋的构造，土地资产，等等。这种方法已经为人文地理学家们巧妙地加以发展了，特别是在法国和英国更是如此。[①] 当然还有许多有待开拓的地方。然而，

---

① 让·布吕纳（Jean Brunhes）：《人文地理》（*La Géographie humaine*），巴黎，1934 年；C. D. 福德（C. D. Forde）：《居处、经济与社会》（*Habitat, Economy and Society*），伦敦，1948 年。

关于这种解释类型，我们还必须作一些观察。首先，重要的是要注意到，要解释文化必须有一种方法对环境作概念化的抽象，以147 便使之与一般的文化特性的陈述相啮合。我们只可能利用环境的这些方面，它们以一种一贯的、规则化的方式足够广泛地影响了文化的负荷者。可以这么说，环境必须被认为是，其本身以一贯的或规则化的方式作用于人类群体的行为。

其次，如我已谈过的其他类型的原因一样，环境也只能是一种必要的或有限制的条件。它不可能如同某些作者（值得注意的是孟德斯鸠①和巴克尔②）所想象的那样，是充分的决定性因素。自然毕竟只是一种被动的存在。应该由人类来决定，他们是否打算，并以什么方式来利用它。我们总是至少需要生理和心理的两方面的解释来补充环境的解释。曾经有一种说法：我们必须认识到由环境产生的局限性是非常严重的。人们不可能在沙漠和极地冰岩上发展出一个高度文明。意大利那个成为世界强国的野心，由于缺乏必要的矿产资源而变得枉费心机。当然，这些局限在某些方面被技术的进步消减了，但它们永远是存在的。还没有人能发展一种技术使海枯山移。

最后，尽管环境解释必然而明显地在解释文化的经济和技术方面扮演一个更重要的角色，但它们的作用不必仅仅局限在这些方面。经济的和技术的考虑显然参与着文化的各个方面。阶级组织显然在某种程度上有赖于可利用的经济资源。民族文化和地区

---

① 孟德斯鸠:《论法的精神》，第 12 卷，第 1、2 章

② 亨利·托马斯·巴克尔:《英国文明史》(*History of Civilization in England*)，伦敦，1857—1861 年。

亚文化的鉴别无疑与地理上的考虑相联系。英国倘只拥有波希米亚的海岸线，它就不会建立起大英帝国。甚至宗教也深受着季节循环的影响；而形而上学则深受宇宙实际构成方式的影响。我们可以这样说，只有在一些人们较少与物而较多与他人或超自然打交道的文化领域，环境的作用才减少些。不过，至今为止，人们还没有最终使人满意地在普遍的观念和价值领域中证实环境的影响。例如，曾有过一些意见，认为俄国人灵魂中的朦胧的思慕和向往是从广阔无垠的俄罗斯平原中衍生出来的，或者认为伊斯兰一神教的简单化特征导源于阿拉伯沙漠生活的单调和枯燥。这些意见似乎没有跨文化的有效性。美国西部的平原人并没有被赋予什么朦胧的思慕和向往；戈壁沙漠的游牧民族并没有实行简单的一神论。这种类型的环境影响可能是存在的，但它们必须被证实。

　　这里完成了我们的可以用来解释文化的非文化经验因素的表格：人性、种族和环境。看来各种可能性已被毕举无遗了。如果我们愿意，我们可以把环境分为普遍的和局部的两个范畴。就让我们把它们叫作"普遍自然"和"局部环境"。这样，我们就有了可以分为不同两组的四个范畴。人的一对将与非人的一对相对照："人性"和"种族"对应于"普遍自然"和"局部环境"。而普遍的一对将与局部的一对相对照："人性"和"普遍自然"对应"种族"和"局部环境"。此外，人的一对还可以再分为生理的和心理的亚范畴。这些就是概念的形式上的互相关系，它为建立体系的人们带来愉悦，并经常被当作某种理论之真实性的审美例证。

　　另外有两个经常为历史学家和历史哲学家解释所用的范畴体，需要在本章结束前考察一番。首先是不可见实体，诸如被认为是

148

隐藏在现象背后的诸神和非人格的力量；其次是个人的行为。

像人和非人因素这样的不可见实体，可以被划分为普遍的和局部的范畴。我们已经有机会谈及，一些局部化的不可见实体，如"群体心理"或"民族之魂"，在这些范畴中也可以包括进多神教中具有地方色彩的诸神。这些实体不应因其假定性而被排斥出文化解释。它们可以被看作与自然科学的假定结构相似的东西。但是，还未有人展现出它们是必要的，更未有人就它们是如何起作用的这一点构造出什么稳固的理论。还没有人清晰地描述过一个"群体心理"的活动，而像《旧约全书》中的耶和华这样的地方神通常总是以一种非常专断的、喜怒无常的方式行事。不过，在将来最终有可能用我们的研究来证明某些非人格化的实体确实存在，但看来不大可能证实这将是人格化范畴的情形。看来它们的功效更在于能够满足情绪上的需要，能够把客观形式赋予我们的愿望和恐惧，而不在于什么严格的解释功能。当然，所有的解释在某种意义上都是对未知事物的一个辩解。我们不应当因为某人设想了虚构的、不可验证的解释而责备他。但是，从长远来看，任何解释的效用和它的普遍接受性必然要取决于它与经验事实的符合程度。

对于普遍性的不可见实体一直有着类似的异议。不管这些实体是像基督教和伊斯兰教的上帝这样的人格存在，还是像"生命力"（life-force）、"生命冲动"（élan vital）、"世界精神"或印度教的婆罗门这样的非人格实体。像"人""心"，甚至"历史"这样的词也经常被这样使用，仿佛它们涉及了在现象背后矗立的某种实体，而不仅仅是现象本身。尽管这后一种实体并没有被认为是

149

在整个经验世界中活动，但就其领域包括了我们现在讨论的范围，即包括了人类事物的领域这个意义来说，它们可以被称为"普遍的"。至今为止，这种理论不仅在展现必然性和持久性时一直归于失败；而且它们也容易受到这样的反对，尽管它们可能有助于解释普遍事物，但它们不能有助于解释特殊事物。无疑，它们在神学和形而上学思维中有其地位，但它们对理解历史却没有什么大的帮助。一个人可以虔诚地相信上帝的存在，并把它看作所有现 150 象界背后的潜伏原因。不过一个人仍需要知道上帝在特殊的情况下怎样劳作，而这只有通过经验的考察才能发现。

根据个人行为所作的文化解释具有一个完全不同的性质。这些解释之所以被排斥不是因为它们建构得还不够充分完善，而是由于我们的理论状况，由于我们对材料进行概念化抽象的方法。我们必须记住，我们所谈论的是关于人类群体行为中的规则性和行事方法。对我们来说，仅仅就其是某种文化规则的例子而言，个人行为才是切题的。我们不能把一个例子看作该例子所属的规则的原因，把特殊看作普遍的原因。个人和他的行为是不同层面上的抽象，它与我们打算研究的那个层面有所区别。

无疑，个人行为可以被看作其他个人行为和其他什么事情的原因，或者说部分的原因。但是，如果我们想在这一层面上进行研究，那就必须非常细致地考察事件之流。我们必须考虑所有涉及个人的个人间相互作用。不仅需要考虑那些将军对军官们下达的战斗命令中所说的，而且还要考虑到导致这些命令形成的先前谈话和每一军官个人怎样的反应。在这一层面上，我们简直没有充分的证据来确立一个事件发生序列。即使有这样的证据，我们也没有时间对全部的必要细节进行研究。正如我已经提到的，这大概就是历史迄今一直表明是难以理解的主要原因。我们那种根深蒂固的在个人层面上想象人类事件的天然习惯，导致我们固执于一种没有希望的工作。

看来这个论证对读者来说可能是过于理论化了，但我们相信这是判定这个问题的唯一正确方法。我们从事着理论的构筑，理论的连贯性是首要的考虑。不过，如果看看事物的实际构成，我们就知道，要把单独个人设想为能够影响他人的行事方式，而不是他人的行为那是很困难的。一个首相或总统可以通过广播对他的千百万听众发表演说，他的演说可以在次日被另外的千百万人阅读。他们可以在谈话中，在私下盘算中，甚至在他们的行动中加以反应。例如，他们可能决定采取私人经济措施以防止战争爆发和通货膨胀的持续。然而，他们的反应方式将取决于各自的习惯、信仰、性格等。另外，为了大体上迎合人民的期望和预想，每个政治家的演讲都是经过他和他的顾问预先精心炮制的，这是他对外国政府和国内团体压力的反应。他本人被委以重任，是因为他代表了某些占优势的政治倾向。当然，可能会有些偶然的个性因素潜入他的演说，但看来这种个性将被他的听众所忽视。总之，他的行为怎么能影响他人反应的方式呢？

时常有人提出，我们应把个人的作用看作类似于引起爆炸的火花的作用。这里的火花是直接生效的原因。但是与爆炸物体的性质和状况相比，它的作用就很小了。然而，类比不是一个准确的方法，因为在历史中是爆炸材料本身产生了火花，人的群体产生出他们的领袖。我们所处理的是一种自燃物。况且，在我们企

151

图研究的历史层面上，我们最初掌握的材料并非爆炸本身，而是爆炸发生的方式；而方式只能用当时存在的化学因素的性质和状况，以及其他这类一般因素，如化学的和物理学的法则来解释。火花可能有助于引起爆炸，但它们并不导致化学、物理学或化学反应特性的法则。

以为个人导致了文化现象的人所举的最通常的例子是一些发明和发现。这里，如果我们考察一下实际情况，特别是最近几个世纪的情况（我们在这一时期有较充分的证据），我们就会在大多数的事例中发现，一些不同的人在研究同样的问题。他们中的一些人经常在几乎同一时刻得到同样的结论。记录同时发明的一览表出乎意料地长。[1] 有时，他们中的一个首先达到了结论，但他的结论或结论的某一部分是否被他所生活的社会普遍接受，这就不取决于他，而取决于这个社会的其他成员。有时，某些发现在社会准备接受之前就很早被完成，他的发现是早熟的。一个与早熟性和同时性相关的熟悉例子是孟德尔[2] 的遗传法则。孟德尔在1866年就发现了它，但是他的著作一直被人忽视。直到近五十年后，即1900年，三个不同的生物学家在几星期内各自发现了同样的原理，它才向一个等待着的世界展示了自己。[3] 很难想象一个个别例

152

---

① 威廉·F.奥格本、威廉·I.托马斯（Wm. F. Ogburn and Wm. I. Thomas）："发明是必然的吗？"（Are Inventions Inevitable?），《政治科学季刊》（*Political Science Quarterly*），第37卷，1922年，第83—98页。

② 孟德尔（Gregor Johann Mendel, 1822—1884年）：奥地利自然科学家，遗传学奠基人。——译者

③ 将发明视为一个文化过程的证据已经由A. L.克鲁伯很好地阐释了，见其《人类学》，第352—374页。

子，其中新的观念和发明能在没有任何预先铺垫的情况下被立即接受。甚至最著名的个人影响的范例，即经常被认为所有人中最伟大者耶稣的教诲的例子，也可以被看作一个在当时近东的更广阔的宗教发展的构成部分。最近在死海羊皮纸卷中发现的由不同师长所作的类似教诲强化了这一论点。①

像卡莱尔②这样赋予伟大人物以突出作用的学说，看起来是建立在我们由白日梦而生的臆测的基础上的，而不是建立在我们关于人的实际行为的知识之上。我们乐意把自己想象为国王、艺术家或发明家；想象为完全自由的、有点超出生活状况，并且博得一群群臣民和追随者的服从与钦慕。这里，我们假定少数人是完全自觉的，而其余的人则是被动的工具。事实上，所有的人都或多或少地是能动的，并不断地互相作用，互相影响。即使国王也有他的谋士和部下，而他们绝不只是工具。

无疑，当我们面对一个小社团，如一个足球队、一个俱乐部或一个至多不过几十人的办公室，单个人的行动在我们的解释中便可能具有相当的重要性。但是历史事件涉及了上万乃至几百万的个人，我们显然不能研究他们之间所有的相互作用。所以，如果我们想理解历史事件，我们就必须把自己限制于它们所展现的较为普遍的性质中。

一个有关伟人所用的固执信念，如何导致历史学家去歪曲事

①　米勒·伯罗斯（Millar Burrows）：《死海古卷》（The Dead Sea Scrolls），纽约，1955年，第326—345页。

②　卡莱尔（Thomas Carlyle，1795—1881年）：英国著名历史学家，主张"英雄史观"，其名著为《法国大革命》。——译者

实的有趣事例，已被怀特教授阐明了。法老埃赫阿吞 [1] 被世人描述为一神教的缔造者及他当政时期发生的流产宗教革命的发动者。这样做时，埃及学学者们仅仅是重复着包含在当时碑铭中的官方的颂扬。然而，当一具被相信是埃赫阿吞的木乃伊的发现并证明是个年轻人时，这种意见遭到了猛烈的冲击。这位法老是如此年轻，以致算起来他当政的最初几年爆发革命时还仅仅是个孩子。可是，与其放弃伟大理论，埃及学学者们宁可成功地劝服一位著名的生理学家来揭示说，埃赫阿吞曾染过一种鲜为人知的疾病，这种疾病使他的骨骼要比其实际显得年轻些。[2] 甚至后来发现阿吞神庙建于更早的王朝以前的事实也还不足以打破埃赫阿吞的神话。

这类例子俯拾皆是。黎塞留 [3] 的遗嘱被大多数的历史学家宣布为伪作，因为它与历史学家把他视作一个在全欧洲散布仇恨和 154 纷争的恶魔形象不符。有关提比略在他最后几年的暴政和放荡的证据被拒绝了，因为其他证据表明罗马帝国在他统治期间管理得不错。人们论证说，一个成功的皇帝是不可能残暴和放荡的。对罗斯福的赞美者来说，他对赢得那场战争和使美国繁荣复兴负责；对他的政敌来说，他应对东欧被苏联的征服以及共产主义在中国

---

① 埃赫阿吞：原名"阿蒙霍捷普四世"（约公元前 1353—前 1336 年），他在任期间实行宗教改革，打击祭司集团，自封为"埃赫阿吞"，意为："对阿吞有益的人"。他统治十七年，改革成功，但死后受到攻击。——译者

② 莱斯利·怀特："埃赫阿吞：使文化进程诗化的巨人"（Ikhnaton: The Great Man vs. The Culture Process），《美国东方社会杂志》（The Jounal of The American Oriental Society），第 68 卷，1948 年。

③ 黎塞留（Ducde Richelieu, 1585—1642 年）：法王路易十三的宫相，枢机主教。在他任期内改革政治，加强中央集权。——译者

的成功负责。确实，我们越考虑特殊案例和各种伟人们的竞争声张，我们就越清楚地看到，假设他们对事件的一般过程具有重大作用的想法是多么无效，看到其无休止和无益的争议是一个多大的渊薮。

对个人的作用这个问题的讨论，通常都采取了这样一种推测形式，即推测说如果牛顿从未生存过，或杜鲁门总统未曾决定在广岛投放原子弹，历史本该会发生什么？这些推测总是不具有说服力的，而且必然如此。因为它们是立足于我们已知道这些事件实际上是怎样产生效果的这样一种假设，只有在一种情况下，像"如果当时这样发生，然后本来就会那样发生"这样形式的陈述才是正当的，即如果它是一个应属用科学来揭示使命的一般陈述的特例。如果我们的科学不管怎样说还是可靠的，它就必须具有内在的一贯性，它必须处理从经验之流中抽取出来的同类的特性群体。

杜鲁门总统和原子弹是我与历史学家和哲学家就这个主题作谈话争论时最经常碰到的一个例子。最近，当牛津大学提议给杜鲁门总统授予荣誉学位时，一位怀着理想主义原则的女士，以他的投弹决定为理由提出反对。说来也怪，在通过这项建议的学校大会上，轮到一位著名历史学家、个人作用的坚定信奉者埃伦·布劳克（Alan Bullock）先生来争辩，他说杜鲁门实际上不负有责任。当然，他确实不负有责任，不管他作什么自夸。他的决定受着他对局势的观点、他的顾问们的建议和当时美国民情的支配。历史学家不能像他们所喜欢的那样，不能只让他们的英雄对善行负责，而把恶行都委之于反派人物。

就个人的非重要性所作的相同考虑，适用于我们目前的任务。如果这几页文字里提倡的历史研究方法最终赢得了普遍的，甚或是广泛的接受，那是因为它是一个自然而然的副产品，一个最近几世纪西欧文化中历史观念之进展的固有延伸。此刻，我不怀疑在德国或美国的其他学者正在企图建构一个十分相似的理论。按照维特根斯坦①的著名警句，将由公众来决定采用其中的哪一个理论，或决定究竟是否要采纳某种理论。这个决定将根据公众的先入之见和价值观，而不是根据特定理论的个别鼓吹者的个性来得出。

人们不能宣称他信任即使看起来是他自己的观念，这一事实在写作本书的过程中，非常有说服力地、非常清楚地被我认识到了。在第五章，我大略地叙述了社会和文化是怎样逐渐地综合起来和区分开来的。这个关于不同层面的社会和文化之综合的理论，是以我对人类学文献相当不完全的了解为基础的，但是，我的确感到它显示了一个新颖和有价值的见识。在写完这个章节的几个月之后，当我的手稿已打印完毕时，我偶然发现了史都华（Steward）教授所作《文化变迁理论》，并发现他已以更详尽的细节和更完善的文献资料提出了一个几乎相同的理论。他甚至用"社会-文化综合的层面"，来说明我所分别使用的"社会综合的层面"和"文化综合的层面"。尽管他的处理在相当程度上胜于我，但我还是让我的原始文本留存下来，以作为一个说明新观念是由文化，而不是由个人产生的出色例子。

---

① 维特根斯坦（Ludwig Wittgenstein, 1889—1951年）：原籍奥地利，英国剑桥大学哲学教授，逻辑实证主义哲学的主要代表。著有《逻辑哲学论》等著作，对西方哲学、科学影响巨大。——译者

　　提出所有这些论证以后，我们必须认识到它们可能并未说服
156 许多读者。没有什么能比企图否定个人在历史解释中的作用更能
引起职业历史学家甚或是对历史感兴趣的门外汉们的愤慨的了。
据通常由这个题目的讨论产生的炽热程度来判断，不难猜测在此
背后有一些心理上的必然性。有一些东西使得大多数人固守着个
人重要性的信念。对大多数人来说，以个人的措辞来思考问题当
然要容易些，而且更符合他们的习惯。但是这本身还很难说是对
此偏见的韧性作了充分的解释。它更可能以某种方式与我们的自
我形象有关。我们必须相信个人能够影响历史，否则就必须放弃
我们对自己重要性的信念。

　　那么，对于那些还未被这些论点所折服的人，有必要指出我
们的主要论题并不依赖于他们。承认个人确实偶然作用于文化，
并且仍坚持认为文化进程的阐释和影响该进程的更广阔的经验特
性，是使历史事件明白易懂的最有希望的方法，那是完全可能的。
从这一观点来看，个人所起的作用将被认为是一个偶然的，在我
们所划定的研究领域中是不可解释的因素。如我们已经论证的那
样，一些偶然因素很可能确实存在于每一个这样的领域。然而，
我们将要寻找的正是秩序的特性，即使我们不能指望发现我们的
研究领域完全秩序化。

　　现在让我尝试着把我们已达到的见解概括一下。我们提出，
如果把单个的历史事件看作文化规则的例证，并在文化的层面上
继续我们的探寻，历史就最有可能变得易于理解。在解释文化时，
我们应该寻找更广阔的文化规则，在它们当中，个别文化特质将
发现自己处于模式之一部分的位置；还要寻找文化和其他类似地

构想出的经验规则之间关系的规则。如"人性"和"种族"、"普遍自然"和"局部环境"之间的关系规则。我们应排斥根据个人行为和其他不可见实体做出的解释，无论是人格化的还是非人格化的，尽管这两种情况所据的理由并不相同。个人行为被排斥是因为它的"假如"说；不可见实体被排斥是因为它们迄今还未被表明是必需的，或是有用的。 157

全部的文化规则最终可以根据我们提到的四个非文化范畴来解释，这一点大概不是不能想象的。文化的普遍规则可以根据"人性"和"普遍自然"来解释；而特定文化的特定性质可以根据"种族"和"局部环境"来解释。这种被称为"化简法"的方法已在物理科学中取得成功。但是，必须注意这一点，即这种成功至今还不是绝对的，还没有人能成功地从物理性质中引申出不同化学元素的所有化学性质，也没有人能使得主宰宏观现象的物理规则与那些主宰微观现象的规则协调起来，即还没有产生一个统一场理论。这样，完全可能的是，文化也许有一些它自己的不能简约的规则，它可能构成在总体演化过程中的一个"突发性组织层面"。鉴于目前我们的知识状况，我们还不能指望解决这个问题，尽管对文化多样性的一个大致俯瞰确实已表明，这个多样性要比种族和环境变异性导致我们所以为的要多得多。

总之，有一点很明显，即在目前要取得一个简化的进步几乎是没有希望的。每一个对文化所作的完全的非文化的解释都必须包括一个心理因素作为其术语之一。然而，我们才刚刚开始知道一些"人性"的心理方面的东西，即表现在全人类中的心理规则。而且，由于对个人的尊重，我们无法进行实验，以确定发现于种族和再生人口中的，较为有限的心理规则的存在和范围。我们似乎暂时局限于根据"普遍自然""局部环境"以及"人性""种族"的生理方面做出的解释。正如我们已指出的那样，在缺乏一个完善的确实的普遍心理学和种族心理学的情况下，这些解释只能提供不完全的说明。

显然，目前我们最大的期望和首要的任务必然是寻求在文化自身中确立的那些广泛的规则，它们可以用来解释单个的文化因素，而把非文化的解释留待以后考虑。此外，在这个限定了的领域内，我们首先应当寻求的正是那些最广泛的规则，因为它们对于解释任何较小的现象来说，可能都是必需的。随着重力定律的建构，物理学中的力学分支做出了它的第一次飞跃，这并非偶然。在引力作用被识别和确信之前，任何运动物体的实验都不可避免地缺乏说服力。据此理由，我们必须以研究整体文化发展的规则来开始我们的新科学，因为这是在我们的知识领域中所发现的最大的可比较现象。我们已有机会指出过，作为整体的人类文化发展，其自身是不可以用作比较研究的。这样，维柯把他的《新科学》主要用于对各文化的整体比较，那是正确的。他的一些结论完全可以被证明是有根据的。不幸的是，他本人没有能把它们坚定地确立起来。这部分地因为缺乏"文化"和"一个文化"的明确定义，部分地因为证据还不能得到。不管怎样，在进一步探讨这个问题之前，我们自己需要准备另一个定义，即"文明"的定义。

第七章　文明

　　我已经说明，我试图用"文明"这个术语将较大、较为复杂的文化与较小、较为简单的文化相区别，前者包含那些通常由历史学家研究的事件的领域，后者在传统上专属于人类学家。日常谈话中经常做出"文明人"和"野蛮人"的区分，但若要精确地表述做出这种区分时所依据的标准，普通人无疑会陷入困境。我们打算加以澄清的正是这种基于常识的区分。

　　正如我们在第四章中看到的，"文明"这个词有一个同"文化"一词相当类似的历史。在19世纪的专业用法中——尤其是在法国和英国，其意义精确地或几乎精确地等同于"文化"。泰勒有意识地将两者作为同一概念加以运用，[①]而许多作者曾说起"原始文明"，这清楚地说明他们并没有在"原始的"或"文明的"两者之间做出区分。无论如何，现在"文化"一词赢得了胜利，成为标准术语，"文明"一词则可用于我们可能谨慎地给予它的其他用途。

　　在19世纪末20世纪初，一些德国社会学家试图区别"文明"和"文化"，作为我这里已称之为"文化"的对象的两个不同

---

　　① E.B.泰勒：《原始文化》，第1页。

方面。仿效他们的有一些美国社会学家，但没有人类学家。由此，
巴斯（Barth）希望将"文化"限定为其技术方面，即"人对自然
160　的支配"，而"文明"则被用来指社会对人的本能的制约，即"人
对其自身的支配"。在这点上，他得到两个美国学者，莱斯特·沃
德（Lester Ward）和阿尔比昂·斯摩尔（Albion Small）的追随。
德国学者滕尼斯（Tönnies）和阿尔弗雷德·韦伯则做出了几乎恰
恰相反的区分，而追随他们的则是美国学者麦基弗（Macliver）和
莫顿。对他们来说，文明应被定义为"一个实践的和理智的知识
实体和控制自然的技术手段的总和"，而"文化"则被限定为"价
值、规范的原则以及观念的结构"。① 对这两个词这样的运用，迟
至 1949 年仍出现在莫顿的著作之中。②

　　为什么这种区分应被视为必须，这一点完全不清楚。③ 我们
确实需要有一个词，借以概括人类集体行为的所有表现形式，以
便看到其中的基本共性。如果我们想在文化的范围以内进行区分，
则我们已经拥有较为完善的术语，诸如"技术""观念和价值"，
等等。再者，社会学家们做出的区分看来也并没有穷尽；而且，
一些人类集体行为的重要方面，诸如政治、宗教或哲学，在他们
的术语中究竟应属于"文明"还是"文化"，并不十分清楚。这种
思路似乎确实反映了标准的德国式的 Geist 和 Natur，即精神和

---

　　① 关于这种区分的历史在 A. L. 克鲁伯和克莱德·克勒克洪所著《文化——
关于概念和定义的评论》一书的第 15—18 页中有所讨论。

　　② 罗伯特·K. 莫顿：《社会理论和社会结构》，第 254 页。

　　③ A. L. 克鲁伯：《文化的性质》（*The Nature of Culture*），芝加哥，1952 年，第
152—166 页。

自然的二分法，这对于一种旨在自然主义地研究"精神"的科学并不合适。

斯宾格勒也在一个特定意义上使用"文明"这一术语。他以这一术语意指使他的"伟大文化"停止发展的晚期的、衰落而无创造性的阶段。[①]这样的区分反映了他特有的形而上学。对他来说，"文明"之于"文化"，正如存在（being）之于形成（becoming），智力之于灵魂；这是某种最终的、僵死的东西。他所谓四方的"衰落"，并不是通常意义上的衰落，而是指西方已经获得了"文明"这一事实。显然，他的这种用法涉及若干我们很难接受的特殊假设，这些假设似乎赋予这个词以许多通常语言中所谓"后文明的"意味。这个词已成为一个贬义词。

161

我们或许很可以漠视这些先前的给"文明"确定专业上的意义的尝试，并认为我们可以为自己的目的对之随意使用。让我们约定，以"civilizations"（复数的文明）意指较大、较为复杂的文化（复数），而以"civilization"（单数的文明）指我们从中发现的一种或多种文化。但这里似乎还需要更精确些，如果没有进一步的定义，在许多情况下我们还无法判明一种文化是否应被归类为文明。

一种文化的单纯的规模，即承受这种文化或这种文化所表现其生活方式的人们的数量，本身似乎并不成为富有意义的特征。当然，较大区域的政治经济组织所涉及的问题同较小区域的组织的问题多少有些不同。但如果仅考虑规模，我们便不知道，"文

---

① 斯宾格勒：《西方的衰落》，英译本，第 1 卷，第 31—34 页。

明"和"原始文化"的界限应划在何处。究竟应当以10万为标准呢？抑或拥有100万人民的文化才能被称为一种文明？或者500万？这里，任何决定似乎都纯属武断。

如果试图以复杂性作为区分标准，我们也将牵涉到多少有些类似的问题。复杂性本身就是难以定义的，看来其意指某种"不是由文化的全体负荷者，而只是由一些特殊群体从事的不同的专门的活动的数量"。这里，要决定是以成为文明的特征的专门活动的数量，似乎仍然全凭武断。同时也难以说明，是什么东西将某种专门活动构成一种独特的、可数的对象。很显然，我们需要一些其他标准。

最近数十年中，美国人类学家因为急于避免"文明"和"原始"术语中的价值内涵，开始采用"有文字的"和"无文字的"文化的说法，他们想要暗示，每一种类型的文化在其自己的方式中都是有价值的。这种说法——看来只是某种婉辞——在最近的战争① 刚结束时最为盛行，现在则正在衰退。当然，文字的应用162 似乎是绝大多数我们会称之为文明的那些文化的特征，但毕竟不是在所有文明中，我们都能发现文字的应用。例如，在西班牙人到达之前，就其一般特征而言，秘鲁文化似乎同墨西哥、中美，甚至确实同古埃及文化极为近似。但埃及人和阿兹特克人是有文字的，而秘鲁人则没有。印度发展了精致的文化，但在采用书写手段以前很久，只能称之为一种广义的口头文学。另一方面，在菲律宾和印度尼西亚有一些部落，例如巴拉望岛的泰格巴努亚

---

① 即第二次世界大战。——译者

（Tagbanua）和民都洛岛的曼几安（Mangyan），在其他任何方面我们都应当称之为原始的，但他们却拥有自己的字母表。因此，文字不能被用作为文明的独特标准。[①]

或许我们最好转而考虑"文明"一词语源学上的来源，以及考虑看来现在仍是这一词汇的一个主要内涵。我们可以说，文明是在城市中发现的那种文化，这样，文明就是那种具有城市建筑和城市居民的特征的文化。但我们怎样定义城市呢？这里，单纯的规模或人口稠密程度又可能会是一种武断的标准。究竟需要五千个还是一万个生灵才能构成一个城市呢？而每平方英里又必须容纳多少呢？

但是，城市具有一个看来是富有意义的特征，而通常与文明联系在一起的那许多特征，则看来都依赖于这种特征，即这样的事实，许多或绝大多数城市居民并不从事农业。或许，由于我们还想排除那些从事渔猎的村落，所以，我们可以这样说：绝大部分城市居民并不从事食物的生产。正是由于这种免于自身食物的直接生产的自由，使城市居民有可能将其所有时间用于专门的方面，并使他们的文化多样化。同样的自由还使他们能够旅行，经商，使他们能够在广大区域内施展其军事力量，从而在地域上扩展他们的文化。文字尽管也可能出现在城市以外，但只有专家才 163 可能加以修习并使之发展，而这些专家并不需要将其精力用于物质方面。我们甚至可以假定，那些似乎可以判别城市文化的某些系统化的、"理性的"特质，正是从人不再完全依赖于变幻莫测的

---

① 伊萨克·泰勒（Issac Tay Lor）:《字母表》（*The Alphabet*），伦敦，1883年，第285—361页。

自然这样一个事实中产生的。

可以肯定，通常公认的原始社会中也会出现专家，但相对地较为罕见，同时，很少有人能以全部时间从事其专业。另一方面，农业社会是每一种文明的必要部分，但由于它们已经在文化上从属于城市的事实，使其特征发生了实质性的改变。关于城乡区别的整个问题，芝加哥的人类学家罗伯特·雷德菲尔德和他的同事们[①]已作了广泛的探讨，对他们的发现，这里毋需赘述。但看来十分清楚：人们共同生活在城市中，远离土地及其日常压力，这个事实本身就是某种较大、较为复杂的文化发展及决定该文化特殊特征的一个主要因素。

现在，我们可以相信，文明就是城市的文化，而城市则可定义为一种聚居点，其中许多（更确切地说，多数）居民不从事食物的生产。一种文明则是一种可以在其中找到城市的文化。为了保持我们的对象的一致性，对某些特定的文化，即使其早期发展阶段上并不存在城市，我们仍然称之为文明。我不能肯定事实上是否出现过这种巧合。在我们有着充分的证据的地方，看来城市的出现同新的价值、新的制度，即新的文化是同时发生的。但在那些未经考古学家彻底考察的文明的事例中，如印度和中国，这一点还不可能加以证明。目前，我们必须做出这样的保留：一个

---

① 罗伯特·雷德菲尔德（Robert Redfield）：《尤卡坦民俗文化》（The Folk Culture of Yucatan），芝加哥，1941 年；及同作者《原始世界及其变迁》（The Primitive World and its Transformations），纽约，伊萨卡，1953 年。也可参见 C. M. 福斯特（C. M. Foster）"什么是民俗文化？"，《美国人类学家》，第 55 卷，1953 年，第 159—173 页；及悉尼·W. 明兹（Sidney W. Mintz）"论雷德菲尔德和福斯特"（On Redfield and Foster），《美国人类学家》，第 56 卷，1954 年，第 87—92 页。

文明的开端可能在城市出现之前，城市必定是在它的较晚的阶段 164
上才出现；或者，我们终究还不能称之为一种文明。

　　以这种方式较为妥善地区分文明和原始文化，是一种出色的
范例，说明在我们的新科学中，质的考虑较量的考虑扮演着更为
主要的角色。我们更关心的是指出有意义的特性，而不是枚举和
测量现象。或许可以将我们的方法同生物学的方法相比较：对动
物和植物的分类不是依据其大小而是依据其重要的结构特征，之
所以重要，在于它们伴随着大量共生的相似和相异之处。因此，
由于长着翅膀并能飞翔，蝙蝠曾被划归鸟类。同样，鲸因为有鳍
并会游水而曾被划归鱼类。但随着时间的推移，人们愈益清楚
地认识到，这些特征不如下述事实更为重要，即蝙蝠和鲸都是
胎生的并给其后代哺乳。现在它们被划为哺乳类，其许多结构
特征则作为哺乳类模式的基础上的变种而变得易于理解了。可
能将来会出现某些看来更为有用的文化分类标准，但在目前，
是否存在并不主要从事食物生产的共同体，似乎是极为重要的，
它能简捷地为我们一般地将历史科学同人类学领域相区别的目
的服务。

　　这里我们将重温，我在文化综合的主要的独特层面上，例如
民族和部落的层面上，将文化同亚文化或超文化加以区分。但按
照这个过程给文明概念下定义则多少有些差强人意。其原因正在
于我们在前一章所看到的事实，许多文明化了的超文化曾经包容
了一定数量独特的民族文化，随着时间的推移，逐渐结合为单一
的文化。因此，我们以"文明"这一术语所指的就是那些我们在
对这一领域的概观中恰好发现的最大而独特的实体。所以，即使

目前只是一个单一的政治统一体，中国文化仍将被称为中国文明，
165　因为并不存在可将其包容在内的更大实体。同样，西欧超文化将
被认为是一个文明，但其组成部分，不列颠文化和法兰西文化，
出于技术性的考虑，则被称为亚文明。当然，只要我们明白，当
我们在一般意义上谈论文明或各种文明时，指的不是这样的单元，
则我们在文字上不严格地使用不列颠或法兰西文明的提法，也未
必会遭到反对。

　　在给"文明"和"一种文明"下了定义以后，我们现在得以
确定我们在历史领域中发现的文明的主要单元。我们必须提醒的
是，文化，因而文明，是由是否存在一整套基本观念和价值来加
以区分，或得以结合成整体的，但在实际上，其空间和时间上的
界限则是由是否存在一整套具有特征的制度决定的。当然，这
些标准只是使那些专家和外行都感觉到的各个时代的各个国家和
民族，在风格和一般特征上的相异及相似更为精确化的尝试。因
此，如果我们应用自己的标准——最初只需极为粗略地应用——
找出的文明的主要单元同那些早已被认识的单元极为接近，这并没
有什么奇怪。

　　八种文明的主要单元已被相当清楚地定义并已被普遍接受。
它们是：埃及、巴比伦、中国、印度、古典①、秘鲁、中美及西欧
文明。它们中的多数为博学的外行所熟悉，但略作评论或许可以
更清楚地说明其中几个文明的范围。

　　关于埃及文明。我认为该文明在埃及繁盛于初王朝时期（约
公元前 2700 年）至基督纪元 1 世纪灭亡时为止。巴比伦文明包

---

　　①　即希腊-罗马文明。——译者

括巴比伦兴起之前苏美尔①和阿卡德②的亚文明，以及巴比伦③、加喜特④、亚述⑤、新巴比伦⑥以及阿契美尼德帝国⑦的亚文明，考古学家一般认为它们之间具有紧密的内在联系。巴比伦文明从约公元前3000年一直存在到亚历山大征服以后的一些时候，我们曾发现过迟至公元前一世纪的楔形泥版。美索不达米亚文明或许是比巴比伦文明更好的术语，事实上这个术语也确实为法兰克福（Frankfort）所采用，⑧但巴比伦文明的说法则早已约定俗成；出于某种原因，这个领域内的某些专家还自称为亚述学家。中国和印度文明已为所有人熟知。我们尚无充分的根据确定它们开端的日期；或许，公元前1500年对两者来说都是一种合适的猜测。它们至今仍继续存在，尽管其上层阶级已带有西欧文化的装饰。

　　古典文明包括希腊和罗马文明。它们可以被视为两个独立的亚文明，但显然共同组成一个更大的单元。它开始于公元前1200

166

---

　　①　苏美尔文明：幼发拉底河下游的苏美尔人的文明，约公元前40世纪至前24世纪。——译者

　　②　阿卡德：即阿卡德王国，古代两河流域的奴隶制国家，存在于公元前2369—前2190年。——译者

　　③　古巴比伦王国：古代两河流域中下游地区的奴隶制国家，存在于约公元前1894—前1594年。——译者

　　④　加喜特：加喜特人是依蓝北部山区的半农半牧部落，约于公元前1518年进占巴比伦，建立巴比伦第三王朝（公元前1518—前1204年）。——译者

　　⑤　亚述：亚述人是闪人的一支，其文明源于公元前3000年代末，公元前2000年代初，形成奴隶制国家，以后成为两河流域强国，公元前8世纪后半叶，建成庞大军事帝国。公元前605年灭亡。——译者

　　⑥　新巴比伦：也称迦勒底国，古两河流域的奴隶制国家，存在于公元前626—前538年。——译者

　　⑦　阿契美尼德帝国：古波斯帝国的一个王朝，伊朗高原西部的奴隶制国家。公元前550年由居鲁士建立，公元前330年为马其顿的亚历山大所灭。——译者

　　⑧　亨利·法兰克福（Henri Frankfort）：《近东文明的诞生》（*The Birth of Civilization in the Near East*），伦敦，1951年。

年后的某个时期——由于缺乏证据，我们不能确定更为精确的日期——并延续到约 4 世纪。秘鲁文明常被称为印加或安第斯文明，但专家们现在更倾向于使用秘鲁文明这一术语。它不仅包括印加帝国的文化，而且包括被印加帝国[①]取代的南美西部的各种其他地方性文化。中美文明也是专家们的一个术语，其中包括阿兹特克[②]、托尔特克[③]以及玛雅[④]（包括旧王国和新帝国）的亚文明，同时也包括曾在现在的墨西哥和危地马拉地区繁盛过的其他地方性亚文明。秘鲁和中美文明看来都从基督纪元之初开始，延续到 16世纪早期西班牙人征服之后不久。西欧文明，即我们自己的文明，其独特形式看来出现于 10 世纪和 11 世纪。

更为精确地划定这些文明的时间和空间上的界限要求更为深入的研究和检验，并需要更为谨慎地应用我们已经建立的标准，这必定是对这些文明本身的研究的重要组成部分。然而还有另一个不那么容易识别的文明的主要单元，对它的解析将给我们提供一个机会，借以展示如何应用上述标准。

167　　这第九个文明最好采用一个地理学的术语：近东文明。识别这个文明的困难在于这样的事实：和其他文明不同，在近东文明

---

① 印加帝国：南美西部的古国，由居住于今秘鲁首都附近的印加部落建立。12 世纪起印加人开始兼并周围部落，1438 年形成强大奴隶制国家，1533 年为西班牙殖民者所灭。——译者

② 阿兹特克文明：由居住在今墨西哥境内的阿兹特克人建立。1325 年左右建立特诺奇提兰城，15 世纪初建立奴隶制国家，1518 年西班牙殖民者入侵，经济、文化遭到破坏。——译者

③ 托尔特克文明：11、12 世纪前后存在于今墨西哥境内的文明。——译者

④ 玛雅文明：由居住在尤卡坦半岛上的玛雅人建立的文明。公元前后到 16世纪初，在中美的尤卡坦半岛和危地马拉、洪都拉斯等地建立了若干奴隶制城邦，1517 年，被入侵的西班牙人所破坏。——译者

产生的区域中，大部分地区已被在其之先的古典文明所占据。基督纪元后的若干世纪中，那里发生了从一种文明的文化形式向另一种的渐变过渡。无论如何，如果我们选取近东文明是独立地繁盛着的时期，即9世纪，我们就能看到，在那个时期，近东的许多民族同享着相当数量的文化集结，因而享有一种共同的超文化，亦即一种共同的文明。这些文化集结包括：一种宗教，其独一、全能的上帝是由先知在圣书中揭示的；作为社会、政治和法律组织的主要层面的是一种内部通婚的；散居的宗教共同体；神圣的（但并未奉若神明）统治者同时居于教会和国家之首；强调人和自然的内在神性的非表现的或半表现的艺术；穹窿式的建筑风格；甚至诸如蒸汽浴、服饰及烹饪的普通风格等较小的因素。这种共同的超文化不仅可在拜占庭①的希腊人、穆斯林以及亚美尼亚人之中发现，同样也可在犹太人、科普特人②、马龙派③、祆教徒④、聂斯托里派⑤以及其他并没有自己的国家的宗教教派中发现。在那个时期落后的东欧和西欧各民族，中亚和东非三角的各民族虽然没有完全采纳这种超文化，却也对之加以模仿。

以9世纪作为基准线，通过确定上述文化集结或文化制度的基本项目（list）的延续时间，我们可以对这一文明进行上溯和下

---

① 拜占庭（Byzantine）：即东罗马帝国。——译者

② 科普特人（Copts）：古埃及人后裔。——译者

③ 马龙派（Maronites）：黎巴嫩地区的一种天主教教派。——译者

④ 祆教徒（Parsis）：祆教，即琐罗亚斯德教，又称拜火教。古代流行于伊朗和中亚的一种二元论宗教。大流士一世统治时期曾被定为波斯帝国国教。——译者

⑤ 聂斯托里派（Nestorian）：基督教教派，5世纪产生于东罗马帝国。曾传入中国，被称为景教。——译者

寻。要确定细节需要大量仔细的研究，但大略看来，某些制度可追溯到公元前 8 世纪的犹太人和波斯人之中，但无论在罗马帝国东部还是在帕提亚 ①，这些制度作为群体则出现于公元 1 世纪。在帕提亚，古典文化形式很快便被排除，但在罗马帝国内部，近东文明只是在 4 世纪，大约是君士坦丁统治时期才取得支配的地位，而古典文明的最后踪迹则延续得更加久远。

现在，这一文明的大多数地区已成为伊斯兰国家的领土。拜占庭宁可被享有同一文明的土耳其人所征服，而不愿为异己的西方基教徒所拯救，并不是偶然的。更近一些，约在 19 世纪前后，希腊人、犹太人以及巴尔干的各民族或多或少是成功地将他们自己改变为现代西欧式的民族，但在大众文化的层面上，许多近东文明的特点，在这些国家仍继续存在。希腊人和亚美尼亚人的烹饪仍相当类似土耳其或叙利亚的口味，但在总体上说，正如其目前所体现的那样，将近东文明称为伊斯兰文明，恐怕也是无可厚非的，只要我们明白其中还可以包括除伊斯兰教以外的这一地区的其他宗教信徒的文化。

关于这一文化实体的认识，早就存在一种常识。居住于东地中海国家的人们，无论是穆斯林、希腊人、犹太人或科普特人，通常都被归类为黎凡特人（Levantines，即东地中海人）。英国和美国的外交机构仍将希腊算作近东或中东的一部分，而不是欧洲的一部分。

斯宾格勒是第一个明确将这个文明辨别为独立实体的学者。

---

① 帕提亚（Parthia）：伊朗高原东北部—古国，存在于约公元前 249—公元 226 年。中国古称安息。——译者

不幸的是，他给该文明以一个晦涩的名称：Magian，即袄教文明。[1] 事实上，他列举的文明的清单几乎与我们是一致的，这暗示着他肯定无意识地，或直觉地运用着同我们极为近似的标准。或许，他的方法和人类学家的方法的主要区别是在于：他相信观念或价值存在于某种精神领域，只能为直接的直觉或他所谓"历史敏感"（historical tact）所知晓，而我们则认为这是自然——精神的一部分，或是能够经验地加以研究的心理学的事实。

在浏览这些古怪的事实时，我们会注意到，我们的九个文明中的六个构成了三对，它们在空间上相邻，时间上大致同期。这些对子是：埃及和巴比伦；中国和印度；以及秘鲁和中美文明。169 它们各自的联系体现在互相毗连的版图之中。另外，我们似乎分辨的是每一对的成员之间的相似性，并不很注意作为一般特征和发展水平的文化。这些规则的特征，或许可以称之为文明的"孪生"。就我所知，这些尚未引起其他任何历史哲学家的注意，当然也就更没有人试图加以解释；如何解释这种现象，我们现在甚至没有任何想法。这是一个只能指望未来的富有科学精神的文明的研究者能够解决的问题。其余三种文明：古典、近东和西欧文明，似乎继我们上面提到的第一对文明——同时代的埃及和巴比伦文明——之后，形成一个时间上前后相继的序列。以埃及和巴比伦这一对文明作为我们这一序列的最初成员，我们似乎有一个文明在东方和西方之间有规则的交替的现象，这是另一个只能留待未来研究的规则的特征。显然，甚至在大堆的现象中，还是存在着某些突出的规则。

---

[1] 斯宾格勒：《西方的没落》，英译本，第 2 卷，第 189 页多处。

除上述九种主要文明，还存在着相当数量的或许可称之为边缘的或次等的文明的实体。这是些包含城市的文化，它们借用了相邻主要文明的一些特征，尤其是艺术风格和技术，但并未采纳其基本制度的全部项目，所以不能被视为该主要文明的一个部分。它们的许多特征是固有的，有些甚至可能被相邻的主要文明借用。这些次等的文明中，我们可以提出的是：在埃及-巴比伦地区，有赫梯[①]、米坦尼（Mitanniun）、叙利亚-腓尼基[②]以及爱琴海（克里特-迈锡尼[③]）的文明；在巴比伦以东，则有印度河谷文明；在介于印度和中国之间的地区，我们则能发现缅甸、锡兰、暹罗、高棉、柬埔寨、马来亚-印度尼西亚、安南及"西藏地区"的文明；尼泊尔文明似乎仅依赖于印度文明，同样，朝鲜和日本的文明则属于中国的边缘。就我们所知，在西班牙人征服以前的美洲，我们并未发现同样的现象，虽然在现今哥伦比亚地区的奇布查（Chibucha）文化曾向相邻的文明借用了大量东西，最终可能还发展了城市。[④]

埃及和巴比伦文明在消失之前变成了古典文明的边缘。在被

---

① 赫梯（Hittites）：约公元前17—前8世纪存在于小亚细亚中部，黑海南岸的古国。一度侵入两河流域，灭古巴比伦王国。——译者

② 腓尼基（Phoenicia）：地中海东岸，今黎巴嫩和叙利亚一带的古国。由闪人的一支腓尼基人建立。公元前2000年初，建成许多城邦，至公元前10世纪左右达到盛期。最著名的殖民地有迦太基。腓尼基人于约公元前13世纪发明的字母表，是希腊、罗马及后来的西方文字的起源。——译者

③ 爱琴海文明（Aegean Civilization）：首先产生于爱琴海上的克里特岛，存在于约公元前2600—前1125年。克里特文化又称米诺斯文化。爱琴海文明的另一个中心是伯罗奔尼撒半岛的迈锡尼，后者存在于约公元前1600—前1125年。——译者

④ 见A. L. 克鲁伯：《文化的性质》，第283—288页。

九个主要文明

（展示期在空间的分布和时间的持续，并不表示范围）

西方	秘鲁	中美	西欧	古典	埃及	近东	巴比伦	印度	中国	东方
公元前 3000 年										公元前 3000 年
公元前 2000 年										公元前 2000 年
公元前 1000 年										公元前 1000 年
纪元										纪元
1000 年										1000 年
1950 年										1950 年

古典文明吸收之前，我们或许还能区分出后来也被古典文明吸收的单独的埃特鲁斯坎①、伊比利亚②以及凯尔特③等亚文明。在我们的纪元的开端，希腊–巴克特里亚④显然是边缘文明，阿拉伯和埃塞俄比亚文明也一样。围绕着近东文明的次等文明包括：公元第一个千年纪中的西欧条顿王国，及此时的埃塞俄比亚，在目前这一个千年纪中，则有俄罗斯和印度的穆斯林。

　　所有现存的文明，无论是主要的还是次等的，在最近两百年中都已成为西欧文明的边缘。这是以更精确的术语对下述事实的复述，即我们以不很严格的话恭维："西欧文明已扩展至整个地球"，甚至"西欧文明现已囊括了所有人类"。确实，我们难以发现完全不采纳某些西欧文化特点的民族；或许在遥远的新几内亚，喜马拉雅东麓及亚马逊河流域还有一些部落实际上仍未受影响。但甚至像印度那样对西方的借鉴十分广泛的国家，广大群众在日常生活中仍遵循其完整的古老的传统模式。如果我们想在明确意义上使用"文明"这一术语，我们就不能将它们称为西欧文明的成员或负荷者；同样，我们也不能将这些文明作为整体并称之为西欧文明的一部分。

――――――――――

　　①　埃特鲁斯坎（Etruscan）：即伊特鲁里亚，公元前8世纪起居住于意大利西北部的伊特鲁里亚人的文明。公元前6世纪奴隶制进入发达阶段，公元前3世纪为罗马征服。――译者

　　②　伊比利亚（Iberia）：古代西班牙的伊比利亚人的文明。公元前3世纪末以后逐渐接受罗马文化。――译者

　　③　凯尔特（Celtae）：又译克尔特。公元前6世纪凯尔特人的文明，分布在不列颠群岛、西班牙等地。公元前4世纪后，逐渐与罗马、日耳曼人结合。――译者

　　④　希腊–巴克特里亚（Bactria）：即大夏，中亚细亚古国。公元前3世纪中叶立国，至8世纪为阿拉伯人所并。――译者

次等文明的名单几乎肯定没有穷尽。同上述情况极为相似的，我还应加上依附于埃及的库施或努比亚[①]，依附于巴比伦的埃兰[②]，依附于近东文明的突厥-鞑靼。在西非，看来欧洲人到达以前已经存在城市，或许我还应说：起先是近东，现在则是西欧文明边缘的西非文明。几乎可以肯定，我们还忽略了其他一些事例。同样可能的是，这份名单并不完全精确，某些次等文明或许应当分为两个，或并入其他次等文明。我在这里实际上是要寻求建立一个次等文明的范畴，以便对我们发现的某些现象进行分类。至于确定这个范畴的成员及其在空间和时间上的精确范围，则由更为详尽的研究来决定。无论如何，我对"文化"和"文明"概念所作的较其他著作家更为精确的定义，使这种范畴成为必要。许多历史哲学家安于否认次等文明，或基于某种表面的相似而将它们算作某个主要文明的一部分。但考古学家和历史学家一般都发现，做出这种区分是有益的。

从纯思辨的基础上看，这个范畴可能会被认为有着某种人为的东西，即在一个主要文明的边缘，我们似乎可以发现一个持续的系列，其中包含了处于被同化过程中的所有阶段上的文化，从那些向主要文明借鉴了一些技术发明的文化直至采用了接近于——但不是完全的——主要文明的基本制度、基本观念和价值的文化。我相信，无论如何，人类学家关于文化适应的研究已经表明，可以在下述两类文化中划出相当明确的界限：其中一类文

---

① 努比亚（Nubia）：埃及古王国时期存在于苏丹北部和埃及南部的地方文明。——译者

② 埃兰（Elam）：即埃兰古国，古代巴比伦以东的一个王国。——译者

化的承受者虽然从其更为强大的邻邦那里借鉴了许多文化特点，但仍试图维持其传统观念和价值，另一类文化的负荷者则处于放弃其基本制度所依据的传统观念和价值的过程之中。这里当然存在过渡的时期，但很清楚，它们是过渡性的，也只能这样描述。

173 　　在我们能够依据粗略的概观进行判断的范围内，就整体而言这些次等文明所持续时间较那些主要文明要短暂得多。它们那些反映不出主要文明进程的基本制度，似乎未有任何演进。另外，整个地说，它们似乎缺乏创造性，至少，我们可以说，那些文化的独创的特征很少为其他文明所借鉴。没有一种曾对整个世界发生过重大影响的伟大艺术风格和思想体系能归功于一个次等文明，尽管凯尔特艺术的确曾经影响了第一个千年纪的条顿王国，并通过它们影响到我们文明的开端。

　　伟大的宗教看来可能是这一概括的例外。尽管基督教、印度教和佛教都起源于主要文明，但犹太人早在公元前 8 世纪就创始了伦理的一神教，而波斯人则在同一时期创始了伦理的二元论宗教。但这仍可视为作为近东文明兴起之前的先驱的发展过程，而伊斯兰教创始时，阿拉伯人已经吸收了近东文明。

　　确实，从这方面看，非文明民族的纪录较次等文明民族要好得多。塞种人（Scythian）的"野性风格"（canimal-style）似乎对中国和近东都有一些影响，同时，似乎还有查利布（Chalybes），一个南亚美尼亚的原始民族，恰好在埃及和巴比伦兴起之后就发明了铁器；而我所想到的次等文明仅有的重要发明就是腓尼基人发明的字母表。

　　日本的例子是这一概括的可能的例外。日本文明显然不是中国文明的一部分，因为那里始终缺乏中国的许多基本制度，例如，中国的官制、祖先崇拜和儒家伦理学。它也显然是中国文明的边缘，因为它借鉴了中国的书写风格、许多艺术风格，以及中国式的佛教。在最近的一个世纪中，日本则广泛地借鉴了西欧文明。然而，在某些方面，日本似乎更像一个主要文明，而不像次等文明。例如，日本的社会制度似乎独立地经历了一个发展：首先是 174 封建主义，随后则是商人阶级的兴起。这一发展在其他文明中同样也能发现，在中国，则仅仅是在时间上要早得多。[①] 因此，尽管日本从中国获得借鉴，我们将日本归入主要文明仍是可能的。但在我们更多地了解主要文明的发展进程之前，这一问题总还不能解决；同样的考虑或许也可用于俄罗斯文明。俄罗斯文明最初是近东文明的边缘，然后是西欧文明的边缘，但在最后一两个世纪中也展示出某些处于早期阶段上的主要文明的标志。这是我们从事新科学的研究的人必须解决的问题。很清楚，在我们这个已经充满了文明的世界上，如今一个主要文明如果不是首先处于其近邻的影响之下，是不可能发展起来的。

我对"文明"所下的定义使我得以确立两个范畴，一个是拥有9个（或可能是11个）成员的主要文明，另一个则是尚不能确定其成员数量的次等文明。我也提供了确定上述两个范畴的成员的身份以及其在空间和时间上范围的标准。

现在，我同样可以用我的定义来批评两个广泛流行的概念。首先是所谓"基督教文明"的概念，一个假定包含了所有基督教

① C. B. 桑塞姆（C. B. Sansom）:《日本———部文化简史》(*Japan, A Short Culture History*)，纽约，1943 年。

民族的文化的实体。对一种文化的负荷者来说，认为其基本观念和价值中存在着超自然的律令，似乎是一种普通的，或至少是广泛的现象；因此，在他们看来，宗教往往或多或少是其文化的心脏或中心。如果我们要以基本观念和价值来判别宗教，从某种意义上说，这会是真实的。但我们随之需要另一个术语，以便描述那种同通常狭义上构成宗教的超自然物相联系的信仰和实践。文化的基本观念和价值不仅表现在其宗教之中，而且表现在文化的所有其他方面和部分。人们不仅同超自然物，而且同自然发生关系，以及人们之间相互发生关系。因此，宗教只是文化的一个方面，不能以此作为整体的名称。说"基督教文明"，恰如说"民主文明"或"专制文明"；或者仅就此而言，也恰如说"饮茶文明"。这些术语并未包含可以经验地发现的那种实体。毋宁说，它们是可以塞进多种文化的某些类型，因为这些文化共同享有某一单独的文化特质或文化集结。正如我们已经看到的，这类类型"文明"的可能数量是无限的，或至少是不可胜数的。

　　如果我们实际上检验基督教的历史，可以看到，在基督教以后的第一个千年纪中，基督教的兴起、传播和发展实际上是整个近东文明的兴起、传播和发展的一部分，基督教同近东文明的一些其他特征一起，为西欧的条顿王国所接受。大约第二个千年纪开始，这些王国开始发展起一个独特的主要文明时，它们保留了基督教，但依照他们的新的观念和价值，对之作了相当深刻的修正。这使我们得以用自己的术语解释东西方教会的大分裂以及中世纪早期西欧的神学热情。同西欧的发展一致，西欧基督教会甚至作了更进一步的修正，现在则采取了一种世俗的和理性主义的形式，以与目前的时代相适应。西欧基督教尽管在信仰和实践的许多形式上同东正教相似——罗马天主教尤其如此——但其精神，即基本观念和价值则相去甚远。基督教的两大支派都认为对方曲解了这一宗教的真实性质，但在旁观者看来却十分清楚：基督及其使徒都是近东人，而不是西欧人；而他们所持的观念和价值至今仍存在于形形色色的东方教会中，就此而言，还存在于伊斯兰教之中。例如，"不要为明天忧虑"这一观念，更为接近伊斯兰教的宿命论及对上帝的直接依赖，而不是西欧的基督教的能动主义。¹⁷⁶ 另一方面，如在追溯基督教的兴起和发展，探究它对那些它曾在其中繁盛的文明的其他方面的影响时，将它作为历史进程的独立现象或因素，我们并没有什么异议。我们甚至可以同基督徒一样，认为基督教是历史中最重要的因素，尽管这未必能被纯经验的手段所证实。我们的反对意见是针对那种将"基督教文明"作为独立的实体的看法。这种做法即使还没有使对文明作理性的分类和比较变得毫无可能，至少也增添了困难。

对基督徒来说，"基督教文明"无疑将继续是一个令人鼓舞的概念，但从我们提出的科学的观点看，似乎很少裨益。我们的定义驱使我们否认的另一个实体是"西方"或"欧罗巴文明"，这包括我们已经加以区别了的古典文明和西欧文明。这看来确实是一个同"基督教文明"对立的概念，这一概念是由人文主义者推动发展，并试图以此反对当然包括基督教的近东文明对我们自己的文化的影响。无疑，古典文明在许多方面是与我们的文明，而不是与近东文明更为接近，在它们的文化特征中，就一般倾向而言，两者都更是此岸的，而不是彼岸的；两者都具有强烈的表现性的艺术形式，选举产生的政府，以及非宗教形式的科学和哲学。文艺复兴时期，甚至更早，在中世纪，寻求以新的方式表述其新的观念和价值的西欧人即已转向古典文明的遗产，以期从中找到规范。但在那个向古典文明借鉴的时代，被借鉴的东西是被误解和歪曲了的，而在随后的若干世纪中，甚至被更深刻地修正了。人们只要比较一下帕拉第奥①的建筑和希腊神庙，贝尔尼尼②的雕塑和菲底亚斯③的雕塑，现代的代议制政府和希腊的城邦民主，就可以发现现代形式和古代形式的深刻差别。发掘出某一西欧城市的未来的考古学家，若将这一城市同希腊城市比较，会毫不踌躇地认为它们分属两个不同的文明。他会发现，只有少数古典文明的形式被保存了下来，而且，更多的是外表的，而不是结构性的要素。然而，如果我们愿意，我们可以将"人文主义"作为历史进程中的独立因素，就如同基督教一样。

前面三段中提出的许多见解，如同本章的其他见解一样，需要有比我这里所能提出的更为详尽的证据。但我确信，只要仔细地研究有关事物，并在我所给出的精确意义上使用"文明"概念，无论何人都会得出相同的结论。按照我们的概念框架，说西欧文明曾或多或少地受到古典文明和近东文明的影响，这无疑是正确的，但如果将它看作这一或那一文明的延续，或两种传统的简单

---

① 帕拉第奥（Palladio, 1508—1580 年）：意大利文艺复兴后期的建筑师。——译者

② 贝尔尼尼（Gian Lorenzo Bernini, 1598—1680 年）：意大利 17 世纪雕刻家，画家。——译者

③ 菲底亚斯（Phidias）：主要活动时期为公元前 448—前 432 年，古希腊雕刻家。——译者

综合，则是错误的。它包含着自己的基本观念和价值，以及基本的制度。以后，我将以"西方的""欧洲的""西欧的"及"西方人的"（Occidental）等作为我已经划定了界限的文明的同义语。

正如我们看到的，斯宾格勒的"伟大的文化"的清单同我们的主要文明的清单几乎完全一致。而汤因比列举的清单，则是一个不能相容和不能相比的实体的奇特的杂凑。但对它的检验则可能是富有教益的。我们一开始就必须看到，他对文明的定义，即"历史的能自行说明问题的研究领域"，这种说法没有为确认这些实体或确定其界限提供明确的手段。他并未告诉我们这些领域究竟包括事件、人物，还是社会。从他的讨论中，我们看到，他将文明想象为相互作用的民族的群体——在我们的术语中，即政治上一体化的社会构成的群体。但是，由于所有社会都能相互作用，都能对其邻邦施加影响，因而如果我们从字面上理解他的观点，结论便是，只存在一种文明，即包含人类全体的文明。在某一点上，他是说过一些民族经历了相同的发展，这里或许存在着类似 178 我们的"文化"或"文明"概念的观念的萌芽，但这从未明确过。

如果我们检查一下汤因比在他著作的第一章中开列其文明清单① 的实际途径，我们就会发现其中有一个主要的标准——事实上的但并非是理论上的——即某一文明是否能同他的"亲体-子体"的图式合拍。在他看来，文明必定以一个"统一国家"而终结，随后则是一个新宗教的兴起（他称之为"统一教会"），这个宗教本身即可导致一种或数种文明诞生。前一个文明被称为"亲体"，

---

① 汤因比:《历史研究》，第1卷，第51—128页。

后一个文明则被称为"子体"。从这个图式出发，他在空间和时间中广泛搜寻那些合适的实体，就像寻找双亲和女儿角色的候选人。难怪他提出了惊人数量的文明，其中许多文明并不见其他作者作如此区分。确实，在第八卷中，他承认他分类的单位仅"同他的研究对象相联系"①。

汤因比的文明清单中的四种同我们的主要文明的几个成员似乎是一致的。他所说的埃及、安第斯、希腊及西方文明，可能等同于我们的埃及、秘鲁、古典及西方文明。另两个，即他的日本和俄罗斯文明，我们也曾加以鉴别，但还不能确定它们究竟应属主要文明还是次等文明。汤因比的其他两个文明：米诺斯文明和赫梯文明，在我们的术语中显然是次等文明，其中米诺斯文明相当于我们的爱琴海亚文明。我们的另外三个文明，每一个都被汤因比划分为二，以便给他的亲体-子体图式提供例证：中国文明被划分为中国文明和远东文明，巴比伦文明被划分为苏美尔文明和巴比伦文明，印度文明则被划分为古代印度（Hindic）文明和印度（Hindu）文明。中美文明则没有明显的理由而被划分为三个，即玛雅、尤卡坦和墨西哥文明。余下的他的另四个文明，即叙利亚、伊朗、阿拉伯及东正教文明，显然都是组成我们的近东文明的部分，而所谓叙利亚文明似乎还可包括在我们所谓叙利亚-腓尼基次等文明之中，又是我们的巴比伦文明的最后一部分，即阿契美尼德帝国的一部分。而波斯和萨珊帝国②他则完全不加考虑。

① 汤因比：《历史研究》，第8卷，伦敦，1934—1954年，第667—673页。
② 萨珊帝国（Sassanid）：又称萨珊王朝，约226—641年的波斯王朝。——译者

这就完成了汤因比的包括 21 个文明的基本清单。在较后的几卷中，他又引进了第 22 个文明："西方中世纪城邦秩序"，他认为这是西方文明的部分，[①] 但又多少有些不同于西方文明。作这样的区别似乎是为了给所谓"道德崩溃"提供又一个例证。这 21 种或 22 种文明，在我们的图式中缩减为九种主要文明，两种可能的主要文明，以及两个次等文明。我们的绝大多数其他次等文明，他干脆完全未曾提及，但我们还不十分清楚，究竟是他完全不知道这些次等文明的存在呢，还是把它们作为上述文明的一个部分。他曾将印度河谷的文明表述为"印度文化"，漫不经心地把它作为一个本身独立的文明。但他似乎更倾向于将它作为苏美尔文明的一部分，尽管他所谓的苏美尔文明在他的印度文化开始以前就结束了。[②]

除了这个基本的清单，汤因比还描述了三个流产的文明和五个停滞的文明。[③] 就前三个文明说，他的远东基督教文明干脆就是聂斯托里派。显然他们的文明构成我们的近东文明的一部分。东方基督教中，何以唯独这一教派应视为独特的文明，而其他教派，如科普特、亚美尼亚及马龙派等则不行，原因并不清楚。或许汤因比乐于推测，一旦蒙古人皈依了聂斯托里派，可能会发生何种情况。

其他所谓"流产的"文明，即远西基督教文明（即纪元后第一个千年中的爱尔兰文明）及斯堪的纳维亚文明，似乎最好归类

① 汤因比:《历史研究》，第 7 卷，第 277 页。
② 同上书，第 7 卷，第 410 页。
③ 同上书，第 2 卷，第 322—385 页；第 3 卷，第 1—79 页。

180　为那种对相邻文明广泛借鉴的非文明的文化或超文化，我们已经提及这类文化的一个例子，即南美的奇布查文化，无疑我们还可以发现许多其他例子。人们可以立即想到纪元后第一个千年纪中的远东的蒙古和满洲文化，以及西方的匈奴和阿瓦尔（Avars）文化。

　　汤因比给他的五个"停滞的"文明所起的名称显然表明他并未在一个民族与这个民族的文化或文明之间做出区分。这些名称是：爱斯基摩文明、波利尼西亚文明、游牧文明、奥斯曼文明和斯巴达文明。在我们的术语中，我们更倾向于将爱斯基摩和波利尼西亚视为具有非文明或原始形式的被阻抑的文化，或更严格地说，是被阻抑的超文化。在数以千计的原始文化中，何以上述两者应视为强有力的然而是"停滞的"文明，我们不得而知，或许就是因为它们能作为"挑战和应战规律"的图解。游牧人当然不是拥有单一文化的单独的民族。这一术语通常用于描述散布于世界各个部分的一定数量的部落，它们享有一种文化特征，即为寻找牧场以便喂养那些作为其食物主要来源的牲畜，经常进行迁徙这样一个事实。因此，汤因比的"停滞的"游牧文明实际上是原始文化的一个类型。从我们的观点看，汤因比的最后两个"停滞的"文明，即奥斯曼文明和斯巴达文明，分别是近东文明和古典文明的部分。汤因比也隐约地认识到它们参与更大的文明，他甚至将奥斯曼帝国作为东正教文明的"统一国家"，但他发现还是将其作为独立的实体更为便利，因为这使他可能就军国主义的外观特点作确凿的道德的观察。

　　在汤因比最近的某卷著作中，"流产的"文明神秘地从三个增至五个，而"停滞的"文明却从五个减至四个。尽管极为仔细地查阅了索引，我还是不能发现新增的两种"流产的"文明的名称，以及哪一种"停滞的"文明不再列入文明的清单。

　　汤因比的文明清单中的自相矛盾和混乱给我们以有益的教 181 训，说明了一个清晰的标准的必要性。在我们能够比较各种文明——正如汤因比声称要作的那样——之前，我们必须区分它们；而要进行区分，我们必须选择那些看来富有意义的标准，然后系统地运用这种标准。我们不能依靠一时的怪想或臆造的实体以适应那些很大程度上是以隐蔽的道德术语表述的预先构建的先验图式，诸如"亲体-子体"或"挑战与应战规律"。汤因比给文明的比较研究带来了巨大的危害，并以他在研究中使用的如此拙劣的想象和非科学的方法，破坏了整个事业的信誉。甚至与斯宾格勒相比，汤因比也代表着向前科学的、道德的历史哲学倒退的一个阶梯。正如在他的较后几卷著作中的启示录式的梦幻所显示的，他首先是一个先知，一个装扮成"现代西方的历史研究者"的先知。而在斯宾格勒那里，尽管存在着广泛的夸张，以及他对直觉的依赖，他仍持有同人类学家接近的文化概念，并较他的后继者更能系统地应用这种概念，并更尊重证据。看来未来的经验的研究——我们正试图为之提供一个基础——尽管肯定不能证实他的全部经验，却也能证实其部分结论。

　　同汤因比相对照，我在这里寻求的是提供某种标准，这种标准被证明是有意义的，并使我们能够区分那些本质上可以相比的实体。这就是：我们以共同的观点和价值作为文化术语的定义，而以城市的出现作为文明术语的定义。我必须承认，我还不能绝对精确地给这些实体划定界限，但至少我们能够以相当的把握识别这些实体，并给它们定出一个大致的边界，这比同一领域中先前的作者所能做的要多得多。我们的标准究竟有多大用处，只是在检验并对比了它们提供的那些实体以后才能最终知道。我们如此区分出来的对象与专家和外行过去所作的区分，整个地说是一致的，这个事实多少使我们得到鼓舞。大概我的定义只是对基于常识的直觉的改善而已。

如果说，我在最后几页中多少有些过于苛刻地批评了汤因比教授的著作，这确实只是因为这里似乎需要，甚至是必须作为一个因缺乏引导我们的清晰的定义而造成的困难和混乱的突出事例。对他的才智、博学以及理解问题的真诚愿望的怀疑是愚蠢的。像许多历史学家一样，他所受的教育完全是人文学的，他被剥夺了完成他给自己指定任务的必须的工具，我们只能认为这是一种不幸。

第八章　文明的比较研究

　　现在，我们已经给"文明"下了定义，并提供了一个实际上存在的文明的尝试性的清单。我将继续考虑文明的比较研究将包含哪些内容。这里，我将遵循第六章中所讨论的各种类型的解释。正如我们看到的，一个经验主义的基本假定是：解释总是涉及对反复出现的事件的模式或事件的外在的了解。我们将在比较研究中寻找的正是这种反复出现的结构。

　　文明看来要分为两个范畴，即主要文明和边缘（或次等）文明，这个事实暗示着，如果当把研究仅限于这一或那一范畴时，我们的比较研究才最富有成果。无疑，某些相似、某些反复出现的模式在两个范畴中都能发现，但似乎只是在同一个范畴的成员之中，才能发现更多。由于主要文明较边缘文明大得多，同时也在历史领域中占据更大地盘，从它们开始进行研究，在较晚的时候再来检验次等文明，显然是合适的。

　　在主要文明中，我们能够找到多种规则。我们首先必须区分那些在所有文明中都能发现的规则或那些仅在一个或少数文明中发现的规则。换句话说，比较研究不仅包括观察相似性，同时也包括相异性。这种相异性也构成一种规则，最终构成我们整个画面的一部分。

184　　有一个例证或许可使这一点变得更为清楚。如我以前所观察到的，所有九个主要文明都是有文字的，即在其整个漫长的历史中，始终包含书写的艺术作为其众多特征之一，这种看法是不真实的。但是，认为所有九种主要文明都有某些能够保存准确的事迹或做准确的记录的方法，则可能是真实的。印度人在采用书写方式之前，就发明了一种记忆的技术，包括以持续的复述来保存其神圣的故事。另外，秘鲁人则发明了一种以打结的绳索为手段的保存记录的系统，即所谓 quipu。由此，我们可以对所有九种主要文明做出一个普遍的概括，这个尚待证实的概括暗示了进一步的结论：同不可靠的平均记忆相反，某种持续地保存记忆的手段是文明真正趋向复杂的先决条件。另一方面，可以把印度人和秘鲁人保存记忆方法的不同，看作同这两个文明的其他特征一致的：印度人重视宗教但忽视历史，而秘鲁人则发展了一个高度集权的政府机构。因此，这种方法上的差异将有助于我们描述这两个文明的特征，最终我们可以指望能对这种特征上的一般差异给出一种心理学的或环境方面的解释。

　　我们其他四种文明，即埃及、巴比伦、中国和中美文明采用的是表意的，而不是字母的或标音的书写形式。前三种文明在它们了解了其他民族的字母形式之后很久仍保持其表意的书写方式，而第四种文明则在这种可能性出现之前即归于灭绝，看到这一点是富有教益的。同其他事实一起，这些事实似可说明，存在着某种同其传统的书写风格相联系的内在的保守倾向，尽管这些事实仅在我们的三种或四种文明中是真实的。

　　生物学中也能发现类似的情形。不同种属之间的一贯的相异

性同其相似性同样令人感到兴趣。同样，在心理学中，我们可以 185
研究在某个人或某种类型的人的行为中反复出现的规则，如同研
究对所有人都有效的规则一样。确实，我们对人类一般天性的最
深刻的理解正是从关于"疾病"的研究中取得的，后者当然是一
种异常情况。

因而，比较研究涉及一贯的相异性，同样也涉及一贯的相似
性。正如我们已经看到的，我们可能得出规则的另一条途径是对
共时性和历时性的研究，即对那些散布于不同时期的部分和同时
存在的部分的研究。因此，在检验我们的九个主要文明时，我们
希望了解某种文化特质和文化集结的结合是否有规则地同时存在，
也希望了解其他这类结合是否有规则地在时间上前后相继。这里，
我们还是对相似性和相异性同样感到兴趣，对那些在所有文明中
都能发现的文化结构及仅在一个或一组文明中发现的文化结构同
样感到兴趣。

正如我已经指出的，社会学家们在很大程度上更关心各种结
构的多样性的瞬时的研究，关心那些如同在我们自己的文明中发
现的人际关系（即所谓社会结构）的共时性的规则。确实，马
克斯·韦伯已经看到：如果我们想做出对全人类普遍有效的概括，
我们就必须将自己的社会结构同其他文明的社会结构进行比较。
但社会学家并没有追随他这种开创性的研究。[①]正是社会人类学家
在最近一二十年中开始研究中国和印度的社会结构；另外，他们
还在单独的原始人群中进行了许多这种类型的共时性的研究。对

---

① 马克斯·韦伯：《社会学文集》（*Essays in Sociology*），英译本，伦敦，1947
年，第267—301、396—444页。

这些研究结果进行大规模的比较，目前还仅是一种愿望，而不是一个事实，尽管这方面已经写出了第一批论文。[1]

186 　　但社会结构仅是共时性规则中可能的一种。对我们的目的来说，最重要的或许是在整个文明的接合点上发现的规则。这里，我更泛指在每一文明中发现的那些文化的主要部分，诸如政治、经济、宗教、科学等，其中某些部分较其他部分置于更重要的地位，其精致程度，其内在联系，等等。在这个领域中所能做出的概括的一个例子，便是一种普遍的见解：在最原始的文化中，血缘纽带——不论是通过血统还是通过婚姻——在团结整个社会时扮演了首要的角色，而在较为复杂的文化中，政治和阶级的秩序取代了血缘的某些功能。由于这种原因，同原始人相联系的血缘纽带和义务在原始文化中的精确和细致程度较我们文明中的往往高得多，一定程度上较中国文明和印度文明也高得多。

　　不幸的是，还没有人给文化的这些部分列出一个逻辑上连贯的、系统的、详尽的清单。我们惯于使用的那些术语，诸如政治、经济、宗教、艺术、法律等，无疑具有一种相当粗略的效用，至今能很好地服务于我们的目的，但都难以精确地定义，同时它们内部也并未组成一个相关的体系。我们也不能确定是否存在那么一个清单，能够包含所有各种可能的文化特质和文化集结。马林诺夫斯基试图在对人类本能和动机的心理分类的基础上勾画出这样一个清单；[2] 更近一些，两个语言学家，豪尔和特拉格做出了更

---

① C. P. 莫多克（C. P. Murdock）：《社会结构》（*Social Structure*），纽约，1949 年。
② 马林诺夫斯基：《科学的文化理论》，第 91—136 页。

细致的尝试[①]——但这些努力都并未被普遍接受，或许是因为作为基础的范畴本身并不显得逻辑上一贯或详尽。

当然，对文化的种类和部分的这种逻辑分类正是当务之急，这一任务完成之前，我们的科学的发展必然要受限制。类似地，这种分类将依赖一些不同种类的标准的相互作用：该文化通常分出的部分；所涉及的动机；是否包含其他人或对象，如果是，包含何种人或对象，等等。就其性质而言，这些问题并非不可解决，但看来目前还没有人知道如何解决。现在我们只能满足于继续使用为我们服务了很久的那些用滥了的，但又是相当可靠的术语。

另一种类型的极其重要的共时性规则是我已经指出的观念和价值，即广义的思想和情感的方式，这很清楚地表现在一定时代的一种文化的各个部分或方面。这是规则中的规则，在组成一种文化或文明的多种特质和集结中具有广泛的一致性。一些历史学家，尤其是那些被认为是最伟大、最深刻的历史学家，表现出一种伟大的技巧——通常是一种直觉或艺术——以使读者明了另一个时代或国家的观念和价值。如我们所看到的，正是这些思想和情感的广泛的一致性使一种文化或文明结成整体，并由这些得以确定其身份。

一些人类学家曾认为，任何文化必须在其所有部分都结为一体，换句话说，其基本观念和价值必须在其所有的文化特质和文化集结中表现出来。斯宾格勒似乎持有同样的观点，他的文化在

---

① 见小爱德华·T.豪尔和乔治·L.特拉格（Jr. Edward T. Hall and George L. Trager）所著的《文化的分析》（*The Analysis of Culture*），华盛顿，1953年；以及豪尔、特拉格和唐纳德·H.亨特（Donald H. Hunt）所著的《文化分析理论的技术方面》（*Technical Aspects of the Theory of the Analysis of Culture*）油印本，华盛顿，1954年。

本性上是精神的——用我们的术语说，即由观念和价值组成——并构成自我决定的，既不受环境，也不受各种文化相互接触的影响的完全独立的实体。无论如何这种观点看来过于激进，同事实并不一致。非常可能的是，一种文化在不同时期内、不同环境下，或在不同的部分中或多或少是一致的，但有时它甚至可能分解。可以假定，在物质对象的性质、状态和效用作为重要因素的领域，诸如技术领域，观念和价值的作用较少；而在个人能自由表现自188　己，较少涉及物理现实的那些领域，诸如宗教和艺术领域，观念和价值的作用则较大。这是研究比较文明的学者当然必须研究的经验性问题。他将会探究在何种程度上，一种文明无论就其整体还是就其各个部分而言必定是一致的；在不同环境中这种一致性将如何变化；在任何既定的时期，流行的观念和价值自身中，将有何种关系，等等。他同样希望了解一种文明的观念和价值如何同其他文明的，或同一文明其他时期的观念和价值进行比较。

如果我在这里强调了这样的重要性，即在文明的主要部分的内部联系及促成文明的一致性的观念和价值这两个广阔的领域中寻求共时性的规则，这是因为，在这两个领域中我们最可能做出类似物理学规律的有一定范围和普遍性的概括。在选定的领域中我们必须首先处理最大规模的现象，这包含——更妥帖些说，这是从最大数量的较少现象中抽象而来。在我们理解某些更为一般的现象之前，我们似乎不能理解作为其部分体现的特殊特质和集结的内部关系。地表内部或附近的物体运动，只有在其运动的一个成分被抽象出来并同行星运动作对比后才能理解。只有在这时，才能合理地分析这一运动的其他成分，科学的力学才成为可能。

同样，除非我们能了解中国和西欧文明的相似和相异可以归之于这两个文明的观念和价值及其全部接合点的相似和相异，对两者的家庭结构的比较研究就不会有成果。中国的伦理学和中国思想传统强调直接的人际关系，而国家同其他有组织的制度相对较弱，189这同解释中国的相对较强的家庭纽带还有很大的距离。

　　在我们研究各种文明的历时性规则时，也将作同样的考虑。我们当然会选择某个特殊的文化特质或文化集结的发展进行研究，然后，将它们与同一文明中的其他文化特质和文化集结或其他文明中的同一文化特质和文化集结相比较，以期发现规则。我们也可以将这种方法应用于较大的文化现象结构，诸如制度、国家、教会、艺术风格、哲学学派，从大量可能的事物中选出一小部分。我们也可以研究不同的文化特质和文化集结的发展的关系，甚至研究更大的结构之间的关系，正如韦伯和托尼对新教伦理和资本主义的兴起之间的关系的研究，[①] 以及莫顿对同一宗教对西欧科学兴起的关系的研究。[②] 通过比较一个文明中所曾发生的及其他文明中所曾发生的事物，我们可以找到应用于所有文明的规则。

　　这里，在我们寻找并确实找到某种能够应用于较大规模上的规则之前，那些相对较小的现象仍然不会任由我们分析，或变得易于理解。西欧的新教、资本主义及科学的发展，必须部分地看作整个文明的接合的例证，这一接合无疑是在时间中变化的，或

---

　　① 马克斯·韦伯:《新教伦理与资本主义精神》，伦敦，1948 年；R.H. 托尼:《宗教与资本主义的兴起》，伦敦，1926 年。

　　② 罗伯特·K. 莫顿:《社会结构和社会理论》，第 329—346 页。

许也有其自身的历时性规则。同样，这一发展必须部分地理解为西欧文明的基本观念和价值的发展的例证，或诸如个人主义、理性主义这类现象发展的例证。我们也可以指望在其他文明中发现平行的现象。

关于各种文明的接触及其相互影响的问题，看来最好视为我们必须从中寻找历时性规则的一个多样化的过程。这里，我们也可以研究和比较个别的特质、集结以及较大结构的传播，但最重要的规则似乎是要在整个文化领域的传播进程中发现的，即在诸如宗教、政治组织的形式，以及那些更大但较为罕见的观念和价值的传播中发现的。

所有这些必须使我们得出这样的结论：以科学方法研究历史的学者，其最重要任务将是对整个文明发展的比较研究。这个结论来自两个观点，即文明的接合——即文明的主要文化部分的特征及内部联系——以及文明的基本观念和价值。无论是就其稳定的和一致的方面而言，诸如确定长久的心理学和社会学的必然的效果，还是就其多变的方面而言，诸如流行观念和价值的表述，文明的基本观念和价值及其接合最终并不是完全不能理解的。对规则的探索，进而对文明的基本观念和价值的发展的探索，将成为理解我们视为整体的文明和历史发展的关键。

我必须不无勉强地承认，我已经接近这样的结论：甚至同传统的看法一样，对观念和价值的分析，或以任何程度的精确性来描述观念和价值，是极为困难的。正如我们这里使用的词汇所表明的，观念和价值不仅包括某些代表人物系统地表述的信仰和判断，而且包括无意识或非意识的思想和情感的方式，诸如确定范畴的方式，内部关系及对体验的评价。这些无意识的观念和价值一定是更难以描述和分析的东西。在我们自己文明的范围之内，对那些用以描述观念和价值的术语，我们还有着相当粗略的一致，即使其外延常常不能确定，但对每一个人来说，其内涵大致是同一的。但当我们设法描述其他文明的观念和价值时，我们的困难便大大增加了。这不仅是因为我们的词汇的内在缺陷——因为这些词汇是为了应付我们自己的文化的需要而发展的——而且也正是由于我们的语言结构的缺陷。正如一个新的语言学派清楚地说明的，我们语言的语法和句法依赖于一种无意识的前提，即将体验划分为各个范畴，而这些范畴又互相联系。[①] 我们自己的价值植根于我们的语言之中，而我们的语言是我们描述异己的观念和价值的唯一工具。

然而对观念和价值发展的比较研究是理解历史的关键，这一观点是由我们论题的性质决定的必然结论。正如我们已清楚地看到的，观念和价值是最大的、最能包容各种文化现象的东西，它能包容最大数量的单个文化特质的各个方面，同时，也正是这个观念与价值造成了文明的完整与差异，我们不能不将对它的描述和解释作为科学的历史研究的中心事物。尽管我们可能从较少的文化现象的发展和内部联系中发现一些规则，但是，只有当我们理解了那些可能在观念和价值的发展中发现的规则，我们才可能

---

① 本杰明·李·沃尔夫（Benjamin Lee Whorf）:《玄妙语言学的四篇论文》(*Four Articles on Metalinguistics*)，华盛顿，1950年。哈里·霍耶尔（Harry Hoijer）编:《文化中的语言》(*Language in Culture*);《美国人类学通讯纪要》(*American Anthropological Association Memoir*)，总第79期（第56卷，第6期，第2部分），1954年。

对它们有充分理解。迄今社会学家和人类学家在建构具有普遍效用的概括时所遇到的困难，可能在很大程度上归因于这样的事实，即他们在一个错误的层面上寻找这种效用，他们概括较少的文化现象，却忽略了更多的文化现象。他们试图将文化的特殊性质加以联系，诸如文化特质、文化集结，或社会结构的因素，但并未考虑它们植根其中的观念和价值的框架。无疑，较之研究文化的特殊项目，对观念和价值的客观研究过程中充满着更大得多的困难，但这一研究的收获似乎也同样巨大。

192

　　这里似乎并没有理由假定根本就不可能对观念和价值进行客观分析。只要我们对它们经验地定义，最终我们涉及的只是一些体验的事实，可以推测，其中至少包含某些对所有观察者都是同样的基本要素。如果不是这样，我们根本就无法谈论它们。我相信，精确地定义观念和价值的困难产生于这样的事实：每一个人的观念和价值，其思想和感情的方式，都在某种范围上同其邻人有所不同。我的自由观念不同于以赛亚·伯林爵士的，而他的又不完全是卡尔·波普尔的。思想史家同其他历史学家一样，倾向于在个人的层面上而不是文化的层面上从事他们的研究；为避免无穷无尽的个人之间的差异，他们倾向于使用同样的词以描述许多个人的观念和价值中的共同要素，以及同样的观念和价值在不同个人之间的所有变动。因此，观念和价值看来就缺少精确的边界，似乎是无限变动的。但对我们的目的而言，我们必须在文化意义上思考观念和价值，我们仅关心那些一个群体的所有成员所共有的东西，这样，我们就能够多少更容易，更精确地对它们下定义。

　　描述文化的观念和价值的实际技巧是相当简单的，这包括列举所有的，或至少是相当数量的文化行为的形式：表现观念和价值的言论、行动，以及作为文化行为的结果的作品。一个人如果进行同样的行为，他将如何思考和感觉，这个问题留待读者自己考虑。近年来，鲁思·本尼迪克特的著名著作已充分总结了上述技巧所能有的效用。[①]当着手定义一种文化观念或文化价值时，我们只需说这是隐藏于这种或那种行为之下的思想或情感的共同要素。

我们确实缺少一个使我们能够将观念和价值分类的一贯的逻辑框架。这同我们在文化接合的例子中发现的情形类似：这里并不缺少术语，但各个术语并不逻辑地相互联系。为填补这一空白，最近已有各种有趣的努力。为发展一整套逻辑上内在联系的范畴以便包容那些或许会被称为"意向性"（orientation）的一般形式，帕森斯教授先后和一些不同的合作者研究了若干年，他给它们的名称是"模式变量"，特殊文化的特殊观念或价值则被视为那些意向的形式的例证。我必须让读者自己去阅读他的作品[②]以便进一步了解他的方案。如果不是进一步试图将他的方案应用于实际的文化描述，就不可能对它真正进行评判。

弗罗伦斯·克勒克洪博士从极不相同的方面进行研究，并详尽阐述了一种经取舍选择过的相当大的行为和体验范畴的类型

193

---

① 鲁思·本尼迪克特：《文化类型》（*Patterns of Culture*），纽约，1934年；同作者《菊与刀》，剑桥，马萨诸塞，1947年。

② 塔尔克特·帕森斯和爱德华·A.希尔茨（Talcott Parsons and Edward A. Shils）：《关于行动的普遍理论》（*Toward a General Theory of Action*），剑桥，马萨诸塞，1951年；帕森斯：《社会系统》，格兰特，三姐妹山，1951年；帕森斯、希尔茨及罗伯特·F.贝尔斯（Robert F. Bales）：《关于行动理论的工作文稿》（*Working Papers in the Theory of Action*），格兰特，三姐妹山，1953年。

学。① 她的方案在相关的章节中加以重述。必须承认她的范畴很可能来自她的鉴别力，但即使它们对西欧文明是重要的，对其他文明和文化则可能并不那么重要。在她的所有三种范畴的末尾，总有某种东西过于贴切地适合于现代西欧文明，尤其是美国的流行观念和价值。如果我们检验她的三个时间尺度上的选择，我们看到，它们似乎完全不适合印度文明。印度人更乐意全然不顾时间，而喜欢不变的和永久的东西。一开始建构这种类型的方案，或许就不可避免某种文化界限。尽管如此，这并不妨碍它们有益于预先澄清现象。这种方案的效用，只能由对它的应用来评判。了解克勒克洪博士将它用于五种不同文明的研究的尝试所取得的结果，是十分有趣的，这些结果会出现在即将出版的著作中。②

194

供选择的文化的价值意向

（据弗罗伦斯·克勒克洪）

	恶 （可变的或不变的）	既非好也非坏的 （可变的或不变的）	善 （可变的或不变的）
人的先天倾向			
人同自然的关系	人臣服于自然	人处于自然之中	人超越自然
时间尺度	过去	现在	未来
受尊重的个性类型（valued personality type）	存在 （being）	存在或形成 （being or becoming）	活动 （doing）
关系的方式	世袭的	间接的	个人的

---

① 弗罗伦斯·克勒克洪（Florence Kluckhohn）："文化意向的主要的及替代的外观"（Dominant and Substitute Profiles），《社会动力》（Social Forces），第 28 卷，1950 年，第 276—293 页。

② 与克莱德·克勒克洪的私人通信。

　　另一个或许使我们能够建构观念的客观分类的尚未揭示的可能性，正是从我已经提及的语言学的困难中产生的。正如我在前几页中指出的，语言学家已经清楚地说明，不同语言的不同的语法结构反映了不同的观念，即不同的划分范畴的方式及不同的体验的内在联系。英语的语法结构十分有效地阻止我们清楚地表述其他民族的观念。人们十分熟悉翻译家们诉说的另一个类似的困难，即不同语言的词汇之间缺乏共同的尺度；但语法方面的困难或许更为严重，因为我们很少意识到这些困难。我们自己语言的语法对我们来说似乎是必需的，也是必然的。但是，如果我们以不同的语法结构定义不同文化的基本观念，我们或许正可以将这种语言的缺陷化为优点。一种一般的语言结构的类型学可能同样作为一种一般的观念的类型学——当然不是所有的观念，而只是对待体验的广泛的方式。以同样的方式，心理学家根据对罗夏（Rorschack）测验的反应的正式分析提供了更为一般形式的个人心理意向的分类。不幸的是，目前还没有对语法分类的令人满意的方案。旧的分类，即将语言分为"聚集的"和"屈折的"，这类分类过于简单，而萨丕尔和叶斯柏森制订的更为详尽的方案只是在正确的方向上的试验性步骤。① 195

　　对语法的比较可能有助于我们对更多种类的观念进行分类，也可能有助于我们对价值进行分类。当然，在这种层面的普遍性上，是否能把观念和价值清楚地区别开来，确实是有疑问的。以

———————
　　① 爱德华·萨丕尔（Edward Sapir）：《语言》（*Language*），纽约，1939年，第59—156页；奥托·叶斯柏森：《句法分析》（*Analytic Syntax*），哥本哈根，1937年。

心理学的术语来说，认识的和情感的意向似乎是融合了。人们倾向于在同一时刻认为某事是怎样的，感情上却以为某事应当怎样。让我们举一个相当明显的例子，尽管这个例子并不像语法结构所表述的那种意向那样普遍。"人是宇宙的主人"这一命题，表面上看是事实的陈述，在我们的术语中，是一个以词句表述的观念。同这个观念密切地联系在一起的，是人应当竭尽努力扩展并利用其控制能力的感情，是"人应当成为宇宙的主人"的感情。这里我们可以做出一个词语上的区别，以区分事实的陈述和价值的陈述，但在个人那里，思想和感情当然是纠缠在一起的。不难想象，我们的语法结构的类型学可以帮助分析最一般的价值种类，因为这些最一般的观念和价值恰恰即是我们理解文明时最感兴趣的东西，也是最难以定义的东西。而比较语法科学的进一步发展，恰好能够提供解决许多困难的钥匙。传统的人文科学的语法学对我们帮助很少，因为这主要涉及按希腊或拉丁模式确定什么是正确语言的企图，而不是在实际上究竟如何。

196　　　在对观念和价值进行分类时，我们不仅可以从语言学家，而且可以从心理学家那里寻找帮助。正如我们在第六章中看到的，那些更为普遍，但较少被意识到的观念和价值种类常常也可以用具有个性特点的语言来描述。说一个人具有攻击性，同说他的价值观是攻击性之间，几乎没有区别。但是，如果我们以价值作为思想和情感的一种模式，一个人所说的及其所作的同样都是证据。作为一种价值观的攻击性同作为个人特点的攻击性是一致的。我们通常将观念和价值建构为这样的命题，即人们有意识或无意识地认为这是某种主张或信仰。在一些情况下，这样的过程是合宜的，但在其他情形中，我们会发现将其表述为行为的性质，或借用心理学家的语言更为方便。研究"民族特性"无异于研究特定民族中流行的有意识或无意识的文化观念和价值。

心理学在对更为一般类型的心理意向的描述和分类上所取得的进步，对那些希望对更为一般类型的文化意向的描述和比较的文明研究学者同样适用。至少，描述个性的最系统、最合理的方法是从投影测验（projective tests）①中，尤其是从罗夏测验（Rorschach Test）或"主题旁通测验"（Thematic Apperception Test）中发展起来的，当然必须承认他们那里仍有某些东西有待进一步合理化。笔迹学也发展了自己描述个性的体系。②研究文明的学者必须紧紧地跟上这些科学分支的进步。

至于观念和价值的发展，我们也不乏关于如何对之分析的建议。我们知道著名的黑格尔辩证法由正题、反题、合题组成的系列，这看来实际上应该归之于费希特。我们或许可以把它当作一种特例，如一个二元的差别，一个较普遍的分化和综合的过程。③我们发现借用这些术语或许是有用的，诸如艺术史家在分析风格的发展中使用"明确化""精致化"及"枯竭"等术语。④

197

① 见 H. 罗夏（H. Rorschach）:《心理诊断》（*Psychodiaghostics*），英译本，纽约，1942 年；布鲁诺·克洛普弗及道格拉斯·M. 科利:（Bruno Klopfer and Douglas M. Kelley）:《罗夏技术》（*The Rorschach Technique*），纽约，1946 年；H. A. 莫利（H. A. Murray）:《人格的探索》（*Explorations in Personality*），纽约，1938 年；莫利编:《人的评价》（*The Assessment of Man*），纽约，1948 年。

② 克拉拉·G. 罗曼（Klara G. Roman）:《笔迹》（*Handwriting*），纽约，1954 年。

③ 也参见墨菲对斯宾塞的发展图式的用法，见加德纳·墨菲（Gardner Murphy）:《人格——生物社会学的方法》（*Personality, A Biosocial Approach*），纽约，1947 年，第 66 页，等等。

④ 见迈耶·夏皮罗:"风格"，A. L. 克鲁伯编:《今日人类学》，第 87—312 页。

　　一切都还有希望。目前，我们只能满足于以这类既有的概念工具探索文化的观念和价值领域，但我们可以自信地期望，在语言学家、心理学家和其他专家的帮助下，我们能够使这个如此难以捉摸、深奥难解的领域服从理性的分析。我们将最终掌握宽广的人文科学知识的所有源泉。即使在目前，我们也可能使一些领域的专家，例如古典学家同意，古典文明不同于我们自己的文明的观念和价值的一张相当长的单子。这里，正如在其他领域，我们相信，一种理性的方法最终将作为最初直觉的完善而出现。

　　我相信，对文明基本观念和价值的发展的比较研究将提供最广泛的，因而也是最重要的规则。但没有理由把自己的研究仅限于那些事物。我们要从每一个可能取得成果的观点探讨文明的发展。文明发展的某些方面甚至是可以度量的，例如，一种文明的承受者数量上的变化，其所包括的地理区域及城市发展程度的变化，等等。这里有着广阔的研究领域，足以供若干世代的许多学者长期努力。

　　许多读者无疑面临一个困难：文明是非常复杂的实体，它是198　对无数特殊事件的抽象，其中每一事件都在某些方面和另一事件不同。我们如何能指望对作为一个整体的文明的一般陈述有确凿根据呢？我们不能指望检验过去留存下来的每一事件，每一证据的碎片，而且，还有许多事件，或许是大部分事件，我们根本就没有证据。如果我们没有考虑所有证据，我们怎么能确定我们所作的任何一般陈述以后不会被另外的证据推翻呢？

　　为克服这个困难，我们首先必须依赖通常知道的"抽样"的程序。这是由统计社会学家发展到炉火纯青的方法。这种方法能在什么程度上取得成功，已经由选举学家预言选举结果时获得的成功所证实，这些成功较那些广为传播的偶然失败，在数量上要大得多。大体上说，抽样方法就是：从足够数量的，就其特征和所处环境而言也是足够种类的事件中，选择一定数量的事例，以便给我们提供一个能充分体现所有事例的所有内部变化的代表。然后我们可以检验同我们感到兴趣的特殊特征有关的有限数量的事例。经验告诉我们，在一定的精确程度内，研究结果很可能对所有事例都有效。

当我们研究还存在充足证据的最近时代的历史时，抽样的方法是能够胜任的，我们可以采集并选择事例以建立我们的抽样体系。但如果转向那些只保存了少数证据的更为遥远的时代，我们也能把这些证据当作充分的实例吗？根据统计学家制订出的抽样的规则，当然不能。我们或许可以预防因为环境或保存方面的原因造成的抽样中的偏见。事实上，例如我们关于古埃及的知识几乎完全基于那些埋葬在坟墓中的东西。在大一些的范围内，我们或许看到，这些残存的证据是充分地多样化的，例如，在地理分布方面。但在许多事例中，我们不能肯定在每一个看来有意义的方面都有充分多样的证据。

但考古学家确实经常从少量证据中做出推论，这些推论被以后发掘出的更多的证据证明为有效。对历史学家来说，这同样常常是真实的。人类学家从一个单独的资料得出的大量关于文化的知识，这也是令人吃惊的。事实上，文化比任何外行所能猜测的更为一致或规则。我们对自己文化中个人的变动十分敏感，常常甚至看不到其规则，我们正是被这样的事实引入歧途。我们知道男人领带颜色的不同，但我们却把这样的事实视为当然：至少在一定的场合，我们文化中几乎所有男人都戴领带。当我们开始观察其他文化或我们自己文化的过去时，一种文化同另一种文化的差别比较，这时浮现在我们眼前的个人之间的差别要大得多。对欧洲人来说，所有中国人都是相像的；同样，对中国人来说，所有欧洲人都是相像的。看来文化的研究者很可能发展了一套直觉的标准，以判断在一种文化中哪些方面很可能是一致的，而在哪些方面，个人行为很可能是多样的。我们感觉得到，服装的裁剪和颜色可能是多样的，但其一般形式和目的则是一致的。如果能够以一种明白、严格的公式表述这种标准，无疑对我们很有裨益，这也必定是我们科学的初步任务之一。然后我们才有更大把握从少数事例中做出推论。

　　我们确定的文明在数量上是有限的，从这个事实中，产生了另一个多少有些类似的问题：我们能够使从这九种主要文明中做出的普遍概括有效吗？预言在九种文明的发展中发现的规则也会在第十种文明中发现，难道是可靠的吗？如果我们不能做出预言，那能把我们的研究称为科学吗？

　　事实是，我们得自科学的概括，甚至自然科学的"规律"，都不能宣称是绝对真理，它们仅仅意味着或多或少地接近真理，在它的基础上做出的预言，只具有不同概率程度上的效验。在自然科学中，这种概率非常之高，在我们的科学中则相对低下，但也绝不因此就无足轻重。一个基于九个事例之九的归纳不应被忽视。大多数物理学的"规律"最初确实是由一个或少数关键的实验建立起来的，只是在更晚得多的时候，成百上千的事例组成的证据才接踵而至——当然，这里所说的并不是全部"规律"。这里又是这样：某个孤立的因素似乎很可能给出多种非常重要的结果。在实验中，其他因素都是恒定的，在抽样中它们被审慎地分类；当样品已经给出但并未构筑起来的时候，我们必须尽力贬低其效力；但如果在九个事例中发现了规则，则我们可以肯定地假设相关的因素是恒定的；如果我们仅在七个或八个事例中发现规则，这将促使我们寻找那变化了的因素。

　　一个生物学方面的例子能更清楚地说明这个问题。生物学家非常可能从仅仅一个标本推断出一个物种，事实上古生物学家也时常这样。但他们之所以能够这样做，是基于这样的事实：他们相当清楚地知道在哪些方面一定物种的形体结构一般是一致的，而在哪些方面一般是变化的。同样，在人类行为，尤其是在文化中的孤立部分，会使我们能够加强我们对历史做出的概括和推演的效用。

　　经验的概括通常被认为是关于事件实际上如何发生的陈述。另一个观点近来逐渐盛行，尤其在经济学中被证明是有用的，或许这也同样能用于文化其他方面的研究。按照这种观点，事实本身经常是——或者，某些人会说，总是——太多样化了，以至于无法精确而简洁地加以描述。为了理解事实，我们必须做的是建立某种"模式"（models），作为理论上的公式。这种模式并不描述事物的实际状况，而毋宁是描述事物的理想状况。以这种方式，实际事件倾向于一致，虽然它们事实上从来都不那么绝对地一致。模式的巨大好处是它使我们得以建立一个较之我们的证据或知识状况能够做出充分判断的更为简单、更为严格的公式。列维-斯特

201 劳斯教授是目前社会人类学中这种方法的首要代表。[①] 我们会发现这种方法对文明的比较研究也是有用的，在这个领域，或许可能建立一套主要文明发展的模式，同实际上从文明发展中发现的规则的简单陈述相比，这会帮助我们使更多的事实条理化，虽然实际上没有哪一种文明会同模式完全一致。

在我看来，这样一种方法的好处，与其是作为研究的目标，毋宁更是作为启发的手段。在这些模式有效的范围内，我们确实是不应将它看作关于事件的描述，而应看作关于体现在事件中的确定因素的内在联系的描述。对事件的充分理解涉及对所有其他存在着的因素，包括那些或许我们还不能确定的因素的阐释。在这方面，我们可以保留这种把经验的概括作为基本叙述的观点。

当然，在说了，并做了所有这一切之后，历史科学所建构的概括仍不会变得与自然科学的概括同样精确或具有同样高度的概率。但这并不是放弃探索的理由。我们必须在主观事物的性质，我们的知识和理解力限度所许可的范围内，尽可能使这种概括清晰有效。即使它们的效准相对较低，即使它们最多也只能应用于大多数，而不是全部事例，但我们仍应走出人类对自身理解的重要的一步。我们以这种方式从事的工作，同扩展人类对自然控制的努力至少同样重要，最终甚至可能更有助于人类幸福。对我们的科学的每一项合理化或精确化的成就，我们应当感到欣慰，而不要在徒劳的悔恨中虚度时光。另一方面，我们也始终要注意避开一个陷阱，即宣称我们的科学具有比我们实际上所能得到的更

---

① 见列维-斯特劳斯："社会结构"（Social Structure），A. L. 克鲁伯编：《今日人类学》，第524—553页。

大的确定性。

作了这些评论之后，我可以结束我们现在的探讨。我已经定义了"文化"和"一种文化"，并检验了解释文化的各种手段。我 202已经表明，通过对文化规则经验的分析，我们最有可能使那些历史学家已经描述过的事件变得易于理解。我还定义了"文明"和"一种文明"，并表明文明是历史领域中的主要现象。继这些定义而来的，是那些最重要的文化规则，那些将有助于解释最大数量的事件，在作为整体的文明发展中出现的规则，其中，看来最有意义的是那些从基本观念和价值的发展中发现的规则。

我在前面的章节中陈述的内容本身并不是关于历史的"意义"的各种问题的答案。这仅是一个方案，一个概念的框架，以期借此建构某种公式体系，以更好地说明迄今在理解和解释历史性事件时所遇到的困难。无疑，这个框架可以进一步改良和完善，对这一方案实际应用的尝试肯定会导致对它的某种修正；甚至最终可能证明某些完全不同的体系更为成功。对布丁的证明是在吃的过程之中。只有将自己的体系应用于实际历史事实，并看到它给予我们的结果，我们才能进行判断。

在最后一章中，我将考虑某些即使是在非常粗略的概观中也能看到的，主要文明发展中浮现的规则的例证。这可能只是我们提出的概念和方法的实际效用的象征；没有更为详尽的研究，是不能充分阐明它的价值的。我相信，我们的方法是正确的——或非常接近正确。我们可以从另一个角度坚定我们的信心，即我们的观点并不是一个十分新奇的东西，正如我们已经考察的，这似乎是我们自己的文明最近两个世纪以来在一些领域发展的自然产物。我们的主要概念，其萌芽状态都可在远至维柯的时代发现。
203 维柯试图揭示隐藏在处于不同发展阶段上的各民族的多种形式活
动的不同的思想原则。这里，"思想原则"同我们的"基本观念和
价值"、"活动"和我们的"文化"、"各民族"同我们的"各种文
明"各各对应。当人类学家和社会学家使文化的研究合理化和系
统化的时候，当历史学家越来越转向文化史的时候，他们就是在
为我们的科学积累资料。同时，历史哲学家正在探索文明的"精
神"，试图定义观念和价值，尽管他们认为观念和价值更是"精神
的"，而不是经验的事实。我这里仅有的贡献只是综合和完善的工
作。我试图做的是把已经发明的工具收集起来，并使其刃口更为
锋利。从某种意义上说，我的体系只是试图结合唯心论和实证论
的历史研究方法：它将观念和价值置于中心地位，却又经验地定
义它们。除去任何思想的或"精神的"东西，人的科学确实只是
一片不毛之地。我们必须认识到"精神"的绝对重要；但我们必
须认识到，"精神"是由思想和感情的方式组成，是人类行为的形
式。这是经验的事实；同其他经验的事实一样，我们能够对它们
合理地进行解释。

第九章　若干例证

　　在这一章，我将检验一些文明发展中的相似性的例证。在开始之前，必须提出一点忠告：我提供这些例证，并无意为未来的研究文明的学者提供模式或范例，而毋宁是为了指明那些他们的研究可能获得丰硕成果的领域。我试图表明我在前面的章节中勾画出的理论方法对观察主观事物是有用的，可能产生有价值的结果。

　　为了具备科学的价值，对文明，尤其是对文明的发展的比较研究，当然必须比我这里所能做的更为全面、彻底。这并不是说下面的陈述是不真实的，也不是说它经不起公认的权威做出的评判；它们是以普遍认可的历史知识，或历史学特殊领域中著名专家的著作为基础的。但为使其成为"科学的"，为了迫使怀疑论者能够接受，并有助于做出预言，这些陈述必须基于对证据的较为详尽的描述。我必须同时考虑相异和相似；首要的是我必须精确地给我的术语定义，而不是使用宽泛的文学词汇或普通言辞。而且，对基本术语的精确而有用的定义，只有在细致地检验有关事实之后——而不是之前——才能建构起来。我已经对下面提出的一些观点作了相当详尽的研究，但有关证据数量过大，不能在此全部叙述，只能留待将来的著作加以研究。

205   记住这些保留之后，让我们转而讨论第一个例证。我将从检
验和比较我们九种文明中的两种文明而开始，即古典（或希腊-罗
马）文明及我们自己的，即西欧（或简短地说，西方）文明。它
们对于初步的比较最为合适，部分地是因为较之其他文明，我们
对它们知道得更多，部分地则是因为它们之间的相似非常明显。
斯宾格勒和汤因比的绝大多数结论正是基于对这两个文明的比较。

正是从这两个文明的开端起，这种相似就十分显著。我们可
以追溯任何一个文明，直溯至野蛮部落对一个古老而已经衰落的
文明领土入侵的朦胧的起源。在西方，是条顿部落蹂躏并定居于
罗马帝国的西半部；而在希腊，则是希腊部落（即爱奥尼亚① 和
爱琴海部落）定居于希腊本土、小亚细亚沿岸及其毗邻的岛屿，
那里当时原处于克里特人的控制之下。在两个事例中，入侵者都
在很大程度上采用了他们发现的，但是在继续衰落的文明。几个
世纪以后，它们各自建立了自己的组织松散的集权的君主政体：
在西方是从公元 800 年起的加洛林帝国② ；在希腊则是大致从公
元前 1400 年起的迈锡尼王国③ 。但大约一个世纪以后，这些早期
的君主国都被新的野蛮人的浪潮所淹没，在西欧是维京人④ ，在

---

① 爱奥尼亚（Ionia）：又译伊奥尼亚。小亚细亚西岸中部的名称。约公元前 11
世纪爱奥尼亚人移居于此，因此得名。为古希腊工商业和文化中心之一。——译者

② 加洛林帝国（Carolingian Empire）：又称加洛林王朝、法兰克王国的王朝。
751 年由矮子丕平建立，查理大帝在位时（768—814 年）最盛。843 年帝国分裂后，
分作三支。——译者

③ 迈锡尼王国（Mycenan Kingdom）：爱琴海文化中心之一，位于伯罗奔尼
撒半岛东北部。公元前 3000 年左右建城，前 11—前 12 世纪被毁。——译者

④ 维京人：即北欧海盗（Viking），指 8—10 世纪，来自日德兰半岛和斯堪
的那维亚半岛频繁侵扰欧洲大陆的海盗。其中一部分定居于不列颠群岛、西欧、南
欧，旋被当地居民同化。——译者

希腊则是多利亚人①。

这些野蛮人的入侵以及他们创造的集权君主政体只是初创的阶段。这一时期中，可以发现少数在以后的世纪中继续存在的文化特征，但在总体上说，构成新文明的新的生活方式，只是在第二次入侵的末尾才出现。在西欧，约从公元1000年起，城市生活开始复苏，在该文化的所有断面上，都出现了新的形式。社会在封建主义的基础上重新组织起来；拉丁教会摆脱了希腊教会并发展了自己的 206 仪式、教义、组织及神学；新的艺术和建筑形式：罗马式和哥特的风格发展了起来；我们还可以看到科学和技术最初的微弱开端。这一时代以中世纪后期或盛期（High Middle Age）而闻名，持续约五百年。我们可以构想这一时期的文化基本上是这样一种尝试，即在理智的帮助下——而不是控制下——围绕个人的情感、信仰和忠诚组织生活。在13世纪的法国北部，在文化的完整性和创造性方面达到了顶点，此后便变得过于纤细，并因为内在的冲突而分裂。

关于希腊相应时代的证据较为缺乏，它的历史以传说的形式流传给我们，而大多数的艺术品和建筑物均已消失。但我们从其大体轮廓中无疑还能辨别出一个类似于西欧中世纪的发展。我们不能精确地确定日期，但目前留存的陶器上的几何风格（Geometric Style）显示了，大约从公元前12世纪至前9世纪，有一个长时间的进步，而在大约公元前9世纪在雅典达到顶点。在

---

① 多利亚人（Dorieis）：又译多利安人，古希腊四种主要居民之一，属印欧族的一支。约公元前12—前11世纪由巴尔干半岛北部迁来。大部分分布于伯罗奔尼撒半岛、克里特岛等地，建有斯巴达、科林斯、亚格斯等城邦。——译者

这一时期中较晚年代从事写作的荷马，给我们描述了一个由武士-领主役使农奴的社会，这同封建社会非常相似。而荷马的诗本身就是史诗的简练形式，正如我们在欧洲中世纪后期发现的那样。同样在这一时期，已经发明了带有拟人化上帝的万神庙的希腊宗教，并使其变得精致。这里，我们证明下面的说法是有道理的。在希腊和西欧，文明的发展都经过了一个持续约五百年的信仰和封建的时代。

　　同时，在两个文明中，城市都继续发展。处于更古老的文明的疆界以内的区域中，其进步更为迅速，意大利是一个事例，而爱奥尼亚则是另一个。我们看到，在信仰时代结束以前很久，那里便开始了一种更为自由、更为理性的生活方式。封建主义消失了，我们看到了一个由自由农民和手艺人以及与之相对的富裕的地主和商人组成的社会。城市民主的最初尝试导致僭主政治的建立。在这一新时代，艺术由模仿旧的、外来的形式开始。希腊模仿东方艺术，而西欧则模仿古典艺术，但很快便继而建立了自己新的、土生土长的风格。在其后的几个世纪中，这一运动扩展到其他地区。出现了新的、更有个性的宗教形式——新教和神秘崇拜。

　　从根本上说，这是一个逐渐发展的理性主义和个人主义的运动，它在17世纪的法国（路易十四时代），公元前5世纪的雅典（伯里克利时代）达到了创造性的顶点。这是信仰和理智达到完美平衡的时代，艺术和思想获得巨大成功的时代，文明的基本形式一劳永逸地奠定了基础的时代。在下一个世纪，理智已开始居优势，而艺术则日趋优美和精致。

理性主义的发展始终伴随着文化的地域上的扩张。希腊人建立的殖民地遍布地中海世界，尤其是意大利南部和西西里岛；欧洲人则征服了美洲，并到处建立了前哨基地。欧洲人从约1800年，希腊人则从公元前335年，开始了一个世纪的急剧扩张。希腊文化扩展至整个已知世界，而欧洲文化则遍布于整个行星。未被征服的国家自愿地采用新的文明。在每一个事例中，这一时期都曾出现在政治上统一整个文化区域的短命的尝试，这个尝试同拿破仑和亚历山大的名字联系在一起。此后，财富、科学和技术突飞猛进，伟大的新国家在边缘地带成长起来。艺术首先变得感情化，随后则越来越经验化、复杂化、知觉化。宗教信仰显著衰落，而哲学则趋向极端的怀疑论。

上述比较将我们带到非常接近现代西欧的地方。随着信仰的时代（Age of Faith）而来的是理智的时代（Age of Reason），以及扩张的世纪。如今我们进入了汤因比所谓"困惑的时期"（time of troubles）以及斯宾格勒所谓"争霸国家"（contending states）的时代。[①]在古典文明中，新的边缘地区大国开始为争夺世界霸权互相争斗，很快从中出现了一个较其他国家更为强大的国家。公元前197年，扩张世纪开始后约一个半世纪，罗马征服了迦太基[②]，并使希腊脱离了马其顿。仅叙利亚仍然向罗马霸权挑战。

----

①　汤因比：《历史研究》，第1卷，第51—128页多处；以及斯宾格勒：《西方的没落》，英译本，第2卷，第416—431页。

②　迦太基（Carthage）：上古北非北部的奴隶制国家，约公元前814年由腓尼基移民所建立。公元前7—前4世纪成为地中海强国，公元前3世纪同罗马争夺地中海霸权，导致三次布匿战争，失败后沦为罗马的行省。——译者

　　它们与正在现代世界发生着的事情的相似程度实在令人吃惊。
如日本一样，迦太基是一个海军强国，最后则采纳了新的希腊文
明，尽管它曾有自己的旧有文明；马其顿则如同德国，是个陆上
强国，接近希腊文明的旧中心，并一度以武力征服了这一地区。
叙利亚就像俄罗斯，是希腊化的东方专制国家。希腊城市中的群
众错误地认为，专制的统治者将给他们带来斯多葛① 式共产主义的
好处。罗马则同美国一样是一个共和国，其实用和讲效率的公民
发展了一套简化了的，技术上远较希腊文明先进的形式。同美国
一样，此时的罗马并不寻求征服世界，他们只希望结束侵略，所
有国家都和平自主。同美国一样，他们也分裂为孤立主义和国际
主义的宗派，加图派和西庇阿派② 。我们甚至可以发现对应于新理
想主义和麦卡锡主义的运动。

　　我们已经看到这两个文明在其发展中相当相似的进程，如果
我们算上它们的初步阶段的话，这种相似的进程已有一千余年。
我仅提到相似，当然也有很多相异。其中之一便是：西方文明在
其整个历史中规模要大得多；在较后的阶段上，科学和技术也更

---

　　① 斯多葛（Stoic）：古希腊一哲学派别，又译画廊派。代表人物有芝诺、巴
内修等。——译者

　　② 加图派（Cato）和西庇阿派（Scipios）：加图和西庇阿均为古罗马政治家，
共四人。老加图（公元前234—前149年），为古罗马政治家和作家，曾任执政官、
监察官等职，主张维护罗马传统。

　　小加图（公元前95—前46年）：老加图之曾孙，古罗马政治家，支持元老院
共和派，反对恺撒。

　　西庇阿：亦有两人。老西庇阿（公元前236/235—约前183年），古罗马统帅，
曾任执政官。小西庇阿（约公元前185—前129年），老西庇阿长子的养子，曾任
罗马执政官。为当时著名的演说家。——译者

先进得多；其宗教是一神论的，而希腊和罗马的宗教则是多神论的；疆域广阔的国家在西欧较早出现，希腊人则更喜欢小的城邦国家并较早建立了民主政体。然而它们的主要发展进程上的相似是明显的，许多相异则可从两种人民的特征的差异中得到解释。希腊人更喜欢小的，切近的和肉体的东西，而西方人则喜欢精力，209以及无限的抽象空间的构成。①

如果我们将这两种文明所表现的整个发展进程简化为最简单的项目，以便更清楚地理解，我们似乎可以觉察，那里发生的是一个"理性化"的渐进过程。文化的形式日益明确、自觉和正式；而无意识、直觉、情绪等因素的作用则越来越小。确实，只要清醒地面对它，便会看到，这种"理性化"的进程几乎有它自身的内在必然性，这或许会被称为某种"内在逻辑"，但必须注意，这里的"逻辑"并不是本来意义上的，而毋宁是辩证的或心理学意义上的。我们对这一进程抱有这样的想法，无疑是因为个人的成熟，尤其是他们的个性的形成过程中表现出某种多少有些类似的进程：理性随着他们的成长而增强。

在这两种文明更为理性化的同时，其规模（即其承受者的数量），占据的地域，及其形式的复杂性或多样性也随之发展。同样，人也在体型、力量、技艺及知识的多样化方面成长起来。

---

①　这里关于这两种文明的扼要叙述基于一般读物之上。在参考了任何最近的以及相当完整的历史叙述之后，它都可能被证实。关于古典文明，可参见《剑桥古代史》，第4—12卷，剑桥，1932—1939年，或梅休因（Methuen）的关于"希腊和罗马世界的历史"的丛书，伦敦，1932—?年。另外关于西欧，则参见H.A.L·费舍尔：《欧洲史》，伦敦，1938年。

　　人类发展中的相似会使我们假定这两种文明的发展要比实际情形更为单线和持续。实际上，这两种文明的发展远不是一个稳定的过程，而似乎是分为两个节律，或两个阶段、两个时代：其一是信仰时代，而另一个则是理性时代；每一时代都表现出"明确化""精致化"及"枯竭化"组成的系列，如同我们已经提到过的艺术风格发展的特征。在西欧，随着中世纪盛期而来的是从文艺复兴开始的所谓"近代"（Modern Age）。在希腊，随着几何210 （Geometric）或荷马时代而来的则是希腊城邦更广义的"古典"时代。我们不清楚为什么应存在这样两个阶段。或许总有什么东西与在朝向完整和朝向差别的互相冲突的趋向有关，或与较早阶段上的乡村统治和较晚阶段的城市统治有关。但在人类发展中，无疑不会发现如此显著地不同的阶段。我们或许可把它类比于从先于青春期的儿童期，青年时期或成熟早期过渡到三十岁左右的时期，但人类发展中的持续性更为显著得多。

　　在这样的粗略概要的基础上，预言我们自己的文明在即将来临的若干世纪中，将追随古典文明在公元前 200 年以后的进程，这样做是否能证明有一定道理呢？整个西方世界注定要成为像罗马帝国一样的美利坚帝国的一部分吗？在下一个世纪中，美国是否会被如同罗马共和国的最后年代中愈演愈烈的内战所毁损呢？会不会出现一个美利坚皇帝？

　　做出这类预言是困难的，这不能简单地归因于在整个九种文明中，两种文明只是相当小的样本。归纳推理的效用不仅依赖样本的规模，同时也依赖所观察的模式的复杂性，以及细节上一致的东西的数量。说到底，我们可以根据将单个的指纹同贮藏于警察局的另一个指纹的比较，或根据一个罕见的颚骨碎片的化石，来确定一个人的身份。在上述事例中，这两种文明展示了大量的相似的东西，比我能在这里提出的要多得多。因此，很可能它们今后会继续相当密切地相似。真正的问题毋宁是在于，我们上段提出的这类预言过于特殊，我们还没有学会将我们观察的一般进程中的相关因素分离，因而不能说明这一进程的哪些特征会重复，而哪些则不会，至少在目前，我们还是将自己的预言限制在较高的普遍程度上更为保险。在我们的观察中，我们能够发现某种确认，例如，人们已经广泛持有的关于我们文明 211 的未来的信念；但这些信念不是基于比较研究，而是基于那种认为在我们的时代已经可以看到的、相当一般的趋势将可能会继续延续的假设。我们可以举例说，那些主要是西欧文化的民族很可能最终达到某种形式的政治统一，如同古典文明中的罗马帝国之下的统一，尽管这种政治统一将采用什么形式目前还难以说清。我们还可以说，一种简化了的、适合于大众趣味的文化——我们目前确认其为美国文化——很可能在我们的文明中居于支配地位，如同在罗马帝国统治时期古典文明中发生的那样。另外，我们还可以认为，在我们的文明中，理性主义在整体上正自然地发展；下一世纪，我们还可指望一个对宗教的部分回归，一种对信仰和理智间的稳定平衡的探索，这多少有些类似恺撒统治时古代世界的宗教复兴。

这里必须强调，这些预言仅仅是或然性的陈述，而且，只要我们还没有更为详尽地、更为精确地进行比较研究，这种概率还是非常低下的。它们在这里仅仅是作为例证提出，以便说明以一种彻底的和科学的方法研究文明，我们可以合理地指望获得具有相当程度的确定性的结果。同样必须注意到，这些尝试性的预言是以非常普遍的术语表示的，试图对整个文明说出某种东西，或试图确定在文明的不同时期的多种外观后面的观念和价值的特征。如同我已经指出的，在这个层面上，我们最可能从我们的初步研究中获得可靠的结果。

　　就从这样粗略的比较中，我们终究还是接近一个相当明确的否定的结论：没有任何迹象说明西欧文明的消亡会像汤因比认为 212 的那样迫在眉睫。[①]古典文明在公元前 200 年以后至少延续了五个世纪之久。而这一时间以后的发展与西欧目前的发展阶段似乎最为平行。而且，古典文明是我们的九种文明中存在时间最短的文明之一，只有中美和秘鲁文明存在时间更短。但正如我们知道的，这两个文明是被西班牙人的外来力量摧毁的，而不是由于自身内部的发展而消亡。

　　顺便说说，斯宾格勒在这个问题上的思想经常被错误地解释和理解，他的著作标题：《西方的没落》，当然更令人误解。他以"没落"和"灭亡"的术语所意指的，不是一个文明的终结，而是其年轻的、富有创造性的阶段的终结。因此，在他看来，中国文明"灭亡"于公元前 200 年，而印度文明的"灭亡"则更早于一百年。[②]对他来说，这两种文明在随后的两千年中发生的变化和发展干脆就是"毫无意义"的。在此我们可以以相当的自信说：

　　　① 汤因比：《历史研究》，第 6 卷，第 312—321 页，尤其是第 320 页，但后来，他在第 9 卷第 406—644 页描述了这个预言。

　　　② 斯宾格勒：《西方的没落》，英译本，第 2 卷，第 48—51 页。

关于我们文明的迫在眉睫的灭亡的预言，并没有得到事实的证明。对不起，汤因比教授，没有理由感到绝望。另一方面，看来确定很有可能的是西欧本身，即我们的文明的诞生地，在未来的发展中将起较少的作用，这很像希腊在后来的希腊化时期和罗马时期丧失了重要性一样。

　　现在，让我们看看，我们发现的作为这两种文明特征的那些发展进程的特征在其他七种主要文明中是否同样能够发现。显然，令人最有兴趣研究的是最为普遍的特征，即理性化的过程，它发生于信仰时代和理性时代这两个阶段。在这两个阶段之外，我们还可以加上第三个阶段，这个阶段我们只在两种文明之一，即古典文明中发现，而另一种，即西方文明则尚未延续足够长的时间。这是标准化的大众文化伴随着宗教的部分复兴的时代，即罗马帝国统治时期古典文明所处的状况。

　　中国曾有过这样一个发展，其证据是相当有力的。商朝以及周朝的最初几个世纪，我们看到一个具有同欧洲中世纪相似的社 213 会和政治组织的社会。较之荷马时代希腊的社会秩序，中国的封建主义同西欧的封建主义更为接近。在这一时代，我们也看到宗教的精致化的发展，以及独特的中国艺术的开端。稍后，但仍在周朝统治时期，从约公元前 800 年或更早些时候起，我们发现了城市和商人阶级的成长；具有常备军的民族国家的兴起；文明在更为广阔的区域中扩展；哲学的发展，有时具有相当怀疑论的或非宗教的形式；以及关于极为多样的事物的系统论著的写作。在汉朝统治时期（公元前 206 年——公元 220 年），我们发现了文化的标准化，以及地方特色的消失；同样，也是在汉朝，宗教以流行的道教形式和官方的儒教形式复苏，佛教也在这一时期首次在中国赢得了皈依者。①

当转向印度文明时，我们面临的是其早期历史的和考古的证据奇缺。但我们还是拥有大量早期遗留下来的宗教、哲学以及其他方面的典籍。在这些典籍的基础上，并运用一些灵活的观点，印度学学家们已能重建一个文化发展的序列；虽然不能确定精确的日期，但其次序看来是非常可能的。必须承认，为重新构筑印度文化，除了其他观点之外，印度学学家们使用了一些关于文明发展的通常进程的多少有些非规范的假设。事实上，他们建立起来的序列恰好适合我们在其他三种文明中发现的模式。这种序列当然有助于肯定他们的重建工作以及我们的更为一般的模式。但这种重建即使是有用的，它也不可能提供同直接的年代学或考古学的证据同样强有力的确证。

在印度，据信有一批印度-雅利安游牧部落于公元前 1500 年左右定居于上印度平原及恒河流域。在那里，他们的文化初次具有了一种独特的宗教风格。从最初时期，我们就看到了《吠陀经》②，在随后的几个世纪中，我们则看到了献祭仪式的精致化的发展。在较晚的以《梵书》③著称的典籍中，我们看到一个难以想象的复杂仪式，谜语集锦以及过分晦涩的篇章组成的明显的过度精

---

① 见肯尼斯·S.拉特里特（Kenneth S. Latourette）：《中国——其历史和文化》（*The Chinese, Their History and Culture*），纽约，1934 年，第 32—90 页。

② 《吠陀经》：印度最古的宗教文献和文学作品的总称。编订成集时间约为公元前 11—前 6 世纪。——译者

③ 《梵书》：也叫《净行书》，古印度婆罗门教典籍。主要说明婆罗门教的祭仪及其起源，也是语言学上的重要文献。——译者

致化的东西。应当指出，在信仰时代结束时的这种过度精致化的特征，在印度和西欧文明中较之古典和中国文明中更为显著。印度史诗《摩诃婆罗多》①和《罗摩衍那》②中，反映了同封建主义相似的社会秩序；据推测，封建主义的流行也当在这一时期。

我们可以将这一时期的终点置于公元前1000—前800年之间的某个时刻。其后便是理性主义的成长，这清楚地表现在《奥义书》③中，这本书的作者力图寻找一种更为理性，更为个人化的宗教形式。稍晚，则有了无神的宗教：佛教和耆那教④。再晚一些，我们看到了六个经典的哲学体系的发展。虽然所有这些仍以拯救为其目标，但它们却高度系统化了。我们也知道，这一时期怀疑论的哲学流派颇为盛行，其中有些甚至否认灵魂的存在。对许多事物，诸如语法、法律及音乐的首次系统研究，也属于这一时期。

在孔雀帝国⑤统治下，约从公元前300年开始，我们发现了文化的标准化和向信仰的回复。佛教变得较少怀疑精神，并开始发展了以大乘闻名的更为流行的有神论形式。同时，当地的多神教

---

①《摩诃婆罗多》：印度古代梵文叙事诗。公元前10世纪主要故事形成，至公元最初几个世纪定型。长诗包括民间传说、神话、童话、寓言。为古印度两大诗史之一。——译者

②《罗摩衍那》：印度古代梵语叙诗，意为"罗摩游记"。是古印度两大史诗之一。——译者

③《奥义书》：古印度文献之一，《吠陀》的最后一部分。多数是晚出的宗教、哲学著作，成书于公元前6世纪左右。——译者

④ 耆那教：公元前6—前5世纪在南亚次大陆兴起的一种宗教，是当时反婆罗门教的思潮之一。主张苦行主义，认为信徒可以摆脱物质世界的束缚而达到灵魂的解脱。——译者

⑤ 孔雀王朝：古印度摩揭陀王国的王朝，存在于约公元前322—前185年。——译者

也开始复兴，并构成了如今称为印度教 [①] 的宗教形式。[②]

　　中国和印度文明的这些早期阶段看来同我们的分作三个阶段的"理性化"的模式十分一致。那么，近东文明又是如何呢？由于在古典文明的衰落和近东文明的兴起之间不存在任何间隙，这一图景被搅乱了。这里没有西欧文明兴起之前发生的持续的城市生活的间断；但在基督纪元后的五个世纪中，我们仍可以在中东确凿地探查到一个信仰的时代。为数众多的新宗教的兴起，神学和伦理体系的精致化（这种精致化不仅是由希腊神父和基督教会，而且也是由新柏拉图主义者、犹太教法典及《亚吠陀》[③] 的作者们促成的）；巫术和流行迷信的复兴，以及科学的消亡，所有这些都是信仰的支配地位的象征。同一时期，在阿萨息斯 [④] 和萨珊帝国 [⑤]，以及伽萨尼德（Ghas sanids）和拉赫姆（Lakhmids）统治下的阿拉伯半岛北部 [⑥]，我们还可观察到明显的封建的社会秩序；同时，拥有巨额财产和私人军队的独立的土地占有者甚至在拜占庭帝国也能发现。[⑦]

---

① 印度教：8—9 世纪后流行于印度的宗教。是婆罗门教吸收佛教和耆那教教义，经改革而改称的。——译者

② 见赖普森（E. J. Rapson）编：《剑桥印度史》，第 1 卷，剑桥，1935 年，第 3—20 章。

③ 《亚吠陀》（Zend）：祆教经典。——译者

④ 阿萨息斯（Arsaces）：古帕提亚王国的一个王朝。——译者

⑤ 阿瑟·克里斯蒂森（Arthur Christensen）：《萨珊尼德时期的伊朗》（*L'Iran sous Les Sassanides*），哥本哈根，1944 年。

⑥ 见菲利普·K. 赫梯（Philip K. Hitti）：《叙利亚史》（*History of Syria*），伦敦，1951 年，第 375—409 页。

⑦ 路易·布雷耶（Louis Brehier）：《拜占庭文明》（*La Civiliastion Byzantine*），巴黎，1950 年，第 149—170 页。

中东伊斯兰教的兴起，如同基督教新教，是宗教的简化和个人化的运动。在阿拉伯人的征服以后，我们确实发现某种类似理智时代的东西：希腊哲学和科学的复兴。随之而来的是强烈的本地化的发展。这是伊斯兰的伟大古典时代：医药、天文、历史、地理、法律等学科都处于全盛时期，甚至还出现了怀疑论的哲学家。11、12世纪以后，则有一个阿拉伯文化强化和标准化的过程，哲学和科学不再发展，正教和流行的迷信重新复兴。[①]

在这五种文明中存在着某种相似，看来是相当确凿的。要更为精确地说出有些什么相似之处，则要更为精确得多地定义我们 216 所谓"信仰"和"理智"的意义，并指出我们考虑的是它们在文化生活的多种方面的表现的目录。但目前，我们或许可以确认这些相似性的存在而心满意足。即使只是在我们的九种主要文明的五种中证实这些相似，也已经是一个伟大的进步，是我们的方法可以给我们极为重要结果的保证。

当我们开始检验其他四种主要文明，即巴比伦、埃及、秘鲁及中美文明时，我们的问题变得更为困难。它们发展的证据大部分是考古学的，文献资料极为罕见，有些时代则完全没有。另外，对这些文明的逐个世纪变化的细致研究刚刚开始进行。在发现这些文明的喜悦中，考古学家们在很大程度上满足于对其"物质文化"，即人工制品进行分类，而把从中进行推理的工作留待后人研究。他们经常把巨量的时间，将半个千年，甚至整整一个千

[①] 见 G.E. 冯·戈伦堡（G. E. von Grunebaum）:《伊斯兰》（*Islam*）(《美国人类学通讯纪要第81号》，第57卷，第2期，第2部分,1955年)，芝加哥,1955年，第1—57页。

年当作一个独立的时代，并认为其中很少，甚至完全没有变化发生。使问题变得更为困难的是，在这些文明中，抽象思维，即哲学和科学都不曾得到发展。至少在这方面，它们组成同其他五种文明不同的级别。如果我们希望区分"先进文明"（more advanced civilization）和"落后文明"（less advanced civilization），我们或许会以抽象思维作为区分标准。抽象思维，即哲学和科学的出现，也是我们用以作为理性时代的主要标志。

尽管有着这些困难，我们还是可以朦胧地看到这四种文明发展中的某种类似我们所谓"理性化"的过程的东西。在它们存在的第一个千年左右的时间内，文化的各种形式变得更为明确，更为复杂，艺术家更加技艺精湛，其成员所占据的土地也日益增加。此外，十分令人惊奇的是，在每一种文明中，其历史都十分自然地分为三个阶段；进一步的检验将表明，这同我们在"先进"文明中发现的三个阶段相对应。关于巴比伦文明，最好在它的艺术形式的基础上划分时代。依此，可划出如下几个时期：初王朝时代（约公元前3000—前2350年）；阿卡德及后阿卡德时代，直至巴比伦的兴起（约公元前2350—前1800年）；巴比伦时代（公元前1800—前1600年）；我还应包括后面的加喜特时代（公元前1600—前1100年），这一时代的艺术形式并无很大不同。①

埃及文明则划分为古王国（公元前2700—前2050年），中王国（公元前2050—前1550年），以及新王国时代（公元前

① 亨利·法兰克福:《古代东方的艺术和建筑》（*The Art and Architecture of the Ancient Orient*），哈蒙兹沃斯，密德尔塞克斯，1954年，第18—64页。

1550—前 1090 年）。这早已为埃及学家所认识。[①]（在每一个事例中，我所给出的年代都包括了承前启后的中间过渡时代。）关于秘鲁文明，我们则有前古典时代（包括莫切卡和纳兹卡艺术风格，约公元元年—1000 年）；后古典时代（包括梯阿华纳科艺术风格，约 1000—1400 年）；以及印加时代（约 1400—1532 年）。在中美，通常正式地划分为玛雅古王国时代（公元元年—600 年，或 300—900 年）；玛雅新帝国时代（600 年或 900 年—1400 年）；以及西班牙人到达时刚开始的阿兹特克人支配的时代。一个更令人满意的划分是以艺术形式为基础，它将中美历史分为古典水平、托尔特克水平，以及历史的水平，包括大致相同的时间段。[②]在我们给出的开端日期之前，所有这四种文明当然都存在一个很长的形成的时代，但从我们的意义上说，这种形成的时代尚未文明化。

　　只有更进一步的研究才能决定我们是否能为所有九种文明建构一种模式。但如果我们要这样做，就必须使用比我们描述五个"先进文明"时使用的更为一般的术语。或许最终会证明，还是将文明建构为两种模式：一种"先进的"，另一种"落后的"较为方便，同时认识到，两者之间有一种隐约的相似。显然，在任何事 218

---

　　① 约翰·A. 威尔森（John A. Wilson）：《埃及的负担》（*The Burden of Egypt*），芝加哥，1953 年，第 vii—viii 页。

　　② 关于秘鲁和中美的研究，参见戈登·R. 威利：（Gordon R. Willey）"中美洲史前文明"（The Prehistoric Civilizations of Nuclear America），《美国人类学家》，第 57 卷，1955 年，第 571—593 页。关于中美文明，也可参见阿尔丰索·卡索（Alfonso Caso）："中美洲"（Middle America），A. L. 克鲁伯《今日人类学》，第 226—237 页。

例中，这都将是富有成果的研究领域。

最后，让我们再举一个例子，以说明九种主要文明可以如何比较。这里，我们将检验的不是作为整体的文明，而毋宁是文明的文化方面之一。就政治而言，这里就只涉及其一个方面，即政治的分化和统一。如我们看到的，古典文明的发展发生于一批由共同文化联系起来，多少是独立的国家之中。只是在约一千年以后，这一文明所覆盖的整个区域才统一于单个政治单元，即罗马帝国。西欧文明同样发展于一些独立国家之中。——更确切些，我们应当说，在政治方面，文明采取了独立国家的形式，因为政治组织的模式本身是一种文化特质。在我们的文明中，目前很容易看到一种朝向政治统一的趋势，这种趋势突出地表现在联合国及其附属国际机构中，以及表现在美国起而获得霸权地位的事实之中。

汤因比提到的统一国家（universal state）的兴起，正是指的这种发展。不幸的是，尽管他提出的许多证据都是贴切的，他的论述却被下述事实搅乱：他的文明并不都是确实可比的实体；即使事实上并没有发生，他仍坚持说看到了这种发展；最后，他将这一进程看作多少有些邪恶的、不道德的，是少数统治者的最终的残酷的形象。[①] 斯宾格勒或许更为敏感地将统一国家的兴起视为他称作恺撒主义的一般政治倾向发展的一部分。[②] 检验这种倾向存在的证据，会使我们走得太远。还是让我们看看其他文明事实上是否也如古典文明和西方文明一样，在一定数量的独

---

① 汤因比：《历史研究》，第1卷，第51—128页多处；第7卷，第1—6页。
② 斯宾格勒：《西方的没落》，英译本，第2卷，第431—435页。

立国家中成长起来，以及是否像古典文明一样，最终统一于单
个政治实体。

　　有充分证据表明，在我们的主要文明中的五个之中，发生过　219
某种类似的事情。巴比伦文明在美索不达米亚南部的独立国家中
成长起来。在阿卡德的萨尔贡①统治之下，曾有过一个短暂的统
一，但最终的统一只发生在巴比伦帝国统治时期，约公元前 1800
年。中国的历史开始于商朝和周朝的各代皇帝，但很可能他们实
际上只不过是一个不确定的盟主，处于如同西欧的神圣罗马帝国②
皇帝一样的地位。在周朝稍晚的时候，我们的历史画面逐渐清晰，
那些分离的国家获得了充分的独立，最终的统一发生于秦始皇统
治时期（公元前 214 年）。在印度，各小邦统一于孔雀王朝（公元
前 322 年）。在秘鲁，则由印加帝国扮演同一角色，那里的统一过
程大致完成于 1400 年。在中美洲，西班牙人到达之前，阿兹特
克人已经取得了霸权。大多数权威人士都同意，如果他们不是自
己被外部力量摧毁的话，看来很可能征服整个文化区域。在上述
每一个事例中，政治统一和文化发展的第三阶段——在"先进文
明"中，是标准化的大众文化的时代，在"落后文明"中则还
无以名之——同时发生，注意到这个问题，十分有趣，也十分
重要。

―――――――――

　　①　萨尔贡：即萨尔贡一世（约公元前 2369—前 2314 年在位），阿卡德国家的
奠立者。——译者
　　②　神圣罗马帝国（962—1806 年）：欧洲的封建帝国。962 年由德意志国王
鄂图一世创立。极盛时疆域包括德意志、捷克、意大利北部和中部以及勃艮第、尼
德兰等地。13 世纪后分裂为许多独立的封建领地。三十年战争后帝国进一步瓦解。
1806 年为拿破仑一世所灭。——译者

　　剩下的两种主要文明，即埃及文明和近东文明，其证据和我们勾画出的模式恰恰相反。埃及从我们了解的最早时期开始，政治上就是统一的，但在早期的若干时期中，确实能发现分离主义的倾向，在某一时刻，一些省的统治者还获得了有效的独立。但这些现象相对地较为短暂，我们不能将它作为一个例子，以证实我们的模式。另一方面，近东从来不曾获得政治的统一。在倭马亚统治时期，拜占庭仍是独立的；更晚一些，17 世纪时土耳其人统治的顶峰时期，波斯仍保持了自由。而且，更令人吃惊的是，在我们预计应当出现统一国家的时候，即文明第三阶段的开端，11 世纪和 12 世纪，政治上分裂的趋势似乎达到了顶点。[①]

　　我们不能将这两种文明作为我们的政治分化和统一模式的例证。但是，能从我们九种主要文明中的七种之中，发现同样的模式，这一显著的事实足以证明我们有理由从事进一步的研究。我们的模式不能包容所有九个事例，或许是因为我们建构这个模式时所采用的术语过于特殊，如果我们找到更为一般的术语，或许是描述一般政治倾向的术语，诸如斯宾格勒的恺撒主义，或许甚至是能说明整个观念和价值体系的发展特征意义的术语，我们也许可能获得更大的成功。不难想象，经过进一步的研究，我们会发现，政治的分化和统一的潮流只是更为普遍的，整个文化，尤其是观念和价值体系中的分化及随之而来的统一进程的一个方面。独立的国家以及继之而来的政治统一，这种单纯的政治现象，将

---

　　① 这种政治发展或许会为前面引述的各种著作所证实。

被认为是这一发展的政治方面采取的正常形式。然后，我们或许能以一定事例的特殊环境，来解释对这一正常形式的偏离。在埃及，关于不存在独立国家的解释可能是：该文明占据的区域过于狭窄，而在荒漠环绕的地方，又缺少扩张的机会；或者，必须存在单一的权威以控制尼罗河水的分配。我们甚至可能发现一种尽管相当模糊却更为正确的解释，这种解释产生于一种普及的风格要素，许多学者在埃及艺术及政治历史中都发现了这种要素，并称之为"整体性"特质。我们可以推测这是隐藏于埃及文化的许多方面之后的广泛而持久的价值；如果我们能够对它精确地定义，这可能成为进行解释时有用的工具。就近东文明而言，其政治上分裂倾向的优势或许同它所处环境的最为例外的方面有关，即事实上它是部分地已由另一种文明的承受者占据土地而兴起的，另有两种文明在其兴起前不久才刚刚归于灭亡。221

如果这关于整个文化的分化和统一进程的假设在进一步的研究中证明是正确的，这就更支持我这样的论点，即应当首先研究文化发展的最为普遍的特征。当然，正如我们看到的，企图将文明的政治方面，或毋宁说是政治的一个特点作为独立的东西，给我们留下了不能解释的例外，或许，在那种普遍化的层面上，根本就无法解释。

在上述例证中，我并没有试图比较包含在多样的发展中的多种时间尺度。我之所以审慎地避免这一问题，部分地是因为，这里所涉及的日期，尤其是许多种文明的开端常常是不确定的；部分地则是由于做出这样的时间表常涉及一些模糊不清的问题，而阐明这些问题，对我们这样的粗略的介绍来说则多少有点儿离题。

但是，我们还是可以相当有把握地说，从一个文明的开端到形成"统一国家"——在没有统一国家的地方则是文明的第三阶段的充分发展——的整个发展过程，需要的时间大约介于一千年到一千五百年之间。不难想象，在作了更为详尽的研究之后，我们或许可以减少这种时间尺度上变动的余地，例如说其延续时间介于一千一百年到一千三百年之间。但或许没有理由希望比这更为精确的说法。

　　这些各种文明之间比较的事例尽管建构得十分粗略，但我希望这将有助于达到它们本来的目标。这里肯定有某些值得研究的东西，包含大量历史事件和覆盖了许多世纪的大规模的、周期性的模式确实是存在的，尽管我们现在只能模糊地构想它们。"历史哲学"并不是如许多怀疑论者认为的那样，是一个无用的梦，它并不能简单地被解释为安乐椅上的体系构造者的奇想。整个一个宽广的新世界展示在我们面前，等待我们以理性的方法去探索。为它绘制详尽的地图是未来若干代学者的任务。这里，我只是试图提供这黑暗大陆的轮廓，这基于早期旅行者的散乱叙述；并提供某些最有效的方法，能使将未来带到美好肥沃的天堂的探索者，从中可以得到罗盘。

参 考 书 目

　　下面列举的出版物包括了注释中提到的全部著作以及正文中提到的绝大部分著作。这并不是详尽无遗的——关于这个论题的作品，即使仅就英语文献而言，也为数甚巨——，却也包含了用英语写作或已译成英语的较有影响的著作。

　　这里稍作一些评论，对那些想进一步研究这个问题的读者或许是有益的。关于历史学家的方法和目的的最好叙述或许仍将在特加特的《历史学绪论》和《历史学理论》中发现，尽管这两本书现在都已很难找到。更近一些，罗斯写作了关于这一论题的半通俗性著作；雷尼尔和布洛赫的著作也值得参考。关于历史解释的方法，其相当特殊的问题则由加登纳最终阐述，而沃尔什则在他的著作中讨论了关于历史知识的问题。在所有这些论题上，克罗齐和柯林武德都是不可替代的，他们都有丰富的洞察，尽管现在很少历史学家会接受他们的夸张形式的唯心主义。

　　就我所知，目前还没有用英语写作的关于历史哲学的历史的详尽的论述，即人们凭什么相信历史事件的意义和模式，他们究竟是将这个问题作为独立对象的哲学家，还是在他们的著作中表述其信念的历史学家。肖特威尔仅仅涉及古典历史编纂学；弗林特亦无力完成他的庞大计划；而菲特的著作未必被译成英语，但菲特的法文译本还是有的。沃尔什在他的书中简要地勾画了主要的历史哲学家的轮廓；而克罗齐在他的《历史学的理论和历史》中提供了关于不同时代的历史编纂工作所隐含的哲学预想的简短扼要的论述。梯叶里著作中关于到他的时代为止的法国历史编纂工作的描述也值得一读。

至于历史哲学家本身，或许是以维柯、赫尔德、黑格尔以及斯宾格勒为代表的唯心主义者，对这里表述的绝大部分观点都起着作用，尽管事实上我们的方法是经验的。

这方面更为理性主义或实证主义的作者，这里可以提到的，如康德、孔多塞、孔德、赫伯特、斯宾塞及马克思，一般都倾向于强调人类生活的物质或技术方面，并相信人类进步的必然性。这种强调和信心或许至今仍支配着历史学家和外行的思想，这种思想最好的现代表述可在 H.G. 威尔斯的著作中找到。当代历史哲学家，如汤因比、索罗金以及诺斯罗普，提出了不少有趣的论点和问题，但他们的观点对本书提出的概念和方法几乎没有什么影响。

无疑，对文化人类学的最好介绍是克鲁伯的《人类学》。他的其他著作也包含许多关于如何将人类学方法应用于历史的建议。关于文化人类学发展纪念性的概览于 1953 年由维金基金会赞助出版，这本《今日人类学》，也由克鲁伯编纂，其中包含的广泛的书目使研究者能够追溯他想要研究的关于这一论题的任何分支。这一领域内最近的发展则见于各种期刊，尤应注意《美国人类学家》及《西南人类学杂志》。关于人类学的历史，唯一的资料是洛伊的著作，这里当然需要更为详尽的研究。

ANTHROPOLOGY TODAY. See A. L. Kroeber, Ed.

ARISTOTLE. 'Poetics', tr. by I. Bywater, in *Works*, Oxford, 1908–27.

ARNOLD, MATTHEW. *Culture and Anarchy*, London, 1869.

AUGUSTINE, ST. *The City of God*, tr. by F. R. M. Hitchcock, London, 1922.

BAGBY, P. H. 'Culture and the Causes of Culture', in *American Anthropologist*, Vol. 55, 1953, pp. 535–54.

BARTH, P. *Die Philosophie der Geschichte als Soziologie*, Leipzig, 1897.

BEALS, RALPH. 'Acculturation', in *Anthropology Today*, ed. A. L. Kroeber, Chicago, 1953.

BENEDICT, RUTH. *Patterns of Culture*, New York, 1934.
The Chrysanthemum and the Sword, Cambridge, Mass. 1947.

BERLIN, ISAIAH. *Historical Inevitability*, London, 1954.

BION, W. R. 'Experiences in Groups', in *Human Relations*, Vol. I, 1948, pp. 314–20, 487–96; Vol. II, 1949, pp. 13–22, 295–304; Vol. III, 1950, pp. 3–14, 395–402; Vol. IV, 1951, pp. 221–8.

BLOCH, MARC. *Métier d'historien*, Paris, 1949; tr. by Peter Putnam, New York, 1953.

BOSSUET, JACQUES BÉNIGNE, Bishop of Meaux. *Discours sur l'histoire universelle*, Paris, 1681; tr. by J. Elphinstone, London, no date (about 1925).

BRÉHIER, LOUIS. *La Civilisation Byzantine*, Paris, 1950.

BRUNHES, JEAN. *La géographie humaine*, Paris, 1934.

BUCKLE, HENRY THOMAS. *History of Civilization in England*, London, 1857–61.

BURCKHARDT, JACOB. *Cultur der Renaissance in Italien*, Basel, 1860; tr. by S. G. C. Middlemore, London, 1898.

BURROWS, MILLAR. *The Dead Sea Scrolls*, New York, 1955.

BURY, JOHN BAGNELL. *An Inaugural Lecture*, Cambridge, 1903.

BUTTERFIELD, HERBERT. *The Whig Interpretation of History*, London, 1931.

CAMBRIDGE ANCIENT HISTORY, THE. Cambridge, 1923–39.

CAMBRIDGE HISTORY OF INDIA, THE. Ed. by E. J. Rapson, Cambridge, 1935.

CASO, ALFONSO. 'Middle America', in *Anthropology Today*, ed. by A. L. Kroeber, Chicago, 1953, pp. 226–37.

CHILDE, V. GORDON. *What Happened in History*, Harmondsworth, Middlesex, 1942.
  The Dawn of European Civilization, London, 1947.

CHRISTENSEN, ARTHUR. *L'Iran sous les Sassanides*, Copenhagen, 1944.

CICERO, MARCUS TULLIUS. *Tusculan Disputations*, tr. by J. E. King, London, 1927.

COLLINGWOOD, R. G. *The Idea of History*, Oxford, 1946.

COLLINGWOOD, R. G. and MYRES, J. N. L. *Roman Britain and the English Settlements*, Oxford, 1936.

COLLINS, HENRY B., jr. 'The Origin and Antiquity of the Eskimo', in *Annual Report of the Smithsonian Institution for 1950*, Washington, 1951.

COMTE, AUGUSTE. *Système de politique positive*, Paris, 1851–4; tr. by F. Harrison and others, London, 1875–9.

CONDORCET, MARIE-JEAN-ANTOINE-NICOLAS CARITAT, MARQUIS DE. *Esquisse d'un tableau historique des progrès de l'esprit humain*, Paris, 1795; tr. by June Barraclough, London, 1955.

CROCE, BENEDETTO. *Teoria e storia della storiografia*, Bari, 1916; tr. by Douglas Ainslie, London, 1921.
  La filosofia di Giambattista Vico, Bari, 1922.
  La storia, Bari, 1938; tr. by Sylvia Sprigge as *History as the Story of Liberty*, London, 1941.

DANILEVSKY, NIKOLAI YAKOVLEVICH. *Rossia i Evropa*, St. Petersburg, 1871; tr. into German by Karl Nötzel, Berlin, 1920.

DESCARTES, RENÉ. 'Discours de la méthode', in *Oeuvres*, Paris, 1897–1910; tr. by E. S. Haldane and G. R. T. Ross in *Philosophical Works*, Cambridge, 1911–12.

DEVEREUX, GEORGE. 'The Social Structure of the Hospital as a Factor in Total Therapy', in *American Journal of Orthopsychiatry*, Vol. XIX, 1949, pp. 492–500.

DILTHEY, WILHELM. *Einleitung in die Geisteswissenschaften,* Leipzig, 1883; tr. into French by Louis Sauzin, Paris, 1942.

DRAY, W. H. *Laws and Explanation in History,* Oxford, 1957.

DROYSEN, JOHANN GUSTAV. *Geschichte Alexanders des Grossen,* Hamburg, 1833.

DU BOIS, CORA. *The People of Alor,* Minneapolis, 1944.

DURKHEIM, ÉMILE. *Les règles de la méthode sociologique,* Paris, 1901; tr. by Sarah A. Solovay and John H. Mueller, Glencoe, Illinois, 1938.
Les formes élémentaires de la vie religieuse, Paris, 1912; tr. by J. W. Swain, London, 1915.

EDDINGTON, A. S. *The Nature of the Physical World,* Cambridge, 1930.

EVANS-PRITCHARD, E. E. *Social Anthropology,* London, 1951.

FISHER, H. A. L. *A History of Europe,* London, 1938.

FLINT, ROBERT. *Historical Philosophy in France, French Belgium and Switzerland,* Edinburgh, 1893.

FORDE, C. DARYLL. *Habitat, Economy and Society,* London, 1948.

FOSTER, C. M. 'What is Folk Culture?', in *American Anthropologist,* Vol. 55, 1953, pp. 159–73.

FRANKFORT, HENRI. *The Birth of Civilization in the Near East,* London, 1951.
The Art and Architecture of the Ancient Orient, Harmondsworth, Middlesex, 1954.

FÜTER, EDUARD. *Geschichte der neueren Historiographie,* Munich, 1911; tr. into French by E. Jeanmaire, Paris, 1914.

GALTON, FRANCIS. *Hereditary Genius,* London, 1883.

GARDINER, PATRICK. *The Nature of Historical Explanation,* London, 1952.

GARN, STANLEY M., and CARLETON S. COON. 'On the Number of Races of Mankind', in *American Anthropologist,* Vol. 57, 1955, pp. 996–1001.

GAXOTTE, PIERRE. *L'Age de Louis XIV,* Paris, 1946.

GIBBON, EDWARD. *History of the Decline and Fall of the Roman Empire,* London, 1920.

GOBINEAU, JOSEPH ARTHUR, COMTE DE. *Sur l'inégalité des races humaines*, Paris, 1853–5; tr. by A. Collins, London, 1915.

GOLDENWEISER, ALEXANDER A. *Early Civilization*, London, 1923.

GRUNEBAUM, G. E. VON. *Islam*, Chicago; 1955 (also as Memoir of the American Anthropological Association, Vol. 57, No. 2, Part 2, 1955).

HAIMENDORF, CHRISTOPH VON FÜRER-. *Himalayan Barbary*, London, 1955.

HALL, EDWARD T., JR. and GEORGE L. TRAGER. *The Analysis of Culture*, Washington, 1953.

HALL, EDWARD T., JR., GEORGE L. TRAGER and DONALD H. HUNT. *Technical Aspects of the Theory of the Analysis of Culture*, Washington, 1954.

HEGEL, GEORG WILHELM FRIEDRICH. *Vorlesungen über die Philosophie der Geschichte*, Berlin, 1848; tr. by J. Sibree, New York, 1900.

HERDER, JOHANN GOTTFRIED VON. 'Fragmente über die neuere Deutsche Literatur, in *Sämmtliche Werke*, Berlin, 1877–1909.

'Ideen zur Geschichte der Menschheit', in *Sämmtliche Werke*, Berlin, 1877–1909; tr. by T. Churchill, London, 1803.

HERODOTUS. *Histories*, tr. by A. D. Godley, London, 1921–4.

HERSKOVITS, M. J. *Man and his Works*, New York, 1948.

HITTI, PHILIP K. *History of Syria*, London, 1951.

HOIJER, HARRY, Ed. *Language in Culture*, American Anthropological Association Memoir No. 79, Vol. 56, No. 6, Part 2, 1954.

IBN KHALDUN. *Muqaddima*, tr. into French as *Prolegomènes* by W. M. de Slane, Paris, 1934–8.

JESPERSEN, OTTO. *Language*, London, 1922.
Analytic Syntax, Copenhagen, 1937.

JOSEPHUS, FLAVIUS. 'Contra Apionem', in *Works*, tr. by H. St. J. Thackeray, London, 1926–8.

KANT, IMMANUEL. 'Idee zu einer allgemeinen Geschichte in weltbürgerliche Absicht', in *Sämmtliche Werke*, Berlin, 1912–22.

KARDINER, ABRAM. *The Psychological Frontiers of Society*, New York, 1945.

KLEMM, GUSTAV. *Allgemeine Cultur-Geschichte der Menschheit*, Leipzig, 1843–52.

KLOPFER, BRUNO and DOUGLAS M. KELLEY. *The Rorschach Technique*, Yonkers-on-Hudson, N.Y., 1946.

KLUCKHOHN, FLORENCE. 'Dominant and Substitute Profiles of Cultural Orientations' in *Social Forces*, Vol. 28, 1950, pp. 276–93.

KROEBER, A. L. *Cultural and Natural Areas of North America*, University of California Publications in American Archaeology and Ethnology, Vol. 38, Berkeley, Calif., 1939.
    Configurations of Culture Growth, Berkeley, Calif., 1944.
    Anthropology, New York, 1948.
    The Nature of Culture, Chicago, 1952.

KROEBER, A. L., Ed. *Anthropology Today*, Chicago, 1953.

KROEBER, A. L. and CLYDE KLUCKHOHN. *Culture, A Critical Review of Concepts and Definitions*, Cambridge, Mass., 1952.

LAFITAU, JOSEPH. *Moeurs des sauvages amériquains comparées aux moeurs des premiers temps*, Paris, 1724.

LATOURETTE, KENNETH S. *The Chinese, Their History and Culture*, New York, 1934.

LE BON, GUSTAVE. *Les lois psychologiques de l'évolution des peuples*, Paris, 1894.
    La psychologie des foules, Paris, 1895.

LÉVI-STRAUSS, CLAUDE. 'L'analyse structurale en linguistique et en anthropologie', in *Word*, Vol. 1, No. 2, 1945, pp. 14–19.
    'Social Structure', in *Anthropology Today*, ed. A. L. Kroeber, Chicago, 1953.

LINTON, RALPH. *The Cultural Background of Personality*, New York, 1945.

LORIMER, FRANK. *Culture and Fertility*, Paris, 1954.

LOWIE, ROBERT H. *The History of Ethnological Theory*, London, 1937.

MACAULAY, THOMAS BABINGTON. *History of England*, London, 1913.

MACIVER, R. M. *Society, Its Structure and Changes*, New York, 1931.

MACPHERSON, JAMES. *The Poems of Ossian*, Edinburgh, 1830.

MALINOWSKI, BRONISLAW. *Argonauts of the Western Pacific*, London, 1922.

　　A Scientific Theory of Culture, Chapel Hill, North Carolina, 1944.

MARX, KARL. *Das Kapital*, Hamburg, 1872–94; tr. by S. Moore and E. Aveling, London, 1918.

MEAD, MARGARET. *From the South Seas*, New York, 1939.

　　'National Character', in *Anthropology Today*, ed. A. L. Kroeber, Chicago, 1953, pp. 662–7.

MERTON, ROBERT K. *Social Theory and Social Structure*, Glencoe, Illinois, 1949.

MINTZ, SIDNEY W. 'On Redfield and Foster', in *American Anthropologist*, Vol. 56, 1954, pp. 87–92.

MOMMSEN, THEODOR. *Römische Geschichte*, Berlin, 1868; tr. by W. P. Dickson, London, 1911.

MONTAIGNE, MICHEL EYQUEM, SEIGNEUR DE. *Essais*, Bordeaux, 1920; tr. by E. J. Trechmann, London, 1927.

MONTESQUIEU, CHARLES LOUIS DE SECONDAT, BARON DE. 'L'esprit des lois', in *Oeuvres complètes*, Paris, 1875–9; tr. by T. Nugent, London, 1896–7.

MORGAN, LEWIS HENRY. *Ancient Society*, London, 1877.

MURDOCK, C. P. *Social Structure*, New York, 1949.

MURRAY, HENRY A. *Explorations in Personality*, New York, 1938.

MURRAY, HENRY A. *et al. The Assessment of Men*, New York, 1948.

MURPHY, GARDNER. *Personality, A Biosocial Approach*, New York, 1947.

NEWMAN, JOHN HENRY, CARDINAL. *The Idea of a University*, Cambridge, 1931.

NORTHROP, F. S. C. *The Meeting of East and West*, New York, 1946.

OGBURN, WILLIAM F. and WILLIAM I. THOMAS. 'Are Inventions Inevitable?', in *Political Science Quarterly*, Vol. 37, 1922, pp. 83–98.

PARSONS, TALCOTT. *The Social System*, Glencoe, Illinois, 1951.

PARSONS, TALCOTT and EDWARD A. SHILS. *Toward a General*

Theory of Action, Cambridge, Mass., 1951.

PARSONS, TALCOTT, EDWARD A. SHILS and ROBERT F. BALES. *Working Papers in the Theory of Action*, Glencoe, Illinois, 1953.

PERCY, THOMAS, Bishop of Dromore. *Reliques of Ancient English Poetry*, London, 1906.

POLANYI, MICHAEL. 'From Copernicus to Einstein', in *Encounter*, Vol. 5, No. 3, Sept. 1955, pp. 54–63.

POLYBIUS. *Histories*, tr. by E. S. Shuckburgh, London, 1889.

RADCLIFFE-BROWN, A. R. 'On the Concept of Function in Social Science', in *American Anthropologist*, Vol. 37, 1935, pp. 394–402.

'White's View of a Science of Culture', in *American Anthropologist*, Vol. 51, 1949, pp. 503–12.

Structure and Function in Primitive Society, London, 1952.

RANKE, LEOPOLD VON. *Sämmtliche Werke*, Leipzig, 1877.

REDFIELD, ROBERT. *The Folk Culture of Yucatan*, Chicago, 1941.

The Primitive World and its Transformations, Ithaca, New York, 1953.

RENIER, G. J. *History, Its Purpose and Method*, London, 1950.

ROMAN, KLARA G. *Handwriting*, New York, 1954.

RORSCHACH, H. *Psychodiagnostics*, tr. by P. Lemkau and B. Kronenberg, New York, 1942.

ROUSE, IRVING. 'The Strategy of Culture History', in *Anthropology Today*, ed. A. L. Kroeber, Chicago, 1953, pp. 57–76.

ROUSSEAU, JEAN JACQUES. 'Si le rétablissement des sciences et des arts a contribué à épurer les moeurs', in *Oeuvres complètes*, Paris, 1856–7.

'Letter to Malesherbes', Jan. 12, 1762, in *Correspondance générale* ed. T. Dufour and P. P. Plan, Paris, 1924–31.

ROWSE, A. L. *The Uses of History*, London, 1946.

RÜCKERT, HEINRICH. *Lehrbuch der Weltgeschichte in organischer Darstellung*, Leipzig, 1857.

RUSKIN, JOHN. *Modern Painters*, Orpington, 1888.

The Seven Lamps of Architecture, Orpington, 1890.

The Poetry of Architecture, Orpington, 1893.

RYLE, GILBERT. *The Concept of Mind*, London, 1949.

SANSOM, C. B. *Japan, A Short Cultural History*, New York, 1943.

SAPIR, EDWARD. *Language*, New York, 1939.

SHAPIRO, MEYER. 'Style', in *Anthropology Today*, ed. A. L. Kroeber, Chicago, 1953.

SHOTWELL, JAMES T. *An Introduction to the History of History*, New York, 1922.

SMALL, A. W. *General Sociology*, Chicago, 1905.

SMITH, M. A. 'The Limitations of Inference in Archaeology', in *Archaeological News Letter*, Vol. 6, No. 1, 1955, pp. 3–7.

SOROKIN, PITIRIM A. *Social and Cultural Dynamics*, New York, 1937–1941.

SPENCER, HERBERT. *The Principles of Sociology*, London, 1876–96.

SPENGLER, OSWALD. *Der Untergang des Abendlandes*, Munich, 1918–1922; tr. by C. F. Atkinson, New York, 1932.

STEWARD, JULIAN H. 'Cultural Causality and Law', in *American Anthropologist*, Vol. 51, 1949, pp. 1–27.

TAWNEY, RICHARD HENRY. *Religion and the Rise of Capitalism*, London, 1926.

TAYLOR, ISAAC. *The Alphabet*, London, 1883.

TEGGART, FREDERICK JOHN. *Prolegomena to History*, Berkeley, 1916. *Theory of History*, New Haven, 1925.

THIERRY, J. N. AUGUSTIN. *Lettres sur l'histoire de France*, Paris, 1938.

THUCYDIDES. *Histories*, tr. by C. F. Smith, London, 1920–3.

TÖNNIES, FERDINAND. *Gemeinschaft und Gesellschaft*, Berlin, 1922.

TOYNBEE, ARNOLD. *A Study of History*, London, 1934–54.

Q   C.A.H.

TREVELYAN, GEORGE MACAULAY. *England under Queen Anne*, London, 1930–4.
English Social History, London, 1944.

TYLOR, EDWARD BURNETT. *Primitive Culture*, London, 1871.

VAUVENARGUES, LUC DE CLAPIERS, MARQUIS DE. 'Introduction à la connaissance de l'esprit humain', in *Oeuvres morales*, Paris, 1874.

VICO, GIAMBATTISTA. *La Scienza Nuova*, Milan, 1946; tr. by T. G. Bergin and M. H. Fisch, Ithaca, New. York, 1948

VOLTAIRE (pseudonym for FRANÇOIS MARIE AROUET). 'Brutus', in *Oeuvres*, Paris, 1877–85.

Lettres philosophiques ou Lettres sur les Anglais, Paris, 1924; tr. by C. Whibley, London, 1926.

'Essai sur les moeurs et l'esprit des nations', in *Oeuvres*, Paris, 1877–85; tr. by Nugent, Edinburgh, 1777.

'Lettre à l'Académie française', Aug. 25, 1776, in *Oeuvres*, Paris, 1877–85.

WALSH, W. H. *An Introduction to the Philosophy of History*, London, 1951.

'The Logic of Historical Explanation' (unpublished paper).

WARD, LESTER F. *Pure Sociology*, New York, 1903.

WEBER, ALFRED. *Kulturgeschichte als Kultursoziologie*, Leiden, 1935.

WEBER, MAX. 'Wirtschaft und Gesellschaft', in *Grundriss der Sozial-ökonomik, Tübingen*, 1922–7; Part One tr. by A. M. Henderson and T. Parsons, as *The Theory of Social and Economic Organization*, New York, 1947.

Gesammelte Aufsätze zur Religionssoziologie, Tübingen, 1922–3; a selection tr. by T. Parsons as *The Protestant Ethic and the Spirit of Capitalism*, London, 1948.

Gesammelte Aufsätze zur Soziologie und Sozialpolitik, Tübingen, 1924; a selection tr. by H. H. Gerth and C. W. Mills as *Essays in Sociology*, London, 1947.

WELLS, HERBERT GEORGE. *The Outline of History*, London, 1923.

WHEELER, MORTIMER. Review of *Roman Britain*, in *The Journal of Roman Studies*, Vol. 29, Pt. 1, 1939, pp. 87–93.

WHITE, LESLIE A. 'Ikhnaton: The Great Man vs. the Culture Process', in *The Journal of the American Oriental Society*, Vol. 68, Pt. 2, 1948.

The Science of Culture, New York, 1949.

WHITEHEAD, ALFRED NORTH. *Process and Reality*, New York, 1941.

WHORF, BENJAMIN LEE. *Four Articles on Metalinguistics*, Washington, 1950.

WHYTE, WILLIAM FOOTE. *Street Corner Society*, Chicago, 1943.

WILLEY, GORDON R. 'The Prehistoric Civilizations of Nuclear America', in *American Anthropologist*, Vol. 57, 1955, pp. 571–93.

WILSON, DANIEL. *The Archaeology and Prehistoric Annals of Scotland*, Edinburgh, 1851.

WILSON, JOHN A. *The Burden of Egypt*, Chicago, 1951.

WINDELBAND, WILHELM. *Einleitung in der Philosophie*, Tübingen, 1920; tr. J. McCabe, London, 1921.

索　引

（词条中的页码为原书页码，即本书边码）

译　后　记

　　本书由夏克主译第一、二、三章，李天纲主译第四、五、六章，陈江岚主译第七、八、九章。初译后，互为校阅，斟酌定稿。

　　翻译中，诸多师友鼎力相助，指途于迷津，代索于书典。朱维铮师拨冗作序，纪树立先生烦为审阅部分章节。倪为国友始终鞭策于后。这些都是我们在这番文字甘苦之外领受的另一番师友之情，在此一并深表谢意。

　　国内学界都已知道文化比较研究的重要意义，但众说纷纭之中又缺乏这门学科的基本理论著作。我们祈望这部新颖而全面系统的小书，能填补这个阙如的状态，更希望比较文化学的研究能在一番思考之后，进入一个科学化的境界。

译者
1987 年 3 月

图书在版编目(CIP)数据

文化与历史:文明比较研究导论/(美)菲利普·
巴格比著;夏克,李天纲,陈江岚译.—北京:商务
印书馆,2023(2024.11重印)
(汉译世界学术名著丛书)
ISBN 978-7-100-22794-0

Ⅰ.①文… Ⅱ.①菲… ②夏… ③李… ④陈…
Ⅲ.①历史哲学—研究 Ⅳ.①K01

中国国家版本馆 CIP 数据核字(2023)第 164859 号

汉译世界学术名著丛书
文化与历史
文明比较研究导论
〔美〕菲利普·巴格比 著
夏克 李天纲 陈江岚 译

商 务 印 书 馆 出 版
(北京王府井大街 36 号 邮政编码 100710)
商 务 印 书 馆 发 行
北京中科印刷有限公司印刷
ISBN 978-7-100-22794-0

2023 年 10 月第 1 版 开本 850×1168 1/32
2024 年 11 月北京第 2 次印刷 印张 9¼
定价:50.00 元